Martin Abraham · Günter Büschges

Einführung in die Organisationssoziologie

Studienskripten zur Soziologie

Herausgeber:
Prof. Dr. Heinz Sahner,
Dr. Michael Bayer und
Prof. Dr. Reinhold Sackmann
begründet von Prof. Dr. Erwin K. Scheuch †

Die Bände „Studienskripten zur Soziologie" sind als in sich abgeschlossene Bausteine für das Grund- und Hauptstudium konzipiert. Sie umfassen sowohl Bände zu den Methoden der empirischen Sozialforschung, Darstellung der Grundlagen der Soziologie als auch Arbeiten zu so genannten Bindestrich-Soziologien, in denen verschiedene theoretische Ansätze, die Entwicklung eines Themas und wichtige empirische Studien und Ergebnisse dargestellt und diskutiert werden. Diese Studienskripten sind in erster Linie für Anfangssemester gedacht, sollen aber auch dem Examenskandidaten und dem Praktiker eine rasch zugängliche Informationsquelle sein.

Martin Abraham
Günter Büschges

Einführung in die Organisations- soziologie

4. Auflage

VS VERLAG FÜR SOZIALWISSENSCHAFTEN

Bibliografische Information der Deutschen Nationalbibliothek
Die Deutsche Nationalbibliothek verzeichnet diese Publikation in der
Deutschen Nationalbibliografie; detaillierte bibliografische Daten sind im Internet über
<http://dnb.d-nb.de> abrufbar.

4. Auflage 2009

Alle Rechte vorbehalten
© VS Verlag für Sozialwissenschaften | GWV Fachverlage GmbH, Wiesbaden 2009

Lektorat: Frank Engelhardt

VS Verlag für Sozialwissenschaften ist Teil der Fachverlagsgruppe
Springer Science+Business Media.
www.vs-verlag.de

Umschlaggestaltung: KünkelLopka Medienentwicklung, Heidelberg
Druck und buchbinderische Verarbeitung: MercedesDruck, Berlin
Gedruckt auf säurefreiem und chlorfrei gebleichtem Papier.
Printed in Germany

ISBN 978-3-531-15683-5

Inhalt

Verzeichnis der Abbildungen und Tabellen

Vorwort

Vorwort zur zweiten Auflage

Die Neuauflage der Einführung in die Organisationssoziologie von 1983 haben wir zum Anlass genommen, sie vollständig zu überarbeiten. Hierbei wurde die Perspektive einer empirischen Soziologie auf strukturell-individualistischer Grundlage beibehalten, jedoch mit neuen Schwerpunkten die theoretischen Grundlagen weiter ausgearbeitet und um neuere Forschungsergebnisse ergänzt. Wie bereits in der ersten Auflage werden die Inhalte anhand verschiedener Beispielorganisationen verdeutlicht. Um ein breiteres Spektrum verschiedenartiger Organisationen vorstellen zu können, wurden die Organisationsbeispiele Autohaus und Wohnstift aus der ersten Auflage beibehalten, Arbeitsamt und Schule jedoch durch Apotheke, Großkrankenhaus, EDV-Dienstleistungsgenossenschaft und Verzinkerei ersetzt.

Das Studienbuch beruht auf langjährigen Erfahrungen der Autoren mit dem Phänomen "Organisation" in Praxis, Forschung und Lehre. Es richtet sich - wie bisher - zum einen an Studenten der Sozial-, Wirtschafts- und Verwaltungswissenschaften, die sich mit dem Problemfeld "Organisation", seiner Beschreibung, Analyse und Gestaltung beschäftigen. Es wendet sich zum anderen auch an in der Praxis stehende Organisationsexperten und Organisatoren - Unternehmens- und Wirtschaftsberater eingeschlossen -, die an einer sozialwissenschaftlichen Fundierung ihres beruflichen Handelns interessiert sind.

Wir hoffen, dass diese Neuauflage ebenso großen Anklang findet wie die vorhergehende.

Vorwort zur dritten Auflage

Neben der durch den Wechsel des Verlages bedingten Neuformatierung wurde die vorliegende dritte Ausgabe um einen Abschnitt über Organisationstheorie und neuere Literaturhinweise ergänzt. Wir danken Monika Wimmer und Sabine Ohly, die die Umstellung auf die neue Rechtschreibung besorgt haben.

1 Einführung

1.1 Lehrziele des Studienbuches

Das vorliegende Studienbuch dient der Einführung in die Soziologie der Organisationen. Angesichts der "Allgegenwart" und der Bedeutung von Organisationen in unserer Gesellschaft soll ein Beitrag zur soziologischen Aufklärung und Orientierung über das Phänomen Organisation geleistet werden. Es geht darum, dem Leser

- jene Bedeutung aufzuzeigen, welche Organisationen als strukturellen Elementen moderner Gesellschaften für Stabilität und Wandel von Gesellschaftssystemen zukommt;
- die stets möglichen Widersprüche und Unvereinbarkeiten deutlich werden zu lassen, die sich ergeben können zwischen der Rationalität des Handelns der Organisation als "korporativem Akteur"[1] aus der Sicht der Organisationsleitung auf der einen Seite und der Rationalität der Befriedigung individueller Interessen der Organisationsmitglieder, ihrer Klientel oder ihrer Kunden auf der anderen Seite;
- die Vorstellung zu nehmen, Organisationen seien handlungsfähige, wahrnehmende, sich selbst steuernde und unabhängig von Personen wirkende Kollektive, und ihm zu zeigen, dass Organisationen als soziale Kollektive und korporative Akteure nur "in" und "durch" Personen zu handeln vermögen, die sich ihrer als Instrumente bedienen oder für sie als Agenten tätig sind;

---

[1] Wie wir im Rahmen dieser Einführung deutlich machen werden, können Organisationen unter bestimmten, noch näher auszuführenden Umständen als handelnde Einheiten, d.h. korporative Akteure begriffen werden. Vgl. hierzu insbesondere Kap. 3.3.

- Kenntnisse zu vermitteln, die zur Aufdeckung, Entwicklung und Nutzung von Gestaltungsspielräumen in Organisationen benötigt werden und die darüber hinaus geeignet sind, einer Verdinglichung von Organisationen zu begegnen und bewusst zu machen, dass alle Organisationen menschliche Kreationen sind und auch von Menschen verändert werden können;
- die strukturellen Bedingtheiten organisatorischen Handelns von Individuen aufzuzeigen.

Darüber hinaus soll dem Leser

- die Standortgebundenheit wissenschaftlicher Analysen verdeutlicht werden;
- der Zusammenhang von theoretischen Ansätzen und Perspektiven, Zielsetzungen, Fragestellungen und Methoden, wissenschaftlichem Ertrag und praktischem Nutzen organisationssoziologischer Untersuchungen bewusst gemacht werden;
- gezeigt werden, dass es keine universell geltenden Organisationsprinzipien und keine immer und überall gleichermaßen zweckmäßigen Organisationsformen gibt;
- Grundlagenwissen vermittelt werden, das für eine empirische Analyse von Organisationen nötig ist.

Die mit dem Studienbuch verfolgten Ziele machen es erforderlich, die von Alltagsroutinen und Alltagsdefinitionen sowie von pragmatischen Theorien und standortbedingten Wahrnehmungsverzerrungen bestimmte Problemsicht aufzubrechen und zu einer Neuformulierung des Organisationsphänomens vorzustoßen. Dies kann zur Folge haben, dass für manchen Leser dadurch das routinisierte, Sicherheit wie Schnelligkeit im Handeln gewährleistende Erfahrungswissen in Frage gestellt wird, dass Qualifikationen und Handlungsroutinen abgewertet werden und dass die Interessengebundenheit "üblicher" oder "bewährter" Entscheidungs- und Handlungsmuster aufgedeckt wird.

1.2 Aufbau des Studienbuches

Mit dem vorliegenden Studienbuch soll in sechs Abschnitten eine Einführung in die organisationssoziologische Denk- und Arbeitsweise gegeben werden:

- Organisationen als Gegenstand der Alltagserfahrung (2. Kapitel)
- Organisationen als Gegenstand der Sozialwissenschaft (3. Kapitel)
- Ziele und Strukturen von Organisationen (4. Kapitel)
- Organisationen als Interaktionssysteme (5. Kapitel)
- Organisationen als Interaktionspartner (6. Kapitel)
- Organisation und Gesellschaft (7. Kapitel)

Im *2. Kapitel* soll der Leser ausgehend von der Alltagserfahrung mit dem Phänomen Organisation, unserem Forschungsgegenstand, vertraut gemacht werden (Kap. 2.1). Die moderne Gesellschaft wird als Organisationsgesellschaft vorgestellt. Die zunehmende Herausbildung von Organisationen in modernen Gesellschaften und ihre Bedeutung für den einzelnen Bürger wie für die Gesellschaft als Ganzes werden erörtert (Kap. 2.2). Dabei geht es u.a. um den Charakter von Organisationen als Zweckverbände (Kap. 2.2.3), als Kooperationssysteme (Kap. 2.2.4), als Herrschaftsinstrumente (Kap. 2.2.5) und als Lebensraum (Kap. 2.2.6) sowie um die aus dem Vorhandensein von Organisationen resultierende Asymmetrie sozialer Beziehungen in modernen Gesellschaften (Kap. 2.2.7). In den folgenden Abschnitten werden jeweils besondere Aspekte von Organisationen skizziert: Organisationen als Instanzen von Koordination, Sozialisation und sozialer Kontrolle (Kap. 2.3), Organisationen als Agenturen sozialen Wandels (Kap. 2.4), Organisationen als menschliche Erfindungen und Konstruktionen (Kap. 2.5).

Im *3. Kapitel* wechselt die Perspektive. Organisationen als Gegenstand der Sozialwissenschaft, insbesondere der Soziologie, stehen im Mittelpunkt. Zuerst werden jene Probleme erläutert, die mit

der Definition und Abgrenzung von Organisationen als Forschungsgegenstand verbunden sind (Kap. 3.1). Anschließend versuchen wir
anhand typischer Fragestellungen einen ersten Einstieg in das Feld
der Organisationssoziologie (Kap. 3.2). Die dabei implizit eingeführten Elemente und Ebenen von Organisationsanalysen werden im
folgenden Abschnitt verdeutlicht, wobei zugleich der theoretische
Ansatz vorgestellt wird, der dieser Einführung zugrunde liegt (Kap.
3.3). Das Kapitel beschließt eine Diskussion der Voraussetzungen,
Möglichkeiten und Funktionen einer Klassifikation von Organisationen (Kap. 3.4).

Das *4. Kapitel* wird eingeleitet mit einer ausführlichen Diskussion der Zwecke und Ziele von Organisationen, ihrer Eigenschaften
und Funktionen (Kap. 4.1). Zielbildung wird als sozialer Prozess
vorgestellt (Kap. 4.1.2), der begleitet ist von Konflikten (Kap. 4.1.3)
und charakterisiert werden kann als Macht- und Verhandlungsprozess (Kap. 4.1.4). Anschließend wenden wir uns den Organisationsstrukturen als Rahmenbedingungen des Handelns zu (Kap. 4.2),
ihrer Entstehung, ihren Formen (Kap. 4.2.1), ihren Dimensionen
und Funktionen (Kap. 4.2.2) sowie ihrer Bedeutung für kooperatives
Verhalten (Kap. 4.2.3). Das Kapitel beschließt ein Exkurs, in dem
zwei einander ergänzende Erklärungsansätze zur Bildung von
Organisationen skizziert werden (Kap. 4.3).

Im *5. Kapitel* steht das Verhalten von Individuen in Organisationen als Interaktionssysteme im Mittelpunkt. Zunächst werden
grundsätzliche Möglichkeiten und Formen der Interaktion in Organisationen umrissen (Kap. 5.1). Anschließend werden Organisationen als Rollensysteme analysiert (Kap. 5.2), und das Rollenhandeln
als wichtige Form der Interaktion in Organisationen einschließlich
seiner Funktion (Kap. 5.2.1), seiner Spielräume und Widersprüche
(Kap. 5.2.2) ausführlich diskutiert. Abschließend werden die Beziehungen zwischen Organisationsrollen und Individualität (Kap. 5.3)
anhand einiger ausgewählter Problembereiche näher beleuchtet.
Dabei werden Handlungsspielräume ebenso erörtert (Kap. 5.3.1)
wie Zusammenhänge zwischen Arbeitszufriedenheit und Arbeits-

verhalten (Kap. 5.3.2), sowie zwischen Führung und zugrunde liegenden Menschenbildern (Kap. 5.3.3).

Im *6. Kapitel* stehen Organisationen nicht als Rahmenbedingungen individuellen Handelns im Mittelpunkt, sondern als soziale Gebilde, denen unter gewissen Umständen Handlungen zugeschrieben werden können. Zuerst geht es um die Tausch- und Herrschaftsbeziehungen zwischen derartigen korporativen Akteuren und ihren Mitgliedern (Kap. 6.1). Dabei werden zwei Typen von Organisationsmitgliedschaften exemplarisch behandelt, solche zur Sicherung des Lebensunterhalts am Beispiel von Arbeitnehmer-Arbeitgeber-Beziehungen (Kap. 6.1.1), solche als Nachfrage von Dienstleistungen am Beispiel eines Wohnstiftes (Kap. 6.1.2). Anschließend werden Beziehungen zwischen Organisationen einerseits und externen individuellen Akteuren andererseits nebst den damit verbundenen Problemen erörtert (Kap. 6.2). Das Kapitel schließt mit einer Diskussion der Beziehungen zwischen Organisationen, wobei sowohl die Interaktion individueller Akteure als Agenten der jeweiligen Organisationen betrachtet wird als auch die Beziehungen zwischen den Organisationen und daraus resultierenden Organisationsnetzwerken (Kap. 6.3).

Im *7. Kapitel* wechselt noch einmal die Perspektive und rückt der Zusammenhang von "Organisation und Gesellschaft" in den Mittelpunkt. Nach unserer theoretischen Grundeinstellung gibt es für uns "Gesellschaft" als einen real erfahrbaren und empirisch eindeutig abgrenzbaren Objektbereich nicht. "Gesellschaft" wie "Organisation" erschließen sich bei der Analyse eines Forschungsproblems durch Rückgriff auf individuelle oder korporative Akteure, die in soziale Beziehungen eingebunden sind und in ihrem Handeln beeinflusst werden von sozialen Institutionen. Deswegen wird zunächst der Zusammenhang zwischen Organisationen und gesellschaftlichen Rahmenbedingungen (Kap. 7.1) diskutiert und anschließend erst das Thema "Organisationen und sozialer Wandel" (Kap. 7.2) erörtert, und zwar sowohl hinsichtlich des sozialen Wandels durch Organisationen (Kap. 7.2.1) als auch hinsichtlich des sozialen Wandels in

Organisationen (Kap. 7.2.1), wobei insbesondere technisch-organisatorische Innovationen als Beispiel dienen.

Um das Verständnis zu erleichtern, werden wir die jeweilige Thematik und Problematik sowie die jeweils angesprochenen Sachverhalte durchweg am Beispiel von sechs Organisationen erläutert.[2] Wie ihre Beschreibung in *Kapitel 8* zeigt, unterscheiden sie sich u. a. beträchtlich im Hinblick auf Größe, Zweck-bestimmung, Verfassung und Organisationsstruktur. Es handelt sich um eine freiberuflich und erwerbswirtschaftlich zugleich orientierte *Apotheke* mittlerer Größe in privatem Besitz (Kap. 8.1), ein Verkauf und Werkstätten umfassendes *Autohaus*, das sich dem "Partnerschaftsgedanken" verpflichtet fühlt (Kap. 8.2), eine *Genossenschaft*, die als berufsständische Organisation EDV-Dienstleistungen für freiberufliche Mitglieder erbringt (Kap. 8.3), ein *Großkrankenhaus* der Maximalversorgung in Trägerschaft einer deutschen Großstadt (Kap. 8.4), ein *Wohnstift* für Senioren in gemeinnütziger Trägerschaft (Kap. 8.5) und eine *Verzinkerei*, zugeordnet einem Unternehmensverbund rechtlich selbständiger Verzinkereien mit gleichem Kapitaleigentümer (Kap. 8.6).[3] Die Beschreibungen wurden aus dem Text ausgegliedert, um einen besseren Zugriff auf die relevante Information während der Lektüre zu ermöglichen. Insbesondere für den mit derartigen Organisationen wenig vertrauten Leser empfiehlt es sich daher, den Anhang zusammen mit Kapitel 2 zu bearbeiten,

---

2 Wir weichen damit von der 1983 erschienenen ersten Auflage des Studienbuches ab, in der ein Arbeitsamt, zugeordnet der Bundesanstalt für Arbeit als Zentrale aller Arbeitsämter und Landesarbeitsämter der Bundesrepublik Deutschland, eine Berufsschule, ein Großunternehmen der Eisen- und Stahlindustrie und ein Kreditinstitut neben dem Autohaus und dem Altenwohnheim als Beispiele dienten. Wir wollten auf diese Weise verschiedene, für unsere Wirtschaftsgesellschaft charakteristische, in ihrer Zwecksetzung, arbeitsteiligen Gliederung, hierarchischen Struktur und Verfassung sich unterscheidende Dienstleitungsorganisationen vorstellen, für die uns aus Forschungsprojekten empirische Daten zur Verfügung standen, und damit der Vielfalt von Organisationen Rechnung tragen.

3 Andere Beispiele kommen gelegentlich hinzu, soweit sich dies als zweckmäßig erweist.

um sich die notwendige Hintergrundinformation für die folgenden Abschnitte anzueignen.

Um die thematische Verknüpfung der verschiedenen Abschnitte deutlich werden zu lassen und um die Verwendung des Studienbuches für Zwecke der Wiederholung oder der Vertiefung des Stoffes zu erleichtern, wurden in den Text zahlreiche Querverweise eingearbeitet. Diese Querverweise sind besonders häufig in zusammenfassenden Abschnitten oder solchen, die eine Vorschau auf spätere Themen geben. In einen kleinen Schrifttyp gesetzte Abschnitte im Text geben zusätzliche Erläuterungen, die der eilige Leser überspringen kann. Ferner wurden für die Thematik wichtige, jedoch für das Verständnis des Textes nicht unbedingt erforderliche Hinweise, Erläuterungen und Ergänzungen in mehr oder minder ausführliche Fußnoten verwiesen. Schließlich haben wir uns bemüht, dem besonders interessierten Leser durch ausführliche Literaturverweise weitere Quellen zu erschließen. Diese erheben jedoch keinesfalls den Anspruch auf Vollständigkeit, sondern müssen notwendigerweise kursorisch bleiben.

2 Organisationen als Gegenstand der Alltagserfahrung

In diesem Kapitel wird unser Forschungsgegenstand im Hinblick auf die Bedeutung untersucht, die Organisationen in unserem Alltag besitzen. Diese erste Annäherung dient weniger dem Zweck, eine formale Definition zu erarbeiten - dies ist Gegenstand des dritten Kapitels - sondern vielmehr den Leser anhand einer alltagsorientierten Beschreibung mit Organisationen und ihrer Wirkung auf die Individuen vertraut zu machen.

2.1 Was versteht man unter Organisationen?

Charakteristisches Merkmal und gestaltendes Element moderner Industrie- und Dienstleistungsgesellschaften sind Organisationen - diesem Satz dürften die meisten Sozialwissenschaftler beipflichten. Er entspricht dem gebräuchlichen wissenschaftlichen Sprachstil. Viele Nichtwissenschaftler werden aber diesem Satz widersprechen. Sie kennen zwar auch Erscheinungen, die sie mit dem Begriff Organisation belegen. Diese sind aber keineswegs alle von so hervorragender Bedeutung für unsere Gesellschaft, dass sie sie als charakteristisches Merkmal oder gar als gestaltendes Element unserer Gesellschaft ansehen. So scheint die Aussage des Satzes ihrer Alltagserfahrung zu widersprechen.

Der Grund für eventuelle Unterschiede in der Beurteilung der Wahrheit oder der Richtigkeit des Eingangssatzes ist nicht in erster Linie darin zu suchen, dass Unterschiede in der erfahrenen oder wahrgenommenen Wirklichkeit bestehen. Er dürfte eher im unterschiedlichen Gebrauch des Begriffes Organisation liegen: In der Umgangssprache werden mit dem Begriff "Organisation" vielfach andere Phänomene bezeichnet als in der Sprache der Sozialwissenschaftler.

In unserer Umgangssprache bezeichnen wir mit Organisation entweder die Tätigkeit des Organisierens oder solche Zusammenschlüsse von mehreren Personen oder von Personengruppen, die der Durchsetzung bestimmter Interessen dienen. Dabei handelt es sich in der Regel um solche Interessen, die den verschiedenen Personen gemeinsam sind, für deren Durchsetzung aber jeder einzelne allein eine geringe Chance besitzt. In diesem Sinne werden z.b. Gewerkschaften, Parteien, Wirtschaftsverbände und ähnliche Vereinigungen Organisationen genannt. Andere Zusammenschlüsse mehrerer Personen, die ebenfalls der Verwirklichung bestimmter, mehreren Personen gemeinsamer Zwecke dienen, wie z.B. Betriebe, Behörden, Schulen, Kirchen, Krankenhäuser, Gefängnisse, werden hingegen selten oder überhaupt nicht als Organisationen bezeichnet. Hier gibt man im Allgemeinen anderen Begriffen den Vorzug. Man nennt sie Unternehmen, Einrichtungen, Anstalten, Institutionen, Körperschaften. Solche Unterschiede in der Verwendung und in der Bedeutung von Begriffen sind sehr häufig zu beobachten. Sie sind nicht nur zwischen Wissenschaftlern und Nichtwissenschaftlern festzustellen, sondern auch zwischen Wissenschaftlern, die verschiedenen Disziplinen angehören. Sie finden sich aber auch zwischen Wissenschaftlern, die zwar der gleichen Disziplin, aber verschiedenen wissenschaftlichen Schulen angehören. Auch sonst lassen sich Unterschiede dieser Art ausmachen. Sie können sowohl auf Unterschiede der sozialen Herkunft, der Zugehörigkeit zu sozialen Gruppen oder Schichten, als auch auf Unterschieden in der Zugehörigkeit zu Organisationen beruhen (vgl. Kap. 3).

In den Sozialwissenschaften werden so verschiedenartige Erscheinungen wie Betriebe, Behörden, Ämter, Schulen, Parteien, Kirchen, Gewerk-schaften, Unternehmensverbände, Karnevalsvereine, Kartelle, Schützenvereine, Jugendverbände, Krankenhäuser, Sportclubs, Weltanschauungsgruppen, Banken, Freizeitgruppen, Supermärkte, Verkehrsbetriebe, Studentenverbindungen, Kaufhäuser, Gesangvereine, Schülervereinigungen etc. als Organisationen bezeichnet. Wie diese Beispiele deutlich machen, reicht der wissenschaftliche Begriff Organisation hier also viel weiter als in der Alltagssprache. Als *Organisationen* werden in der Regel solche Zusammenschlüsse von Personen als Akteure[1] bezeichnet, die folgende Merkmale gemeinsam haben und sich in dieser Hinsicht gleichen:[2]

- Sie wurden von *Akteuren* durch Zusammenlegung von Ressourcen zur Verwirklichung spezifischer, ihren Interessen dienenden Zwecke geschaffen.[3]
- Sie sind *arbeitsteilig gegliedert*, d.h. den in ihnen zusammen geschlossenen und ihnen angehörenden Akteuren wurden nicht allen die gleichen Aufgaben zur Erledigung übertragen, sondern mehr oder minder verschiedenartige. Die Erfüllung jeder dieser Aufgaben dient zunächst und in erster Linie dem spezifischen Zweck des Zusammenschlusses, zu dem auf diese Weise jeder Akteur einen Beitrag leistet.
- Sie sind mit einer *Leitungsinstanz* ausgestattet, der der Einsatz der Ressourcen sowie die Steuerung der Kooperation nach innen

---

1 Im Weiteren wird in der Regel von Akteuren statt von Personen gesprochen, um den Handlungsbezug herauszustellen. Akteure können jedoch nicht nur individuelle Personen, sondern unter bestimmten Umständen auch Organisationen sein: Beispielsweise kann eine Organisation "handeln", indem "sie" ein Grundstück kauft, einen Arbeitnehmer einstellt etc. Daher wird im Folgenden zwischen individuellen Akteuren (im Sinne von natürlichen Personen) und sogenannten korporativen Akteuren (im Sinne von juristischen Personen) unterschieden. Eine explizite Definition und Diskussion des Begriffs des korporativen Akteurs findet sich in Kapitel 3.3.

2 Vgl. hierzu auch die Definition des Organisationsbegriffes in Kap. 3.1.

3 Typisches Beispiel ist hier die Zusammenlegung der klassischen Produktionsfaktoren Boden (einschließlich der sonstigen natürlichen Ressourcen), Arbeit (im Sinne von Arbeitsvermögen) und Kapital (im Sinne von Realkapital), evtl. ergänzt um technisches Wissen (vgl. Klaus & Maußner 1986: 11f, Cezanne 1993: 3ff) zum Zwecke der Produktion von Waren und Dienstleistungen als wirtschaftliche Güter.

und die Vertretung des Zusammenschlusses nach außen obliegt. Sie ist für die Gewährleistung der Zusammenarbeit und für ihre Ausrichtung auf den Zweck des Zusammenschlusses verantwortlich.

* Sie verfügen über eine formale oder informale *Verfassung*, welche die Zweckbestimmung, die hierarchische Ordnung sowie die Rechte und Pflichten der in ihnen zusammengeschlossenen und ihnen angehörenden Akteure nebst deren Kontrolle bestimmt und die Handlungseinheit gewährleisten soll.[4]

Nach dieser Vorstellung unterscheiden die spezifische Zweckbestimmung, eine daran orientierte arbeitsteilige Gliederung, das Vorhandensein einer Leitungsinstanz sowie einer Verfassung als gemeinsame Merkmale Organisationen von anderen Arten und Formen, in denen sich Personen oder Personengruppen zusammenzuschließen pflegen oder sich zusammenschließen können: z.B. von Freundschaften, Familien, Spielgruppen, Nachbarschaften auf der einen Seite und von Gemeinden, Massenversammlungen, Gesellschaften auf der anderen.

Organisationen dienen in der Regel bestimmten *ausgewählten Zwecken*. Diese können wirtschaftlicher, technischer, sozialer, politischer oder humanitärer Art sein: Betriebe produzieren Güter in Form von Waren oder Dienstleistungen zum Zwecke der Gewinnerzielung oder der Bedarfsdeckung, betreiben jedoch keine Bankgeschäfte. Behörden erbringen öffentliche Dienstleistungen oder verwalten das Gemeinwesen, betreiben jedoch keine Verkaufsstellen für beliebige Waren, produzieren in der Regel keine Güter und sind nicht erwerbswirtschaftlich orientiert. Schulen dienen der Wissensvermittlung an Kinder und Jugendliche oder der Erziehung, jedoch nicht der Kinderverwahrung, der Krankenpflege oder dem Transport von Gütern. Krankenhäuser werden errichtet, um Kranke zu pflegen

---

4 Siehe hierzu die Erörterung von "Organisationen als Forschungsgegenstand" bei Scott (1986: 23 - 52) sowie des "Körperschaftshandelns" bei Coleman (1992).

und zu heilen - teils mit, teils ohne erwerbswirtschaftliche Orientierung -, jedoch nicht, um gebrechliche Personen zu betreuen oder
Einfluss auf die politische Gestaltung des Gemeinwesens zu nehmen, denn letzteres ist zunächst Zweck von Parteien. Diese wiederum haben sich nicht unmittelbar mit Krankenpflege, Güterproduk-
tion oder schulischer Bildung zu befassen. Kirchen schließlich
dienen der Sinndeutung des Lebens und der Vermittlung zwischen
Diesseits und Jenseits, jedoch ihrem Zwecke nach weder der politischen Einflussnahme, noch primär der Krankenpflege oder der
Erstellung materieller Güter.[5]

Organisationen sind *arbeitsteilig gegliedert*. Sie weisen eine von
Zweckbestimmung, technologischer Entwicklung, qualifikatorischen Voraussetzungen, soziokulturellen und ökonomischen Gegebenheiten sowie historischen Bedingungen abhängige Differenzierung der zugeteilten Arbeitsaufgaben auf: In Unternehmen und
Betrieben gibt es, von einer bestimmten Größe an, eine mehr oder
minder scharfe Trennung zwischen verschiedenen Arbeitsaufgaben,
insbesondere zwischen planenden, leitenden, arbeitsvorbereitenden,
arbeitsausführenden und kontrollierenden Aufgaben sowie zwischen
Zielsetzungs-, Beschaffungs-, Produktions-, Absatz- und
Verwaltungsaufgaben. Behörden unterscheiden in der Regel ordnen-
de, kontrollierende, leistende, verwaltende und leitende Tätigkeiten
und weisen sie verschiedenen Amtsträgern zu. Schulen trennen
lernende, lehrende, administrative und leitende Aufgaben und ver-

---

5   Wie wir später noch sehen werden, ist diese Abgrenzung von Organisationen
    vermittels des spezifischen Zweckes keineswegs so eindeutig, wie sie zunächst zu
    sein scheint. Zum einen gibt es - zumal mit zunehmender Größe - Organisationen,
    die mehreren Zwecken dienen. Zum anderen sind die zunächst ins Auge springen-
    den spezifischen Zwecke keineswegs immer die eigentlich dominierenden. So
    dient z.B. die Güterproduktion privatwirtschaftlicher Unternehmen in einer Markt-
    wirtschaft nicht nur, und manchmal nicht einmal in erster Linie, der Deckung des
    gesellschaftlichen Bedarfs an den produzierten Gütern, sondern auch, und oft in
    erster Linie, der Erzielung von Gewinnen oder Profiten zur Vermehrung von
    Kapital und/oder Einfluss. Siehe hierzu z. B. die Diskussion bei Scott (1986: 348 -
    364).

teilen sie auf verschiedene Akteursgruppen. Krankenhäuser unterscheiden diagnostische, therapeutische, pflegende und verwaltende Tätigkeiten sowie planende, leitende, kontrollierende und ausführende Aufgaben und übertragen sie verschiedenen Berufsgruppen.[6]

Organisationen sind mit einer *Leitungsinstanz* ausgestattet. Diese dient der Gewährleistung relativ dauerhafter, auf die Verwirklichung der Organisationszwecke ausgerichteter Kooperation, repräsentiert das sie einschließende Herrschaftssystem der Organisation zum einen und die Organisation als korporativen Akteur oder juristische Person zum anderen: In Unternehmen und Betrieben ist dies eine Unternehmens-, Geschäfts- und/oder Betriebsleitung, evtl. ergänzt durch einen Betriebsrat. In Behörden ist es ein Präsident, Behördenleiter oder Amtsleiter, oder - bei mehrgliedriger oder kollegialer Leitung - ein Präsidium, eine Behördenleitung oder eine Amtsleitung, evtl. ergänzt durch einen Personalrat. In Schulen ist es die Schulleitung, repräsentiert durch Rektor oder Direktor, ergänzt durch verschiedene Selbstverwaltungsgremien und kontrolliert durch die Gemeindevertretung, Schulkollegium und Kultusministerium. In Krankenhäuser ist es ein Direktorium mit ärztlichem Direktor, Pflegedirektor und Verwaltungsdirektor, ebenfalls ergänzt durch verschiedene Selbstverwaltungs- und Kontrollgremien.[7]

Organisationen verfügen über eine *Verfassung*. Diese regelt - orientiert an rechtlichen und kulturellen Rahmenbedingungen - teils in schriftlicher Form, teils nach "Gewohnheitsrecht" oder "Übung" die Zweckbestimmung, die Verfügungsrechte über die eingebrachten Ressourcen sowie über die Verteilung der erzielten Erträge, die

---

6 In der arbeitsteiligen Struktur liegt, wie wir noch sehen werden, eine besondere Eigenart, aber auch eine besondere Problematik von Organisationen.

7 Aus dem Vorhandensein einer Leitungsinstanz als Spezifikum von Organisationen und ihrer hierarchischen Verfassung resultieren ebenfalls eine Vielzahl von Problemen, die seitens der Organisationssoziologie erkundet, beschrieben, analysiert und diskutiert werden.

hierarchische Ordnung, die Rechte und Pflichten der verschiedenen Akteure nebst deren Kontrolle. Sie soll die Handlungseinheit der Organisation als korporativer Akteur sowie ihre Abgrenzung gegenüber der so genannten Umwelt, insbesondere auch von anderen Organisationen gewährleisten.

Wegen ihrer besonderen Bedeutung für den einzelnen Bürger wie für die Gesellschaft insgesamt sind unter den verschiedenen Typen von Organisationen jene für die Sozialwissenschaften von besonderem Interesse, die man gemeinhin mit dem Begriff *Arbeitsorganisation* zu bezeichnen pflegt. Hierunter verstehen wir solche Organisationen, die über einen Verwaltungsstab sowie über eine Reihe hauptberuflich in der und für die Organisation tätiger Akteure verfügen. Diese verdienen vermittels ihrer Tätigkeit in der und für die Organisation ihren Lebensunterhalt ganz oder zum überwiegenden Teil, d.h. sie gehen in der Organisation für die Organisation ihrem Beruf nach. Arbeitsorganisationen in diesem Sinne sind Betriebe, Behörden, Schulen, Praxen und Kanzleien, aber auch Kirchen, Parteien und Gewerkschaften. Organisationen dieses Typs werden von uns in dieser Einführung in erster Linie behandelt, wie auch die folgenden vier Beispielorganisationen deutlich machen, die in Kapitel 8 ausführlich erläutert werden.

Unternehmens- und Betriebszweck der *Verzinkerei* ist ausschließlich die erwerbswirtschaftlich ausgerichtete Feuerverzinkung verschiedener Stahlkonstruktionen. Diesem Zweck entspricht die arbeitsteilige Gliederung[8], die neben der Geschäftsleitung und der Verwaltung im Produktionsbereich zwischen Kundenbetreuung und dem eigentlichen Produktionsbereich unterscheidet. Die Gesamtleitung obliegt der kollegialen Geschäftsleitung, die ihrerseits von der Gesellschafterversammlung bestellt, kontrolliert und abberufen wird. Für den Produktionsbereich steht ihr ein Werks- oder Betriebsleiter zur Seite, der wiederum von einem Meister und Schichtführern in seinen Leitungsfunktionen unterstützt wird. Die Verfas-

---

8 Siehe hierzu das Organigramm in Kapitel 8.6.

sung bestimmt das Gesellschaftsstatut in Verbindung mit weiteren institutionellen, die Arbeitsaufgaben, ihre Verteilung und die verschiedenen Zuständigkeiten betreffenden Regelungen.

Unternehmens- und Betriebszweck des erwerbswirtschaftlich ausgerichteten *Autohauses* ist zum einen der Verkauf von neuen Pkw und Lkw einer bestimmten Marke sowie von gebrauchten Fahrzeugen und Ersatzteilen, zum anderen die Reparatur und Betreuung von Kraftfahrzeugen. Diesen Zwecken entspricht die arbeitsteilige Gliederung,[9] die neben der Geschäftsleitung, der allgemeinen Verwaltung und dem Personalressort im Verkaufsbereich zwischen Verkäufern und Verkaufsverwaltung und im Kundenbetreuungsbereich zwischen verschiedenen, zu den Abteilungen Kundendienst, Teiledienst, Zweigstelle zusammengefassten Funktionsgruppen unterscheidet. Die Gesamtleitung des Autohauses liegt beim Geschäftsführer, der seinerseits von der Gesellschaftsversammlung bestellt und von dieser sowie dem Wirtschaftsausschuss und dem Betriebsrat kontrolliert wird. Die Verfassung bestimmt das von der Gesellschafterversammlung beschlossene Gesellschaftsstatut in Verbindung mit weiteren institutionellen, die Arbeitsaufgaben, ihre Verteilung und die verschiedenen Zuständigkeiten betreffenden Regelungen.

Zweck der privatwirtschaftlich und freiberuflich geführten *öffentlichen Apotheke* ist nach dem geltenden Recht zunächst die geordnete, einem Kontrahierungszwang unterliegende Versorgung der Bevölkerung mit Arzneimitteln zu vorgeschriebenen Preisen. Ferner wird das Warenangebot mit erwerbswirtschaftlicher Zielsetzung durch nicht der Apothekenpflicht unterliegende Arzneimittel und andere einschlägige Waren ergänzt, wie sie auch von Drogerien und Kaufhäusern geführt werden. Diesen Zwecken entspricht auch die arbeitsteilige Gliederung, die in Abhängigkeit von Vorbildung und Berufspraxis - unter Berücksichtigung der Bestimmungen der Apotheken-Betriebsordnung - leitende, kontrollierende, beratende

---

9   Siehe hierzu das Organigramm in Kapitel 8.2.

und ausführende, zum Teil miteinander verknüpfte Funktionen unterscheidet. So besitzt die pharmazeutisch-technische Assistentin eine größere Kompetenz als die Apothekenhelferin. Dem Apotheker selbst, dem von der zuständigen Landesbehörde die personengebundene Betriebserlaubnis erteilt wurde, obliegt aufgrund des Apothekengesetzes die persönliche Leitung der Apotheke in eigener Verantwortung, die er nur zeitweise an einen angestellten Apotheker delegieren kann. Die Verfassung bestimmen die Vorschriften des Apothekengesetzes und der Apothekenbetriebsordnung in Verbindung mit weiteren institutionellen, die Arbeitsaufgaben, ihre Verteilung und die verschiedenen Zuständigkeiten betreffenden Regelungen.

Zweck des *Großkrankenhauses* der Maximalversorgung in kommunaler Trägerschaft ist Diagnostik, Therapie, Pflege, Isolierung und Rehabilitation akuter und chronisch kranker Bürger im Rahmen des Gesundheitssystems. Die arbeitsteilige Gliederung[10] nach diagnostischen, therapeutischen, pflegenden und verwaltenden Tätigkeiten sowie in planende, leitende, kontrollierende und ausführende Aufgaben, die in Abhängigkeit von Vorbildung, Praxiserfahrung und Qualifikationsprofilen sowie mit Rücksicht auf die einschlägigen rechtlichen Regelungen verschiedenen Berufen übertragen sind, beruht in erster Linie auf dieser Zwecksetzung. Die Gesamtleitung des Krankenhauses obliegt einem Direktorium bestehend aus medizinischem Direktor, Plegedirektor und Verwaltungsdirektor, das jedoch in die kommunalen Verwaltungsstrukturen eingebettet ist. Nach der Verfassung wird das Krankenhaus als öffentlicher Regiebetrieb der Kommune geführt, wodurch seine organisatorische und rechtliche Selbstständigkeit erheblich eingeschränkt wird und wesentliche Entscheidungen außerhalb des Krankenhauses vorbereitet und getroffen werden.[11]

---

10 Siehe hierzu das Organigramm im Kapitel 8.4.

11 Die damit verbundenen, die Effizienz der Organisation beeinträchtigenden Probleme diskutiert eingehend Robisch (1992: 64 - 83).

Zweck des *Wohnstifts* für Senioren in gemeinnütziger Trägerschaft ist Beherbergung, Verpflegung, soziale, pflegerische,
therapeutische und medizinische Versorgung, kulturelle Betreuung
und seelsorgerische Beratung der Stiftsbewohner. Diesen Zwecken
entspricht auch die arbeitsteilige Gliederung in Stiftsbewohner auf
der einen Seite, Stiftspersonal auf der anderen, umfassend das
Küchen- und Servicepersonal, die Hausdame und die Etagendamen,
den Stiftsarzt und die Stiftsschwestern, das Wäscherei- und Reinigungspersonal, die Handwerker, das Sozial- und Kulturreferat, die
Administration und den Stiftsseelsorger. Die Gesamtleitung des
Wohnstiftes liegt beim Stiftsdirektor, der seinerseits vom Verwaltungsrat des Trägervereins und einem von den Stiftsbewohnern
gewählten Stiftsrat kontrolliert wird. Die Verfassung bestimmt das
von der Gesellschafterversammlung beschlossene Gesellschaftsstatut in Verbindung mit weiteren institutionellen, die Arbeitsaufgaben, ihre Verteilung und die verschiedenen Zuständigkeiten betreffenden Regelungen.

Betriebszweck der als Genossenschaft organisierten, überregiona-
len berufsständischen *EDV-Dienstleistungs-Organisation* ist es,
"Erfüllungsgehilfe des Steuerberaters bei seinen Steuerberatungsaufgaben" zu sein (Sebiger 1995: 63). Diesem Zweck entsprechend
werden Dienstleistungen angeboten, die von der Buchführung bis
hin zur Wirtschaftsberatung reichen. Die arbeitsteilige Gliederung in
planende, entwickelnde, beratende, leitende, kontrollierende und
ausführende Aufgaben, die in Abhängigkeit von Vorbildung und
Qualifikationsprofilen sowie mit Rücksicht auf die einschlägigen
rechtlichen Regelungen verschiedenen Akteursgruppen übertragen
sind, spiegelt das breite Spektrum und die Vielfalt des Dienstleistungsangebots wider.[12] Die eigenverantwortliche Gesamtleitung
der Genossenschaft obliegt einem mehrköpfigen, für verschiedene
Aufgabenbereiche zuständigen Vorstand, der vom Aufsichtsrat
bestellt und kontrolliert wird, der einer Vertreterversammlung infor-

---

12 Siehe hierzu das Organigramm in Kapitel 8.3.

mationspflichtig ist und der Mitwirkung von Belegschaftsvertretern nach den rechtlichen Bestimmungen Rechnung zu tragen hat. Die Verfassung bestimmt das von der Vertreterversammlung beschlossene Gesellschaftsstatut in Verbindung mit weiteren, die Arbeitsaufgaben, ihre Verteilung und die verschiedenen Zuständigkeiten betreffenden Regelungen.

2.2 Die moderne Gesellschaft als Organisationsgesellschaft

Organisationen spielen in modernen Gesellschaften eine bedeutende Rolle. Wie wir im Folgenden sehen werden, sind sie in unserem Alltag allgegenwärtig (vgl. Kap. 2.2.1). Als Resultat gesellschaftlicher Entwicklung (Kap. 2.2.2) erleben wir Organisationen als Zweckverbände (Kap. 2.2.3), in denen die Mitglieder in Bezug auf ein bestimmtes Ziel miteinander kooperieren sollen (Kap. 2.2.4). Da diese Kooperation nicht selbstverständlich ist, erfahren wir unsere Mitgliedschaft häufig auch als Herrschaftsverhältnis (Kap. 2.2.5) und dies umso stärker, je größer die Bedeutung der Organisation für uns als Lebensraum ist (Kap. 2.2.6). Diese Umstände führen häufig dazu, dass wir uns von Organisationen im Alltag dominiert fühlen und eine Asymmetrie in unserer Beziehung zu solchen Gebilden wahrnehmen (Kap. 2.2.7). Diese Zusammenhänge, die später theoretisch ausführlicher diskutiert werden, sollen im Folgenden kurz beleuchtet werden.

2.2.1 Die Allgegenwart von Organisationen in der modernen Gesellschaft

Eine Vielzahl von Organisationen prägt das Bild unserer Gesellschaft. Ein Blick in das örtliche Fernsprechbuch lässt schnell deutlich werden, wie zahlreich diese Organisationen sind. Er zeigt aber auch, wenn wir mit dem Namen der jeweiligen Organisation unser

Wissen um diese Organisation verbinden, wie verschieden die Organisationen sind in Zielsetzung, Zweckbestimmung, Größe, interner
Aufgaben- und Abteilungsgliederung, Reichweite, Alter, Geschichte, wechselseitiger Verknüpfung, Einflusschance und Autonomie.[13]
Diese Vielfalt von Organisationen umfasst z.b. erwerbs- oder
gemeinwirtschaftlich orientierte Unternehmen; Interessen- und
Weltanschauungsverbände (z.b. Kirchen, Sekten, Bruderschaften);
Parteien und politische Vereinigungen; Vereine verschiedener Art;
dem 'öffentlichen Wohle' dienende Einrichtungen wie die verschiedenen Bildungseinrichtungen, die Einrichtungen der Gesundheits-
vorsorge, -fürsorge und -sicherung, der Rehabilitation und der
Sozialversicherung; Behörden, Ämter, Anstalten und andere Einrichtungen der Kommunen, der Länder und des Bundes; die Organe
der Rechtsprechung und -pflege sowie das Militär und militärähnli-
che Verbände.

Die Vielzahl von Organisationen bindet die einzelnen Mitglieder
unserer Gesellschaft und ihre verschiedenen Gruppierungen ein in
eine entsprechende Vielzahl wechselseitig miteinander verbundener
Aktivitäten und verkettet sie so miteinander. Eingebunden in ein
Netzwerk von Organisationen als deren Mitglieder, Beschäftigte,
Akteure, Agenten, Repräsentanten, Klienten, Kunden oder Publikum gestalten wir heute unser Leben. Organisationen sind es, die
uns verbinden; Organisationen trennen uns aber auch voneinander.[14]

In Organisationen oder in enger Verbindung mit ihnen und beeinflusst durch sie verbringt der Bürger in unserer Gesellschaftsordnung wie in allen modernen Gesellschaften einen wesentlichen Teil
seines Lebens. Sie bestimmen seinen sozialen Alltag ebenso wie
seinen Lebenslauf. In und durch Organisationen wirken wir mit an
der Gestaltung unserer Lebenswelt und der unserer Mitbürger. In

---

13 Einen knappen Überblick über die verschiedenen Typen von Organisationen und
   ihre geschichtliche Entwicklung geben u. a. Mayntz (1963, S.8 - 18), Stinchcombe
   (1965), Williamson (1981), Scott (1986: 53 - 88) und Coleman (1992: 271 - 299).

14 Siehe hierzu insbesondere Coleman (1992: 271 - 445).

Organisationen oder in deren Einflussbereich werden wir geboren, erzogen, ausgebildet, betreut, gepflegt und versorgt. In Organisationen üben die meisten von uns ihren Beruf aus, verdienen ihren Lebensunterhalt, machen Karriere oder auch nicht, gestalten ihre Freizeit und gewinnen ihren Lebenssinn. In Organisationen und durch Organisationen oder deren Agenten erfahren wir heute aber auch, was Konflikt und Kooperation, was Hilfsbereitschaft und Solidarität, was Erfolg und Misserfolg, was Status und Prestige, was Herrschaft und Abhängigkeit, was Selbstbestimmung und Fremdbestimmung, was Gleichheit und Ungleichheit bedeuten oder bedeuten können und wie wir damit fertig werden.

Als intermediäre soziale Gebilde vermitteln Organisationen zwischen dem einzelnen Mitglied unserer Gesellschaft und der Gesamtgesellschaft sowie den verschiedenen gesellschaftlichen Teilsystemen, denen es angehört. Organisationen sind eingebettet in das sie umfassende Gesellschafts- und Wirtschaftssystem, als dessen Teil sie aber in ihren Zielen und Zwecken von diesem abhängig sind; wie wir allerdings noch sehen werden, in z.T. recht unterschiedlichem Ausmaß.[15] Auch in ihren arbeitsteiligen Strukturen werden Organisationen von dem Gesellschafts- und Wirtschaftssystem beeinflusst und zwar in der Art und Weise, wie die im Rahmen der Organisationen zu erledigenden Aufgaben auf Personen und Personengruppen verteilt sind. Umgekehrt beeinflussen Organisationen ihrerseits, dies wiederum in unterschiedlichem Maße, das Gesellschafts- und Wirtschaftssystem und tragen so zu dessen Stabilisierung oder Wandel bei.[16]

Angesichts der Bedeutung, die Organisationen für uns und für die Gestaltung unserer Gesellschaftsordnung zukommt, ist es wichtig, die charakteristischen Strukturen von Organisationen sowie die Wirkungsweise und die Konsequenzen des Handelns "in" und "von" Organisationen kennen und verstehen zu lernen. Wer nicht nur

---

15 Siehe hierzu und zum Folgenden Scott (1986: 228 - 245).

16 Siehe hierzu z. B. Scott (1986: 196 - 220) sowie Kapitel 7.2.

passiv die Wandlungen unserer Gesellschafts- und Wirtschaftsordnung erfahren will, sondern Wert darauf legt, im Rahmen seiner
Kräfte und Möglichkeiten und vereint mit anderen, die seine Werte
oder Interessen teilen, einen aktiven Beitrag zur Gestaltung unserer
Gesellschafts- und Wirtschaftsordnung zu leisten, der ist gehalten,
sich mit dem Phänomen Organisation zu beschäftigen und ausein-
anderzusetzen.

2.2.2 Organisationen als Resultat gesellschaftlicher Entwicklung

Organisationen sind ein spätes Produkt gesellschaftlicher Entwicklung. Entfaltung und Ausbreitung von Organisationen sind eng
verknüpft mit jener beispiellosen, tiefgreifenden und umfassenden
Umwälzung der gesamten Gesellschafts- und Wirtschaftsordnung,
die mit dem Aufkommen der kapitalistischen Wirtschaftsweise
einsetzte. Sie erfuhr in der und durch die Industrialisierung ihre
spezifische Formung und hatte weltweite Folgen.[17] Als solche seien
nachstehend beispielhaft genannt:

---

17 So betont Mayntz (1963: 8f): "Entstehung, Wachstum und Ausbreitung von
   Organisationen sind kein universalgeschichtlicher Prozess. Es hat Hochkulturen
   gegeben, in denen sich Organisationen entweder nur ansatzweise oder nur auf
   wenigen Gebieten entwickelten.[...] Dass Organisationen sich bilden und zu den
   wesentlichen Strukturelementen einer Gesellschaft werden, ist jedenfalls alles
   andere als eine zwangsläufige Entwicklung in jeder Kultur. Es ist vielmehr ein
   Prozess, der auf zahlreichen besonderen Voraussetzungen beruht und nur unter
   ganz bestimmten Bedingungen so beherrschend wird, wie wir es in der modernen
   Industriegesellschaft erleben". In seinem Beitrag "Organisationen und sozialer
   Wandel", in dem er der Frage nachgeht, wie das Phänomen Organisation von
   Marx, Weber und Durkheim sowie in den neueren evolutionstheoretischen Ansätzen von Parsons, Luhmann und Habermas eingeschätzt und beurteilt wird, kommt
   Gabriel (1976: 309) zu folgendem Ergebnis: "Organisationen sind - was ihre
   quantitative Verbreitung wie ihre qualitative Struktur angeht - ein spätes Produkt
   sozialer Wandlungsprozesse und können als eine wesentliche Dimension des
   gesellschaftlichen Wandels betrachtet werden."

- Trennung von Arbeits- und Lebensraum, von Arbeitsstätte und Wohnung;
- grundlegende Wandlung des Charakters wie der Organisation beruflicher Tätigkeit;
- Herausbildung neuer sozialer Klassen und Veränderung der Klassenstrukturen;
- Vordringen von Großbetrieben als vorherrschende Produktionsform und von bürokratischen Verwaltungen in Staat und Wirtschaft;
- durchgreifende Veränderung der Siedlungsstrukturen und der Verkehrsverflechtungen;
- Entwicklung und Ausbreitung der Arbeiterbewegungen und des Parteiwesens;
- zunehmende Mechanisierung, Maschinisierung und Automatisierung der Arbeitsprozesse im Zeichen permanenter Rationalisierung der Organisationsstrukturen;
- totale Umwälzung der gesellschaftlichen Machtstrukturen.

Diese Prozesse charakterisieren eine Entwicklung, die das Wachstum immer neuer Arten und Formen von Organisationen und deren Ausbreitung in Wirtschaft, Gesellschaft und Staat förderte und beschleunigte. Sie hatte ferner eine grundlegende Veränderung so traditionsreicher organisatorischer Gebilde wie Kirchen, Staatsbürokratien und Militäreinrichtungen zur Folge. Besonders rasant war die Entwicklung im Bereich der Arbeitsorganisationen; sie wurden zur vorherrschenden Form gesellschaftlicher Arbeitsteilung.[18]

---

18 Wer sich eingehender mit der Frage beschäftigen will, warum und unter welchen historischen Bedingungen es zur Herausbildung von Organisationen als eines speziellen Typus sozialer Gebilde kam, sei hingewiesen auf Coleman (1992: 271 - 299) sowie auf Scott (1986: 191 - 227). Scott geht hier unter historischen und vergleichenden Perspektiven der Frage nach, warum es Organisationen gibt. Es geht dabei sowohl um die Frage nach den Gründen für die Herausbildung von Organisationen als eines spezifischen Typus sozialer Gebilde als auch um Fragen

(Fortsetzung...)

	Entwicklung der Erwerbstätigkeit			
Jahr	Abhängig Erwerbstätige[a] in Tausend	Selbständige[b] in Tausend	Erwerbstätige gesamt in Tausend	Anteil der Selbstständigen an allen Erwerbstätigen in %
1991	25.949	3.044	28.993	10,5
1990	25.460	3.026	28.486	10,6
1980	23.897	3.162	27.059	11,7
1970	22.246	4.422	26.668	16,6
1960	20.331	5.196	26.247	19,8
1950[d]	13.963	6.413	20.376	31,5
1933[f]	15.829	10.612[g]	26.441	40,1
1925[f]	20.853	10.519[g]	31.372	33,5

Anmerkungen: [a] Arbeiter, Angestellte und Beamte, [b] inklusive mithelfender Familienangehöriger, [c] Zahlen für das frühere Bundesgebiet, [d] ohne Berlin, [e] für 1951, [f] die Zahlen für 1933 und 1925 beziehen sich auf das Gebiet des Deutsches Reiches (in den Grenzen von 1925) ohne Saargebiet, [g] einschließlich Beamte und Angestellte in leitender Stellung.

Tabelle 2.1: Entwicklung abhängiger Erwerbstätigkeit in Deutschland 1925 - 1991[19]

---

18 (...Fortsetzung)
   nach möglichen Alternativen zu Organisationen als Trägern komplexer Aktivitäten sowie schließlich um Fragen, die darauf abzielen, welche Mittel für Organisationen erforderlich sind, damit sie bestehen und funktionieren können, und ob hier zwischen verschiedenen Typen von Organisationen Unterschiede bestehen. Dabei geht Scott davon aus, dass "die Kenntnis der Bedingungen, unter denen Organisationen als eine besondere Sozialform sich herausbilden,... es uns ermöglichen (wird), genauer zu bestimmen, warum Individuen sich just für diese Form entscheiden, wenn es ihnen darum geht, bestimmte Ziele zu verfolgen" (Scott 1986: 192).

19 *Quellen* für *Erwerbstätige 1970-1993* (früheres Bundesgebiet): Statistisches Bundesamt (StBA) (Hrsg.) (1994): Statistisches Jahrbuch für die Bundesrepublik Deutschland. Wiesbaden: Metzler Poeschel. S. 110-111. *1950 (ohne Berlin) und 1960:* StBA (Hrsg.) (1965): Statistisches Jahrbuch für die Bundesrepublik Deutschland. Stuttgart, Mainz: Kohlhammer. S. 151. *1925, 1933* (Deutsches Reich ohne Saargebiet): Statistisches Reichsamt (Hrsg.) (1934): Statistisches
(Fortsetzung...)

Diese Entwicklung führte u.a. zu einem kontinuierlichen Rückgang des Anteils jener Personen an der erwerbstätigen Bevölkerung,
die als Selbständige im 'eigenen Betrieb' ihrer Berufstätigkeit
nachgingen und ihren Lebensunterhalt verdienten: Der Anteil der
Selbständigen an allen Erwerbstätigen sank von 33,5% im Jahr 1925
auf 10,5% im Jahr 1991 (vgl. Tabelle 2.1). Aber auch in den
Arbeitsorganisationen vollzog sich ein beträchtlicher Wandel, der
im früheren Bundesgebiet u. a. zur Folge hatte, dass von 1950 bis
1993 der Anteil der Arbeiter an den Erwerbstätigen von 49% auf
36% zurückging, während der Anteil der Angestellten von 17% auf
45% anstieg und der der Beamten von 4% auf 8% (Statistisches
Bundesamt 1994: 86f). Beleg für diese Entwicklung sind auch unsere Beispielorganisationen:

- das *Autohaus*, das seine Existenz der Erfindung des Automobils
  und seiner Verbreitung als Verkehrsmittel und Statussymbol verdankt;
- das *Großkrankenhaus*, das erst im 19. Jahrhundert zur tragenden
  Institution des Gesundheitssystems wurde und das in den Jahrzehnten nach dem 2.Weltkrieg ständig an Bedeutung zunahm;
- die *Apotheke*, die sich zu ihrer heutigen Form aufgrund der vor
  etwa 40 Jahren eingeführten Niederlassungsfreiheit entwickelte,
  die darauf beruhende Zunahme der Apothekengründungen sowie
  die in den letzten Jahrzehnten erfolgte "Ausgrenzung von immer

---

19 (...Fortsetzung)
Jahrbuch für das Deutsche Reich. Berlin: Hobbing. S. 19. *Quellen* für *Arbeits-
gerichtsverfahren: 1991, 1990:* StBA (Hrsg.) (1994): Statistisches Jahrbuch für
die Bundesrepublik Deutschland. Wiesbaden: Metzler Poeschel. S. 386. *1980:*
StBA (Hrsg.) (1982): Statistisches Jahrbuch für die Bundesrepublik Deutschland.
Stuttgart, Mainz: Kohlhammer. S. 330. *1970:* StBA (Hrsg.) (1972): Statistisches
Jahrbuch für die Bundesrepublik Deutschland. Stuttgart, Mainz: Kohlhammer. S.
100. *1960:* StBA (Hrsg .) (1962): Statistisches Jahrbuch für die Bundesrepublik
Deutschland. Stuttgart, Mainz: Kohlhammer. S. 123. *1951:* StBA (Hrsg.) (1954):
Statistisches Jahrbuch für die Bundesrepublik Deutschland. Stuttgart, Mainz:
Kohlhammer. S. 108.

mehr Indikationsgebieten aus dem Leistungskatalog der GKV" (vgl. Prescher 1995: 8)[20];

- das *Wohnstift* für Senioren, dessen Konzeption vor vierzig Jahren geboren wurde, um auch im Alter Ungebundenheit, Geborgenheit und Geselligkeit gewährleisten zu können, und der heute über 20 Wohnstifte in Deutschland entsprechen;
- die *EDV-Dienstleistungs-Organisation*, die vor dreißig Jahren als freiberufliche Berufsförderungsgenossenschaft angesichts einer besonderen Problemlage in den steuerberatenden Berufen gegründet wurde und die im Zuge der Entwicklung des Steuerwesen sowie der mikroelektronischen Datenverarbeitung ein äußerst dynamisches Wachstum erfuhr.

2.2.3 Organisationen als Zweckverbände

Organisationen sind Zusammenschlüsse von Personen zur Verwirklichung spezifischer Zwecke. Organisationen entstehen nicht naturwüchsig und spontan und ungeplant. Organisationen beruhen auf einer rationalen Entscheidung, auf dem bewussten Willen von Gründern. Organisationen verdanken ihre Entstehung, ihren Bestand und ihre Entwicklung einer gezielten *Auswahl von Zwecken*, derentwegen sie gegründet wurden und erhalten werden. Hierdurch unterscheiden sie sich von anderen sozialen Gebilden.

- *Industriebetriebe* produzieren Güter, um auf diese Weise zur Bedarfsdeckung beizutragen oder um Gewinn zu erzielen oder um das Kapital zu vermehren oder aus all diesen Gründen. Industriebetriebe erbringen in der Regel zumindest keine Dienstleistungen, die nicht unmittelbar oder mittelbar dem Zweck dienen, Güter zu produzieren und Gewinne zu erzielen.

---

20 Die Gesetzliche Krankenversicherung (GKV) hatte 2000 etwa 51 Millionen Mitglieder. Von den Ausgaben der GKV entfielen für 2000 etwa 32% auf Krankenhauskosten und 25% auf Arzneien, Heil- und Hilfsmittel, diese Anteile haben sich somit seit 1991 kaum verschoben (Statistisches Bundesamt 2002: 456).

- *Einzelhandelsunternehmen* verkaufen Waren, die sie von anderen Unternehmen bezogen haben, stellen diese Waren im Allgemeinen jedoch nicht selbst her.
- *Banken* verleihen Geld und machen Geschäfte mit Wertpapieren oder Devisen, betreiben aber zumeist weder einen Schönheitssalon noch ein Cafe.
- *Schulen* vermitteln Wissen, betreiben jedoch durchweg keine Gastronomie und produzieren auch keine 'materiellen' Güter für einen beliebigen Käuferkreis.

Ein Blick in die Praxis macht allerdings deutlich, dass diese scheinbar eindeutige Zuschreibung von Unternehmenszielen sich empirisch eher diffus darstellt. Dies wird besonders deutlich, wenn die Entwicklung von Unternehmensgrößen sowie die Veränderung von Unternehmenszusammensetzungen betrachtet wird. So ist historisch zu beobachten, dass eine steigende Anzahl von Unternehmen diversifizieren, d.h. neue Produkte in bisher nicht erschlossenen Geschäftsfeldern anbieten (vgl. Kieser und Kubicek 1992: 233). Dies führt zu Unternehmen, die eine Vielzahl ganz unterschiedlicher Produkte (Stahl und Stahlprodukte, Reisen, Telefondienste etc.) unter einem Konzerndach vereinen. Das Beispiel des ehemaligen Stahlkonzerns Mannesmann, der sich in einen Dienstleistungs- und Informationskonzern verwandelte, zeigt deutlich, wie sich im Zuge dieser Prozesse Organisationsziele ändern und verschieben können. Allerdings gilt es auch zu bedenken, dass auf einer untergeordneten Ebene (beispielsweise konkreter Betriebseinheiten) die Unternehmensziele durch vorgegebene Produktionstechnologien weit weniger variabel sind. In diesem Sinne seien nachstehend jene Organisationszwecke genannt, denen die Beispielorganisationen vor allem dienen:

- Die als handwerklicher Betrieb gegründete *Verzinkerei* soll, durch die Feuerverzinkung aller Güter, die für diesen Veredlungsprozess in Frage kommen, wirtschaftlichen Erfolg erzielen, sich im Markt behaupten und ihre für diesen Zweck erforderlichen baulichen und technischen Anlagen erhalten und verbessern.

- Das *Autohaus* verfolgt nach einer Vereinbarung seiner Führungsgruppe gleichzeitig zwei gleichrangige Ziele: zum einen wirtschaftlichen Erfolg durch Verkauf möglichst vieler Kraftfahrzeuge, Ersatzteile und Reparaturen, optimale Betreuung der Kunden, damit das Geschäft und die Arbeitsplätze auch in Zukunft gesichert sind sowie der Erhaltung der baulichen und technischen Einrichtungen auf einem hohen Niveau. Zum anderen wird eine möglichst hohe Beteiligung aller Mitarbeiter am erwirtschafteten Erfolg, humane Arbeitsbedingungen, möglichst große Selbstständigkeit der Mitarbeiter sowie eine Beteiligung der Mitarbeiter an betrieblichen und unternehmerischen Entscheidungen angestrebt.

- Der *öffentlichen Apotheke* obliegt die "im öffentlichen Interesse gebotene Sicherstellung einer ordnungsgemäßen Arzneimittelversorgung der Bevölkerung".[21] Sie hat "als zentrale Abgabestelle für Arzneimittel - neben der Qualitätssicherung der gelagerten und abgegebenen Arzneimittel - auch dafür Sorge (zu) tragen, daß das [...] verordnete Arzneimittel zusammen mit den zur bestimmungsgemäßen Anwendung erforderlichen Informationen an den Patienten ausgehändigt wird" (Prescher 1995: 8).

- Das *Großkrankenhaus* hat im Rahmen des Gesundheitssystems die Aufgabe, durch diagnostische, therapeutische und pflegerische Leistungen die Gesundheit akut kranker Bürger wiederherzustellen sowie die gesundheitliche Beeinträchtigung chronisch kranker Bürger zu lindern. Hierbei liegt eine hohe Versorgungsqualität bei geringem Zuschussbedarf und angemessener Bettenkapazität im Interesse des kommunalen Trägers. Darüber hinaus ist es zur beruflichen Aus-, Fort- und Weiterbildung des medizinischen und pflegerischen Personals verpflichtet.

- Das *Wohnstift* für Senioren dient dem Zweck, eine Appartement-Wohnanlage nebst dazugehöriger Gemeinschaftseinrichtungen für ältere Menschen zu betreiben, "die im Ruhestand sicher, ungebunden, individuell und aktiv leben wollen"[22] und die in der Regel selbst oder mit Hilfe von Familienangehörigen ihren Unterhalt finanzieren. Zugesagt wird lebenslange Beherbergung, Versorgung und Pflege auch bei Verschlechterung des Gesundheitszustandes, woraus die Bereitstellung eines umfangreichen, den Wünschen der Stiftsbewohner Rechnung tragenden Angebotes an Dienstleistungen verschiedener Art folgt.

- Der satzungsgemäße Zweck der *EDV-Dienstleistungs-Organisation* "ist die elektronische Datenverarbeitung für die Mitglieder und die Erbringung aller

---

21 Gesetz über das Apothekenwesen §1, Abs. 1.

22 Presse-Information des Wohnstift Augustinum Dortmund anlässlich des Richtfestes am 10. Juni 1977.

sonstigen EDV-Dienstleistungen zur Unterstützung der Steuerberatertätigkeit"
(Sebiger 1987: 290). Er ist damit sehr weit gefasst, so dass er Raum für sehr
verschiedene Operationalisierungen bietet, wie das heutige Spektrum der Leistungen zeigt. Stand am Anfang die Finanzbuchhaltung, so reichen die Dienstleistungen heute von der Buchführung und der Lohn- und Gehaltsabrechnung über den
Jahresabschluss und die Steuerberechnung bis hin zu Kanzleiorganisation,
Wirtschaftsberatung, Datenbank- und Recherchediensten, Kanzlei- und Systemberatung, Mitglieder- und Produktinformationen und einer eigenen Schriftenreihe.[23]

Die jeweiligen Zwecke der Organisation bestimmen den zu
schaffenden, zu erhaltenden, wiederherzustellenden oder anzustrebenden Organisationszustand.[24] Sie bedingen insbesondere das
Organisationsprogramm, das der Verwirklichung des Organisationszweckes dient und das die Grundlage der Zusammenarbeit der in der
Organisation zusammengeschlossenen oder ihr angehörenden Akteure bildet. Von den Organisationszwecken hängt somit in erster
Linie ab, wie die arbeitsteilige Gliederung der Organisation aussieht
und wie die verschiedenen, zur Erfüllung des Organisation-
programms erforderlichen, zweckmäßigen oder geeigneten Aufgaben auf die verschiedenen in ihr tätigen Akteure verteilt werden.
Die jeweiligen Organisationszwecke liefern aber auch die Kriterien,
nach denen die Tätigkeit der Organisation sowie das Handeln der
einzelnen Akteure im Rahmen ihrer organisationsspezifischen
Aufgabenstellung beurteilt werden. An den Organisationszwecken
wird mit Hilfe daraus abgeleiteter Maßstäbe der jeweilige Erfolg
oder Misserfolg der Organisationstätigkeit gemessen. Darüber hinaus dienen die Zwecke einer Organisation, zumindest die offiziellen,
zur Selbstdarstellung oder der Rechtfertigung des Organisations-

---

23 Siehe hierzu die Übersicht über die Dienstleistungen in DATEV (1996:334 - 355).

24 Statt von "Organisationszwecken" wird in der einschlägigen Literatur heute meist
von "Organisationszielen" gesprochen oder es werden beide Begriffe synonym
benutzt. Diesem Sprachgebrauch werden wir später ebenfalls folgen. Hier hielten
wir die Verwendung des Begriffes "Organisationszweck" für passender und
informativer, weil er den instrumentellen Charakter von Organisationen, ihre
Eigenart, Mittel zum Zweck und nicht Selbstzweck zu sein, betont und weil er in
der Alltagssprache vorherrschend ist.

handelns gegenüber der Öffentlichkeit, den Klienten, den Kunden oder dem Publikum sowie gegenüber den Organisationsmitgliedern.[25] Schließlich sind sie für die Rekrutierung von Personen und die Beschaffung von Mitteln von Bedeutung.

2.2.4 Organisationen als Kooperationssysteme

Wie bereits betont, ist für alle Organisationen eine arbeitsteilige Gliederung charakteristisch, eine von der Zweckbestimmung, der technologischen Entwicklung, den qualifikatorischen Voraussetzungen, soziokulturellen und ökonomischen Gegebenheiten sowie historischen Bedingungen abhängige Differenzierung der zugeteilten Arbeitsaufgaben. In der Regel ist damit eine mehr oder minder scharfe Trennung zwischen verschiedenen Arbeitsaufgaben, insbesondere zwischen planenden, entwickelnden, leitenden, arbeitsvorbereitenden, arbeitsausführenden und kontrollierenden Aufgaben sowie zwischen Zielsetzungs-, Beschaffungs-, Produktions-, Absatz- und Verwaltungsaufgaben verbunden. Deswegen wies BARNARD daraufhin, dass wir es bei Organisationen mit Kooperations-Systemen zu tun haben, für die aufgrund der arbeitsteiligen Gliederung die Erfüllung des Organisationszweckes oder das Erreichen der Organisationsziele nur gewährleistet ist, wenn die mit unterschiedlichen Aufgaben betrauten Akteure zusammenarbeiten und ihre individuellen Beiträge in Ausrichtung auf den Organisationszweck koordinieren (Barnard 1970: 61).[26] Wie wir

---

25 Der Institutionalismus in der Organisationstheorie geht sogar davon aus, dass Organisationshandeln und Organisationsstrukturen vor allem durch das Bedürfnis der Organisation nach Legitimation zu erklären sein, vgl. hierzu den klassischen Artikel von Meyer & Rowan (1977) sowie DiMaggio & Powell (1991) für eine Sammlung moderner institutionalistisch orientierter Arbeiten

26 Die damit angerissene, für alle Arten von Organisationen charakteristische, in Fabrikbetrieben aber oft besonders ins Auge springende Problematik der dauernden Gewährleistung hinreichender Kooperation schildert bereits Karl Marx im
(Fortsetzung...)

noch sehen werden, kann diese Koordinierung individueller Akteure aufgrund ihrer eigenen, organisationsexternen Wünsche und Ziele ein grundlegendes Problem darstellen (vgl. Kap. 6.1.1).

In der *Verzinkerei* müssen die Akteure der Kundenbetreuung, der Aufrüstung, des Säure- und Kesselbereichs und der Abrüstung kooperieren, wenn der Verzinkungsprozess gelingen soll. Im *Autohaus* müssen bei einer Generalüberholung eines Fahrzeuges die Akteure der Reparaturannahme, der Werkstatt und des Lagers zusammenarbeiten, wenn der Auftrag erledigt werden soll. In der *Apotheke* setzt die Erledigung einer Verordnung oft die Zusammenarbeit zwischen Apotheker und pharmazeutisch-technischer Assistentin voraus. Im *Großkrankenhaus* müssen die Akteure auf den Stationen mit den Akteuren der diagnostischen und therapeutischen Einheiten sowie mit der Verwaltung kooperieren, um eine Krankheit zu diagnostizieren und zu therapieren. Im *Wohnstift* setzt die Betreuung der Stiftsbewohner täglich die Zusammenarbeit von Küchen- und Servicepersonal, Hausdame, Etagendamen sowie Wäscherei- und Reinigungspersonal voraus. Auch in der *EDV-Dienstleistungs-Organisation* ist Kooperation verschiedener Akteure und Akteursgruppen zur Erbringung der jeweiligen Dienstleistung unerlässlich.

2.2.5 Organisationen als Herrschaftsinstrumente

Organisationen sind mit einer Leitungsinstanz ausgestattet, um - trotz arbeitsteiliger Gliederungen - die Koordination der Beiträge der einzelnen Akteure und deren Ausrichtung auf den Organisationszweck zu sichern. Diese Leitungsinstanz macht Organisationen

---

26 (...Fortsetzung)
    ersten Band seiner berühmten Schrift "Das Kapital" in den Kapiteln 11, 12 und 13 recht anschaulich. Seine Ausführungen lassen sehr gut deutlich werden, wie die jeweilige spezifische Form der Kooperation zum einen vom betreffenden Wirtschafts- und Gesellschaftssystem, zum anderen von der spezifischen Zweckbestimmung der jeweiligen Organisation abhängig ist (Marx & Engels 1974, Bd. 23: 341ff).

zu *Herrschaftsinstrumenten* derjenigen Akteure, die Zugang zu den Leitungspositionen haben und Einfluss auf die Entscheidungen der Leitungsinstanzen nehmen können. Die Einrichtung einer Leitungsinstanz verwandelt in vielen Organisationen die Kooperation funktional gleichwertiger Akteure in ein hierarchisch gegliedertes Herrschaftssystem, durch das Weisungsbefugnisse zugeteilt, Kompetenzen geregelt sowie Über-, Neben- und Unterordnungsbeziehungen begründet werden. An die Stelle der Kooperation funktional geschiedener, jedoch ranggleicher Positionsinhaber tritt die Kooperation rangmäßig und funktional geschiedener, durch Unterschiede in Inhalt und Reichweite der erworbenen, zugebilligten oder zugeteilten Autorität von Akteuren. Ihre Legitimation findet sie in der der Organisationsleitung zukommenden Herrschaftsgewalt, wobei diese beispielsweise "genossenschaftlich-demokratisch" oder "hierarchisch-monokratisch" begründet sein kann.[27]

In seiner Studie über die Organisationsstruktur der deutschen Arbeitnehmerbewegung gelangte MICHELS bereits 1910 zu dem pessimistischen Schluss, dass Demokratie als Ziel und Organisation als Mittel zu diesem Ziel miteinander unvereinbar sind, denn: "Wer Organisation sagt, sagt Tendenz zur Oligarchie. Im Wesen der Organisation liegt ein tief aristokratischer Zug" (Michels 1970: 25).[28] Die Ursache für

---

27 In der Einleitung zu "Bürokratische Organisation" weist Mayntz (1968: 13) daraufhin, daß es trotz der "Vielfalt struktureller Formen großer und zweckgerichteter Sozialgebilde [...] letztlich nur eine kleine Zahl von organisatorischen Grundmodellen" gibt, "wobei der Gegensatz zwischen genossenschaftlich - demokratischen und hierarchisch - monokratischen besonders augenfällig ist" und letzteres "als Bürokratie historische Wirklichkeit" wurde. Vgl. zu Herrschaft und Organisation auch Büschges (1976)

28 Schon in der 1872/1873 verfassten Streitschrift "Von der Autorität" hatte Engels auf die Unausweichlichkeit von Herrschaft und Autorität mit Nachdruck hingewiesen: "Es ist folglich absurd, vom Prinzip der Autorität als einem absolut schlechten und vom Prinzip der Autonomie als einem absolut guten Prinzip zu reden. Autorität und Autonomie sind relative Dinge, deren Anwendungsbereiche in den verschiedenen Phasen der sozialen Entwicklung variieren. Wenn die Autonomisten sich damit begnügten zu sagen, dass die soziale Organisation der Zukunft die Autorität einzig und allein auf jene Grenzen beschränken wird, in

(Fortsetzung...)

diesen Widerspruch glaubte Michels in dem "ehernen Gesetz der Oligarchie" (Michels 1970: 366) gefunden zu haben, einem strukturellen Mechanismus, der der arbeitsteiligen Gliederung einer jeden Organisation zugrunde liegt und notwendig zu einer ungleichen Machtverteilung führt: "Das soziologische Grundgesetz, dem die politischen Parteien - das Wort Politik hier im weitesten Sinne genommen - bedingungslos unterworfen sind, mag, auf seine kürzeste Formel gebracht, etwa so lauten: die Organisation ist die Mutter der Herrschaft der Gewählten über die Wähler, der Beauftragten über die Auftraggeber, der Delegierten über die Delegierenden" (Michels 1970: 369).

In der *Verzinkerei* reicht die Hierarchie von der Geschäftsleitung über den Betriebsleiter bis zum Meister und Schichtführer, im *Autohaus* vom Geschäftsführer über die Abteilungsleiter bis zu den Meistern, im *Großkrankenhaus* vom Oberbürgermeister über den Gesundheitsreferenten und das Klinikdirektorium zu den Klinikchefs, den Oberärzten und Stationsärzten sowie zur Pflegeleitung und den Schwestern/Pflegern.

2.2.6 Organisationen als Lebensraum

Bei der Erörterung der Allgegenwart von Organisationen in der modernen Gesellschaft wurde bereits darauf hingewiesen, dass die in modernen Gesellschaften lebenden Menschen in Organisationen oder in enger Verbindung mit ihnen und beeinflusst durch sie einen wesentlichen Teil ihres wachen Lebens verbringen. Organisationen gewinnen damit eine Qualität besonderer Art für all jene Akteure, die erhebliche Anteile ihrer Lebenszeit in Organisationen verbringen. Sie sind für diese nicht nur Instrumente zur Verwirklichung anderer Ziele, sondern von zentraler Bedeutung für die Gestaltung ihres Lebens. Den Organisationen kommt eine lebensräumliche Qualität sowohl für jene Akteure zu, die auf Zeit oder auf Dauer,

---

28 (...Fortsetzung)
   denen die Produktionsbedingungen sie unvermeidlich machen, so könnte man sich verständigen; sie sind indessen blind für alle Tatsachen, die die Sache notwendig machen, und stürzen sich auf das Wort" (Marx & Engels 1974, Bd 18: 308).

zwangsweise oder freiwillig in eine Organisation eingebunden oder auf die Versorgung durch eine Organisation angewiesen sind, als auch für jene Akteure, die sich nur in einer Organisation und durch sie verwirklichen können. Für sie gewinnt das Leben in der Organisation eine Qualität, die jener widerstreiten kann, die aus der Zweckgerichtetheit organisatorischen Handelns resultiert.[29] Die Frage, ob und in welchem Ausmaß einer Organisation eine Bedeutung als Lebensraum zukommt, lässt sich nicht generell, sondern nur in jedem einzelnen Fall entscheiden. Die Antwort ist zum einen vom Organisationstyp und von der Position in der Organisation abhängig, zum anderen von eher individuellen Faktoren wie: Gründen für die Organisationsmitgliedschaft, Erwartungen an die Tätigkeit in der und für die Organisation, Identifikation mit der Organisationstätigkeit und mit der Organisation und ihren Zielen, Bedeutung der in der und durch die Organisation vermittelten sozialen Beziehungen, materielle und soziale Abhängigkeit von der Organisation, um nur einige mögliche Faktoren ohne Anspruch auf Vollständigkeit oder Systematik zu nennen.

Das *Wohnstift* ist ein gutes Beispiel für eine Organisation, die für den Lebensraum ihrer verschiedenen Mitglieder eine unterschiedlich große Bedeutung besitzt. Der Organisation gehören drei Gruppen von Akteuren an, die sich hinsichtlich der Bedeutung der Organisation für ihr Leben, ihrer Position in der Organisation und ihrer Aufgaben grundlegend unterscheiden: die *Stiftsbewohner*, denen die Dienstleistungen des Wohnstiftes gelten und die insofern Kunden, Klienten oder "Objekte" der Organisation sind und die die Kosten der Organisation und ihrer Leistungen zu tragen haben, das *Stiftspersonal*, dem die Dienstleistungen sowie deren Bereitstellung und Sicherung obliegen, und die *Stiftsleitung*, die für die Durchsetzung der Organisationsziele und die Sicherung des Bestandes und der Entwicklung der Organisation verantwortlich ist (vgl. Büschges

---

29 In seiner Studie über "totale Institutionen" (z. B. Gefängnisse, Arbeitshäuser, geschlossene Anstalten) hat Goffman (1972) diese Problematik und ihre Konsequenzen sehr anschaulich beschrieben.

1979: 116-130). Während die Leitung und das Personal nur einen Teil ihrer Zeit in der Organisation verbringen, stellt das Wohnstift für seine Bewohner das zentrale Element ihres Lebensraumes dar. Aus diesem Ungleichgewicht können Konflikte resultieren, die wir in Kap. 6.1.2 ausführlicher analysieren.

2.2.7 Moderne Gesellschaften als asymmetrische Gesellschaften

Die Allgegenwart von Organisationen in modernen Gesellschaften war in Verbindung mit der Tatsache, dass die meisten von uns in Organisationen oder in enger Verbindung mit ihnen und beeinflusst durch sie einen wesentlichen Teil ihres wachen Lebens verbringen, für COLEMAN Anlass, moderne Gesellschaften als "asymmetrische Gesellschaften" zu bezeichnen (Coleman 1986, 1992: 296ff). Ein Charakteristikum dieses Gesellschaftstyps besteht gerade darin, dass in vielen alltäglichen Sozialbeziehungen Individuen mit anderen Individuen in ihrer Funktion als *Agenten* oder *Repräsentanten* von Organisationen interagieren, in deren Namen oder Auftrag oder für deren Rechnung sie tätig werden. Dies gilt z. B. für den Kundenbetreuer der Verzinkerei, den Verkäufer des Autohauses, die pharmazeutisch-technische Assistentin der Apotheke, die Stationsschwester des Großkrankenhauses, oder die Etagendame des Wohnstiftes.

Da Organisationen als Zweckverbände und Kooperationssysteme zugleich Herrschaftsinstrumente sind, handeln in den alltäglichen Interaktionen die Agenten, Repräsentanten, Angestellten oder Vertreter von Organisationen nicht nur orientiert an ihren eigenen Interessen und Wertsystemen, sondern zugleich auch an den Interessen und Wertsystemen der Organisation, für die sie tätig sind. Hieraus resultiert ein spezifisches Macht- und Informationsungleichgewicht zwischen den Interaktionspartnern, das eine Asymmetrie der Interaktionsbeziehungen zur Folge hat, zumal dann, wenn die Bedeutung der Organisation für die Interaktionspartner und ihre

Lebensgestaltung grundverschieden ist, wie wir dies am Beispiel des *Wohnstifts* zuvor aufgezeigt haben.

2.3 Organisationen als Instanzen von Koordination, Sozialisation und sozialer Kontrolle

Ausrichtung auf einen spezifischen Zweck, arbeitsteilige Gliederung und Koordination durch eine Leitungsinstanz im Rahmen einer Verfassung sind jene Merkmale, durch die sich Organisationen von anderen dauerhaften sozialen Gebilden unterscheiden. Aus der Verbindung von spezifischem Zweck und arbeitsteiliger Gliederung folgt für jede Person, die einer Organisation angehört, dass sie ihre besondere Bedeutung für diese Organisation weder aus ihren allgemeinen Qualitäten als menschliches Wesen, noch aus ihren spezifischen Eigentümlichkeiten und Charakterzügen als menschliches Individuum erhält. Statt dessen ergibt sich das Gewicht eines Organisationsmitgliedes *aus den spezifischen Beiträgen*, die sie *aufgrund ihrer Funktion im arbeitsteiligen Gefüge der Organisation* zu leisten hat, leisten kann und leisten will, um den Organisationszweck zu erreichen.[30]

Organisationsleitungen stehen vor der stets prekären und immer problematischen Notwendigkeit, durch entsprechende Vorkehrungen dafür Sorge tragen zu müssen, dass trotz des möglichen Auseinanderfallens von "organisatorischem Zweck" und "individuellem Motiv" (Barnard 1970: 61) die einzelnen Personen als Akteure jene Beiträge erbringen, die ihnen aufgetragen sind und von deren Lei-

---

30 In seinen 1933 in erster Auflage erschienenen "Grundformen sozialer Spielregeln" betonte Pieper: "Die menschliche Beziehung der in der Organisation zusammengefassten Einzelnen untereinander ist also insofern durch die Besonderheit der Einzelnen bestimmt, als diese nicht primär als Freunde oder als einander respektierende Persönlichkeiten oder als aneinander interessierte Vertragspartner einander gegenübertreten, sondern als Funktionsträger" (Pieper 1948: 67).

stung die Verwirklichung des Organisationszweckes abhängig ist. Die der Organisation und ihren Leitungsinstanzen hierzu zur Verfügung stehenden Mittel sind insbesondere:

*   *Rekrutierung* entsprechend qualifizierten und motivierten Personals;
*   *Organisationsspezifische Sozialisation* der einzelnen Organisationsangehörigen, um sie mit den erforderlichen Fähigkeiten, Fertigkeiten, Wissensbeständen und Handlungskompetenzen sowie Motivationen auszustatten, diese zu erhalten oder zu entwickeln;
*   Gestaltung der organisationellen Rahmenbedingungen mit dem Ziel der *Koordination* und der *sozialen Kontrolle* der Akteure im Hinblick auf das Organisationsziel.

Im Rahmen der *organisationsspezifischen Sozialisation* geht es in erster Linie darum, den Akteuren jene fachlichen Qualifikationen, technischen Fertigkeiten, sozialen Normen, Verhaltensweisen, Rollenmuster, Werthaltungen, Einstellungen und Überzeugungen zu vermitteln, die benötigt werden oder erforderlich scheinen, die Organisationszwecke im Rahmen der jeweils zugeteilten Organisationsaufgaben im arbeitsteiligen Prozess zu verwirklichen. Eine solche, seitens der jeweiligen Organisation zu leistende spezifische Sozialisation ist allerdings nur in jenem Umfange erforderlich, wie die Vermittlung nicht bereits in Sozialisationsprozessen außerhalb der Organisation selbst (z.B. in Familie und Bildungseinrichtungen) in ausreichendem und mit den Organisationszielen vereinbarem Maße erfolgt ist oder geschieht.[31]

---

31 Organisationsspezifische Sozialisationsprozesse zielen ab auf die Herausbildung dessen, was Barnard (1970) "Organisationspersönlichkeit" genannt hat und was Whyte unter dem Titel "Herr und Opfer der Organisation" (1958) kritisch analysierte. Ausführlich, anhand empirischer Daten und mit Bezug auf die Eingliederung neuer Mitarbeiter behandelt diese Problematik Rehn (1990).

Ein anderer Aspekt der Wirkung organisationsspezifischer Sozialisation bedarf noch der Erwähnung: die Tätigkeit in Organisationen kann die Persönlichkeit verändern. Begreift man Personen nicht als unveränderbare Persönlichkeiten, sondern als in der Auseinandersetzung mit der jeweiligen Umwelt veränderbare "Persönlichkeitskerne" oder "Verhaltensdispositionen", so kann von der organisationsspezifischen Sozialisation und der sozialen Kontrolle in Organisationen noch eine andere Sozialisationswirkung ausgehen. Ist die Einwirkung der Organisation intensiv und von langer Dauer, können die diesem Einfluss ausgesetzten Personen in ihren "Persönlichkeitskernen" oder "Verhaltensdispositionen" verändert werden. Diese Vorstellung lag dem Regierungsprogramm zur "Humanisierung des Arbeitslebens" zugrunde, das davon ausging: "Die Arbeit schafft die materielle Existenzgrundlage des menschlichen Lebens; durch sie erstellt der Mensch die Güter, die ihm den Lebensunterhalt sichern. Die Arbeit nimmt aber auch einen wesentlichen Teil der Lebenszeit des Menschen in Anspruch. Durch sie erhält er die Möglichkeit zur Entwicklung und sinnvollen Anwendung seiner Fähigkeiten und damit zur Selbstverwirklichung. Die Arbeitsbedingungen sind daher von ausschlaggebender Bedeutung für unser Leben - nicht nur während der Arbeitszeit, sondern sie wirken auch in die arbeitsfreie Zeit hinein. So wird derjenige, der seine körperlichen und nervlichen Kräfte während der Arbeit verausgabt, kaum dazu in der Lage sein, seine Freizeit aktiv zu gestalten. Er wird weniger Engagement für seine gesellschaftliche Umgebung entwickeln können" (BMFT 1978: 2)[32]

---

32 Die in diesen Sätzen enthaltene Vorstellung, dass die Arbeit den Menschen formt, ist keineswegs neu. Sie gehört zum traditionellen Gedankengut der Sozialphilosophen und der Sozialwissenschaften. Sie wurde geteilt von so verschiedenen Denkern wie Smith in seinem 1776 erschienenen Hauptwerk "Über Natur und Ursachen des Volkswohlstandes" (1983), de Tocqueville in seiner Studie "Über die Demokratie in Amerika" von 1840 (1956: 156) und Marx in den um 1844 verfassten "ökonomisch-philosophischen Manuskripten" (Marx 1970: 154ff.). Ulich fasste sie in einer Abhandlung zur "Humanisierung am Arbeitsplatz" (1978: 185 - 193) in folgende Hypothesen zusammen:

"1. Die Art der Arbeitstätigkeit leistet einen entscheidenden Beitrag zur Entwicklung der Persönlichkeit des erwachsenen Menschen.
2. Die Art der Arbeitstätigkeit beeinflusst in entscheidender Weise das Verhalten in der arbeitsfreien Zeit."

Der Annahme, dass die Arbeit den Menschen formt und folglich auch die Art der Berufstätigkeit in Arbeitsorganisationen, wird von manchen entgegengehalten, dass dies keineswegs so sei, sondern nur so zu sein scheine. Als Begründung wird gesagt, dass die Menschen sich eine ihren Eignungen, Fähigkeiten und Neigungen

(Fortsetzung...)

Bei der *organisationsspezifischen Koordination und Kontrolle* geht es vor allem darum, die individuellen Akteure durch entsprechende Belohnungen und Strafen zu motivieren, unbeschadet ihrer privaten Wünschen und Interessen ihre spezifische Qualifikation im Rahmen der ihnen übertragenen Aufgaben und im Interesse des Organisationszweckes einzusetzen und ihre Funktionen zu erfüllen. Organisationen besitzen daher eine Reihe von Mechanismen, die die Akteure koordinieren und "disziplinieren" sollen. Diese reichen von Prämien und Belohnungen jeglicher Art bis hin zum Ausschluss aus der Organisation (vgl. hierzu Kap. 4.2 und 6.1).[33]

Man ist heute leicht geneigt, in Organisationen, insbesondere in Arbeitsorganisationen, Herrschaftsinstrumente in den Händen von Eliten zu sehen, die danach trachten, durch entsprechende Rekrutierung, Sozialisation und soziale Kontrolle sich Menschen gefügig und ihren Zwecken dienstbar zu machen. Dabei orientiert man sich an großen, mächtigen und international agierenden multinationalen Konzernen oder ähnlichen Großorganisationen sowie an großen staatlichen oder privaten Bürokratien. Diese können die genannten Wirkungen entfalten, müssen dies aber keineswegs so zwangsläufig wie MICHELS (1970) in seinem "ehernen Gesetz der Oligarchie" zum Ausdruck bringt. Organisationen, auch Arbeitsorganisationen, können unter entsprechenden institutionellen Bedingungen auch für den einzelnen Menschen entlastende Funktionen haben. Vorausge-

---

32 (...Fortsetzung)
    entsprechende Arbeit suchten, d.h. dass die Menschen sich ihre Arbeit entsprechend wählten. Wir werden auf diese Hypothesen in Kapitel 5 und 6 zurückkommen, wo es um den Zusammenhang von Individuum, Organisation und Gesellschaft geht, und uns dabei insbesondere mit dem problematischen Verhältnis von "Organisationsrollen und Individualität" und seinen Konsequenzen sowohl für die Personen als auch für die Organisationen befassen.

33 Diese Problematik wird ausführlich behandelt in den Kapiteln 5, 6.1 sowie von Büschges & Lütke-Bornefeld (1977: 54-86). Mit Bezug auf die damit angesprochene Lösung des Kooperationsproblems in problematischen sozialen Situationen behandelt diese Fragestellung anhand umfangreichen empirischen Materials Abraham (1996).

setzt wird hierbei, dass die rechtlichen wie die faktischen Regelungen jeden Missbrauch des Menschen als "Mittel" einer Organisation verhindern und dass die übertragenen Aufgaben
"menschenwürdig" sind.

Organisationen beanspruchen gemäß ihrer Zielsetzung und ihrer
arbeitsteiligen Gliederung nicht den Menschen total, sondern nur
partiell, nämlich insoweit, wie dies zur sachgerechten Erfüllung der
dem einzelnen Organisationsangehörigen übertragenen Aufgaben
erforderlich ist oder zu sein scheint. Aus den Überlegungen zu
Beginn dieses Abschnittes lässt sich folgern, dass jede Organisation
ihren "Zuständigkeitsbereich" überschreitet, die von ihren Angehörigen mehr fordert als für die angemessene Erfüllung der übertragenen Funktionen notwendig ist.

So obliegt dem Autoverkäufer der Autoverkauf, jedoch nicht die Autoreparatur
oder die Lagerverwaltung. Der Auszubildende hat sich ausbilden zu lassen und alle
diesem Ziele dienenden Aufgaben zu übernehmen, er braucht jedoch keineswegs
persönliche Dienstleistungen für Meister, Geschäftsführer oder Gesellen zu verrichten, jedenfalls nicht kraft seiner Position als Auszubildender.

Soweit dem einzelnen Organisationsangehörigen Aufgaben zu-
gemutet oder abverlangt werden, deretwegen er nicht eingestellt
wurde, liegt hierin eine Überschreitung des in Organisationen als
Organisationen zumutbaren Einflussbereichs. Dass dies in der Praxis häufig geschieht, liegt in der mangelnden Beschränkung auf die
kraft Organisationsverfassung, Arbeitsvertrag oder Vereinssatzung
geregelten Aufgaben und Funktionen. Wir werden uns mit dieser
Thematik später noch ausführlicher beschäftigen müssen, wobei
eine Differenzierung nach Organisationstypen und Positionen in
Organisationen unerlässlich sein wird.

2.4 Organisationen als Agenturen sozialen Wandels

Organisationen sind ein relativ neues Produkt gesellschaftlicher Entwicklung. Die Verlagerung von praktischen Problemlösungen in Organisationen setzte voraus, dass die gesellschaftliche Arbeitsteilung bereits weiter fortgeschritten war, dass sie sich von der primär verwandtschaftlichen Grundlage gelöst hatte und dass eine von spezifischen Zwecken ausgehende und vornehmlich auf deren Verwirklichung gerichtete Zusammenfassung menschlichen Arbeitsvermögens in jeweils eigens geschaffenen Zusammenschlüssen für möglich, zulässig, erfolgreich und durchsetzbar angesehen wurde. Organisationen entstanden und entstehen noch heute als konkrete Antwort auf konkrete gesellschaftliche Problemlagen, deren angemessene Lösung das Vermögen einzelner Personen oder von Primärgruppen überfordert oder zu überfordern scheint. In Organisationen schlägt sich der erreichte Entwicklungs- und Erkenntnisstand einer Gesellschaft oder relevanter gesellschaftlicher Gruppierungen nieder, werden einmal bewährte Problemlösungen auf Dauer gestellt und neue erprobt. Überlebende Organisationen sind Indikatoren für bislang geglückte Lösungen sozialer Problemlagen. In ihren Strukturen hat erfolgreiches Handeln des homo faber in der Auseinandersetzung mit der Natur und der gesellschaftlichen Umwelt sich niedergeschlagen und verfestigt.

In dem Maße, wie Organisationen zur vorherrschenden Art und Weise wurden, in der sich die Mitglieder einer gegebenen Gesellschaft mit der Bewältigung bestimmter Lebens- und Überlebensprobleme befassen, werden die Organisationen selbst zu wichtigen Faktoren der weiteren gesellschaftlichen Entwicklung, werden sie zu Motoren oder zu Agenturen des sozialen Wandels. Als solche können sie Wandlungsprozesse anstoßen, beschleunigen, aber auch, wenn sie groß und einflussreich genug sind, zeitweise stoppen oder in eine andere Richtung lenken. Hinreichende Beispiele dafür liefern Kirchen, Staatsbürokratien, große Industrie- und Handelsunternehmen oder Banken, Parteien und mächtige Gewerkschaften.

Ein gutes Beispiel ist die deutsche *Bundesanstalt für Arbeit*, der die einzelnen Arbeitsämter als regionale Organisationseinheiten angehören. In dieser Anstalt, die 1952 als "Bundesanstalt für Arbeitsvermittlung und Arbeitslosenversicherung" errichtet wurde und mit der die Tradition der 1927 gegründeten "Reichsanstalt für Arbeitsvermittlung und Arbeitslosenversicherung" fortgesetzt wurde, erhielten die Aufgaben der Arbeitsvermittlung, der Arbeitslosenversicherung und der Berufsberatung ihren institutionellen Ort in der Wirtschafts- und Gesellschaftsordnung der Bundesrepublik Deutschland und ihre organisatorische Fassung. In dieser Organisation wurden jene Problemlösungen auf Dauer gestellt und fortentwickelt, die mit der Armenpflege und der Vermittlung von Arbeitsstellen als humanitärer Aufgabe in der frühkapitalistischen Gesellschaft begannen und sich über die verschiedenen Arbeitsnachweise kommunaler, privater, unternehmerischer und gewerkschaftlicher Trägerschaft fortsetzten. Mit der Gründung der "Reichsanstalt" wie mit jener der "Bundesanstalt" gewann die Aufgabenstellung auf dem Arbeitsmarkt eine neue Dimension. Von beiden Anstalten gingen Impulse aus, die bis in politische Entscheidungen hinein wirksam wurden und die institutionellen Bedingungen des "Arbeitsmarktes" veränderten.

2.5 Organisationen als menschliche Erfindungen und Konstruktionen

Organisationen sind Erfindungen des Menschen, von konkreten Personen konstruierte und auf die Verwirklichung spezifischer Zwecke hin arbeitsteilig strukturierte Zusammenschlüsse konkreter Personen. Die *Verzinkerei*, das *Autohaus*, die *öffentliche Apotheke*, das *Großkrankenhaus* wie das *Wohnstift* wurden an einem bestimmten, genau lokalisierbaren Ort zu einer bestimmten, eindeutig feststellbaren Zeit von bestimmten, eindeutig identifizierbaren Personen auf der Grundlage von anerkannten Verfahrensregeln und Rechtsnormen als Organisationen gegründet, mit einer Verfassung und mit einem entsprechenden Auftrag versehen. Dieser Sachverhalt, der für die Beurteilung des Handelns in und von Organisationen ebenso wichtig ist wie für die Abschätzung der Handlungschancen und der Wandlungsmöglichkeiten, die Organisationen den Organisationsangehörigen wie dem Publikum eröffnen, gerät in der Alltagssprache wie in der Sprache mancher Organisationsexperten allzu leicht in Vergessenheit. Hier ist die Rede von Organisations-

zielen, von Organisationshandeln, von Organisationsnotwendig-
keiten und von Organisationszwängen etc. Dabei entsteht leicht der
Eindruck, es handele sich bei Organisationen nicht um Zusammenschlüsse von Menschen, sondern um selbstständige, die Menschen
übersteigende reale Wesenheiten, die Ziele haben, die handeln können, von denen Zwänge ausgehen und die Notwendigkeiten setzten.

Dieser Eindruck wird noch verstärkt, wenn man mit LUHMANN konstatiert:
"Sozialsysteme [hier: Organisationen, d.V.] bestehen nicht aus konkreten Personen
mit Leib und Seele, sondern aus konkreten Handlungen. Personen sind sozialwissenschaftlich gesehen Aktionssysteme eigener Art, die durch einzelne Handlungen in
verschiedene Sozialsysteme hineingeflochten sind, als System jedoch außerhalb des
jeweiligen Sozialsystems stehen. Alle Personen, auch die Mitglieder, sind daher für
das Sozialsystem Umwelt. In einzelnen Handlungen kommen Sozialsystem und
Personalsystem zur Deckung, als Systeme stehen sie einander gegenüber, bilden
selbstständige Ordnungsschwerpunkte mit eigener Bestandsproblematik und halten
sich gegeneinander relativ invariant" (Luhmann 1964: 25). Eine solche Sprache
suggeriert dem Leser, Organisationen seien handlungsfähige, selbständig handelnde,
wahrnehmende, Informationen aufnehmende und verarbeitende, sich selbst steuernde,
Entscheidungen treffende, unabhängig von Personen wie Personen wirkende Gebilde
oder Wesen und nicht soziale Kollektive, Zusammenschlüsse von Menschen, die nur
in und durch konkrete Personen handeln können. Zwar kann es, wie WEBER betonte,
für bestimmte "(z.B. juristische) Erkenntniszwecke oder für praktische Ziele ...
zweckmäßig und geradezu unvermeidlich sein: soziale Gebilde ('Staat', 'Genossenschaft', 'Aktiengesellschaft','Stiftung') genau so zu behandeln, wie Einzelindividuen
(z.B. als Träger von Rechten und Pflichten oder als Träger rechtlich relevanter Handlungen). Für die verstehende Deutung des Handelns durch die Soziologie sind dagegen diese Gebilde lediglich Abläufe und Zusammenhänge spezifischen Handelns
einzelner Menschen, da diese allein für uns verständliche Träger von sinnhaft orien-
tiertem Handeln sind" (Weber 1976: 6).

Wir folgen hier WEBER sowie dem von BOUDON formulierten
methodologischen Prinzip, "daß makrosoziologische Phänomene
[also auch Organisationen, d.V.] als Ergebnis der Aggregation elementarer Handlungen analysiert werden sollten, selbst wenn sie
ihrer Definition nach auf der gesellschaftlichen Ebene sichtbar
werden. Jede dieser Handlungen wird von ihrer eigenen Rationalität
geleitet, wobei die Rationalität von den vorhandenen Institutionen
abhängig ist" (Boudon 1979: 186). Aus dieser Sicht erscheint die

jeweilige Struktur einer Organisation als das komplexe Resultat einer Vielzahl aufeinander bezogener und wechselseitig miteinander verknüpfter, von je eigener und zugleich begrenzter Rationalität geleiteter Handlungen jener Akteure, die der Organisation angehören (haupt- oder nebenamtlich, zeitweise oder auf Dauer) oder zu ihr in Beziehung stehen und an ihr partizipieren oder von ihr profitieren.

3 Organisationen als Gegenstand der Sozialwissenschaft

Im vorangegangenen Kapitel wurden - auf der Grundlage unserer Alltagserfahrung - bereits einige Eigenschaften von Organisationen beschrieben. Im vierten Kapitel werden wir etliche dieser Eigenschaften wieder aufgreifen, wenn es um die Möglichkeiten der Beschreibung von Organisationen anhand ihrer Ziele und Strukturen geht. Im Folgenden möchten wir jedoch Organisationen als Gegenstand der Sozialwissenschaften, insbesondere der Soziologie, in den Mittelpunkt stellen. Hierzu werden zuerst die Probleme der Abgrenzung und Definition unseres Forschungsgegenstandes erläutert (Kap. 3.1), um anschließend anhand typischer Fragestellungen einen ersten Einstieg in das Feld der Organisationssoziologie zu geben (Kap. 3.2). Die hierbei implizit eingeführten Elemente und Ebenen von Organisationsanalysen werden im dritten Abschnitt verdeutlicht und der dieser Einführung zugrundeliegende theoretische Ansatz beschrieben (Kap. 3.3). Eine Diskussion der Funktionen und Möglichkeiten von Organisationsklassifikationen schließt dieses Kapitel ab (Kap. 3.4).

3.1 Definition und Abgrenzung von Organisationen

Der Gegenstand der Organisationssoziologie scheint auf den ersten Blick eindeutig bestimmt: eben "Organisationen", wie das Krankenhaus oder der feuerverzinkende Betrieb. Doch bereits bei unserer Apotheke treten die ersten Probleme auf. Kaum jemand wird bei der Frage nach typischen Organisationen unseres Alltagslebens an die Apotheke um die Ecke denken, und erst nach mehr oder weniger kurzem Zögern wird man ihr genauso wie dem Bäcker oder auch dem Metzger in der eigenen Nachbarschaft den Status einer Organisation zusprechen. Der Grund hierfür dürfte in der Tatsache liegen, dass es sich hier um kleine Gebilde handelt, die wir vor allem durch den persönlichen Kontakt mit der Verkäuferin oder dem Metzger selbst nicht primär als "unpersönliche" Organisation erfahren. Wollen wir jedoch nicht unsere subjektive, von Individuum zu Individuum unterschiedliche Wahrnehmung zur Abgrenzung unseres Untersuchungsgegenstandes heranziehen, stellt sich die Frage, wie eine Organisation "objektiv" beschrieben werden kann. Im vorhergehenden Kapitel wurden - auf der Grundlage unserer Alltagserfahrung - bereits etliche Eigenschaften von Organisationen beschrieben. Im vierten Kapitel werden wir einige dieser Eigenschaften wieder aufgreifen, wenn es um die Möglichkeiten der Beschreibung von Organisationen anhand ihrer Ziele und Strukturen geht. Im Folgenden möchten wir jedoch eine Definition unseres Forschungsgegenstandes vorstellen und die hierbei entstehenden Probleme diskutieren.

Wie die meisten Grundbegriffe der Sozialwissenschaften stammt auch der Begriff "Organisation" aus der Umgangssprache. Dies hat zur Folge, dass der Begriff mehrdeutig und unbestimmt ist. Je nach Sprechsituation, Zielsetzung, Fragestellung und Objektbezug, wissenschaftlicher Perspektive, theoretischem Ansatz und Bezugsrahmen kann er auf sehr verschiedene, manchmal gar widersprüchliche Sachverhalte verweisen. Man muss sich folglich jeweils erst versichern, welche Begriffsinhalte gemeint sind, wenn von Organisation gesprochen wird. Mangels hinreichender Definitionen und Explikationen ergibt sich die spezifische Bedeutung oft erst aus dem Zusammenhang, in dem der Begriff verwandt wird. Wegen der Vielfalt und Verschiedenartigkeit der Vorstellungsinhalte bezüglich des Organisationsbegriffs, sowie wegen der fehlenden eindeutigen Entscheidungskriterien, ob ein bestimmter Sachverhalt als unter den Begriff fallend zu klassifizieren ist oder nicht, kann nicht immer eindeutig entschieden werden, welche Phänomene jeweils erfasst werden. In der Organisationssoziologie existiert somit kein allgemein anerkannter und von allen Wissenschaftlern verwendeter Organisationsbegriff. Die insbesondere für den Einsteiger verwirrende Vielfalt kann jedoch etwas gegliedert werden, wenn die zwei gebräuchlichsten *Typen von Organisationsbegriffen* betrachtet werden. Hierbei können unterschieden werden

- ein *dynamischer*, der den prozessualen Aspekt betont und in der Regel mit einer Vorstellung von Organisation als Instrument gekoppelt ist, und
- ein eher *statischer*, den strukturellen Aspekt von Organisation herausstellender.

Dynamische Organisationsdefinitionen betonen vor allem den *Prozess des Organisierens*, nämlich die planmäßige Herstellung einer Ordnung, eines Gefüges, einer Struktur oder eines Systems, z.B.: die Gestaltung eines Krankenhauses; die Entwicklung der Struktur eines Autohauses unter besonderer Berücksichtigung der Verteilung der verschiedenen Arbeitsaufgaben und ihrer Kombination; die Gründung einer neuen Apotheke und der damit einhergehende Prozess der Strukturierung des Betriebes. *Statische Organisationsbegriffe* stellen dagegen in erster Linie auf das *Resultat des Organisierens* ab, die hergestellte oder geschaffene Ordnung, die Organisiertheit, das Gefüge, die Struktur, das System, z.B.: die Organisationsstruktur einer Feuerverzinkerei; die Ordnung eines Krankenhauses; die "Aufbauorganisation" eines Autohauses. Beide Typen von Organisationsbegriffen ergänzen sich somit und können je nach Fragestellung auch kombiniert werden.[1]

Von der Existenz verschiedener Organisationsbegriffe sollte nun allerdings keineswegs auf das Unvermögen oder den mangelnden

---

[1] Beide Typen von Organisationsbegriffen können sowohl deskriptiv - nämlich eine Organisation oder einen bestimmten Ausschnitt hieraus möglichst exakt beschreibend - oder analytisch - nämlich einen bestimmten Aspekt der Realität erklärend - verwandt werden. Auf diesen Sachverhalt werden wir im Rahmen der Diskussion um die Bedeutung der Abstraktion für die Organisationsanalyse wieder zu rückk om men (vgl. Kap. 3.3).

Reifegrad der Organisationssoziologie als Wissenschaft geschlossen werden. Die Begriffspluralität folgt aus der Sache selbst und aus der Art, wie empirische Wissenschaft betrieben wird und nur betrieben werden kann. Ob und welche konkreten, beobachtbaren Phänomene als Organisation bezeichnet werden können, hängt neben der konkreten Problemstellung ebenso von der theoretischen Grundeinstellung des Forschers ab.[2] Im Rahmen einer Einführung erscheint es uns jedoch angebracht, mit der im Folgenden verwendeten Definition von Organisation zu beginnen, um daran anschließend typische Fragestellung einer derart fundierten Organisationssoziologie zu erläutern und erst dann unsere theoretische Grundhaltung zu verdeutlichen. Unter *Organisation* soll daher im Weiteren verstanden werden:

Von bestimmten Personen gegründetes, zur Verwirklichung spezifischer Zwecke planmäßig geschaffenes, hierarchisches verfasstes, mit Ressourcen ausgestattetes, relativ dauerhaftes und strukturiertes Aggregat (Kollektiv) arbeitsteilig interagierender Personen, das über wenigstens ein Entscheidungs- und

---

2   Dass Wissenschaft nicht durch Dinge, sondern durch die Art der Fragen in Bezug auf diese Dinge zu beschreiben ist, formulierte bereits Theodor Geiger: "Wissenschaften sind aber nicht durch ihre in der dinglichen Welt *konkret* gegebenen Objekte bestimmt.[...] Was eine Wissenschaft konstituiert, ist die besondere *Blickeinstellung* und *Erkenntnisabsicht*, mit der sie der Erscheinungswelt gegenüber tritt, und die Art der Fragen, die sie infolgedessen stellt und zu beantworten versucht. Man kann das auch so ausdrücken, dass jede Wissenschaft ihren besonderen, analytisch zu bestimmenden, *abstrakten* Gegenstand habe" (Geiger 1962: 46). Das Problem der Begriffspluralität in der Organisationssoziologie lässt sich daher auch nicht dadurch aus der Welt schaffen, dass der Begriff "Organisation" vermittels einer Konvention, einer Übereinkunft der Organisationsforschung betreibenden Wissenschaftler für eine bestimmte Klasse von sozialen Gebilden oder Systemen reserviert wird. Da nach unserer Auffassung die Begriffe allein keinen zusätzlichen Erkenntnisgewinn verschaffen, stellt dies jedoch kein grundsätzliches Problem der Organisationssoziologie dar.

Kontrollzentrum verfügt,[3] welches die zur Erreichung des Organisationszweckes notwendige Kooperation zwischen den Akteuren steuert, und dem als Aggregat Aktivitäten oder wenigstens deren Resultate zugerechnet werden können.

Am Beispiel des *Krankenhauses* können diese Kriterien verdeutlicht werden. Es ist von bestimmten Personen gegründet worden - wenngleich dies oft lange zurück liegt -, um einem spezifischen Zweck, nämlich der Betreuung kranker Menschen zu dienen. Hierbei wird bereits deutlich, dass Organisationen mehrere Zielsetzungen besitzen können, da Krankenhäuser auch von privaten Personen zur Gewinnerzielung betrieben werden. Im Hinblick auf den Organisationszweck wurde das Krankenhaus planmäßig gestaltet: Z.B. wurden die hierfür notwendigen Geräte und Räumlichkeiten angeschafft, geeignetes Personal - Ärzte, Krankenschwestern, Pfleger etc. - eingestellt, die Kompetenzen aufgeteilt oder die Verfahrensweise bei der Einlieferung eines Patienten mit einem bestimmten Krankheitsbild festgelegt. Das Personal agiert arbeitsteilig: Krankenschwestern, Chirurgen, Anästhesisten, Pfleger, Gynäkologen, Internisten besitzen jeweils bestimmte, sich nur minimal überschneidende Arbeitsbereiche, die je nach Bedarf koordiniert werden müssen. Die mit den einzelnen Funktionen einhergehenden Kompetenzen führen hierbei zu einer Hierarchie im Krankenhaus, in der z.B. der behandelnde Arzt der Krankenschwester Anweisungen erteilt - wie beispielsweise die Verabreichung eines bestimmten Medikamentes - und die Ausführung überwacht. Ein Krankenhaus wird in der Regel auf Dauer angelegt sein und besitzt z.B. in Form eines Verwaltungsrates und eines geschäftsführenden Direktors immer ein Entscheidungs- und Kontrollzentrum. Dieses vertritt das Krankenhaus nach außen - z.B. bei der Anschaffung neuer Geräte oder der Abrechnung mit den Krankenkassen - und stellt die notwendige Koordination der arbeitsteiligen Akteure im Inneren der Organisation sicher, indem es z.B. dafür sorgt, dass die Chirurgen zum richtigen Zeitpunkt die Hilfe von Radiologen und Anästhesisten in Anspruch nehmen können.

Betrachtet man dagegen eine *politische Demonstration*, kann man im Sinne der obigen Definition nicht von einer Organisation sprechen. Zwar existiert ein spezifischer Zweck wie z.B. die Verhinderung eines Bauvorhabens oder die Durchsetzung von Lohnansprüchen, und unter Umständen existiert auch ein zentrales Organ, dass die Demonstration organisiert hat. Jedoch agieren die Personen in der Regel nicht arbeitsteilig, es existiert keine hierarchische Struktur unter den Demonstrationsteilnehmern, und die Veranstaltung ist auch kein auf Dauer angelegter Zustand. Etwas zu organisieren bringt somit noch nicht die Existenz einer Organisation mit sich, und nur die Koordination einer großen Anzahl von Akteuren führt noch nicht zur Schaf-

---

3 Das Entscheidungs- und Kontrollzentrum besteht natürlich ebenfalls aus Personen: einer ("Führerprinzip") oder mehreren ("Kollegialprinzip").

fung einer Organisation. Anhand dieses Beispiels wird auch deutlich, dass mit dem vorgestellten Organisationsbegriff beide Typen von Organisationsdefinitionen - der statische und der dynamische - miteinander verknüpft werden. Organisation beinhaltet zum einen aufgrund der notwendigen Koordination der Arbeitsteilung immer auch planmäßiges Organisieren eines (Arbeits-)Prozesses, zum anderen findet dieser Prozess immer im Rahmen einer dauerhaften Organisationsstruktur statt.

Mit der obigen Definition unseres Forschungsgegenstandes können wir nun für die meisten empirischen Phänomene angeben, ob diese in die uns interessierende Klasse der Organisationen einzuordnen sind. Wie bereits erörtert, können die verbleibenden Zweifelsfälle beispielsweise anhand der Forschungsfrage entschieden werden. So werden wir eher dazu tendieren, Haushalte als Organisationen zu betrachten, wenn die Rolle des Hauspersonals für das Funktionieren des Haushaltes untersucht werden soll, und eher nicht, wenn es um die Folgen von Ehescheidungen für die einen Haushalt bildende Familie geht.[4]

Können wir nun angeben, wann etwas als Organisationen bezeichnet werden kann, so stellt sich jedoch noch ein weiteres bedeutendes Problem der empirischen Organisationsforschung, nämlich das der Organisationsgrenzen. Dieses Problem wird z.B. deutlich, wenn die Form moderner Wirtschaftsunternehmen betrachtet wird. Sogenannte Konzerne sind hierbei häufig in viele kleine Einzelfirmen - meist Gesellschaften mit beschränkter Haftung - gegliedert, wobei mehrere Konzerne an einer Einzelfirma beteiligt sein können. Beispielsweise könnten zwei große Konzerne jeweils zu sechzig und vierzig Prozent an unserer Feuerverzinkerei beteiligt sein. Damit stellt sich die Frage, ob die Organisation nun nur den feuerverzinkenden Betrieb selbst, die übergeordnete Unternehmensmutter mit dem größeren Beteiligungsanteil oder beide Konzerne gleichzeitig umfasst. Auch dieses Problem kann nur vor dem Hintergrund einer konkreten Fragestellung sowie der theoretischen Forschungsposition

---

4 Zu Problemen der Unterscheidung von Haushalt und Familie vgl. Funk (1991,
   1993: 33f). Mit den Folgen der Ehescheidung für die Netzwerke des Haushaltes
   beschäftigt sich z.B. Broese van Groenou (1991).

gelöst werden. Für die Frage nach den Ursachen der Krankenquote in dem betreffenden Betrieb wird man sich wohl eher für den Ausschluss der übergeordneten Konzerne entscheiden, während die Analyse strategischer Entscheidungen im Management des Betriebs kaum ohne die Betrachtung der Interessen der Muttergesellschaften auskommen kann. Häufig wird sich der Forscher auch an der juristischen Abgrenzung der betreffenden wirtschaftlichen Einheit orientieren, da hiermit z.B. die Frage nach der Zurechenbarkeit bestimmter externer und interner Handlungsergebnisse verknüpft ist.[5]

Festzuhalten bleibt, dass die Frage nach den Organisationsgrenzen sich weder allgemeingültig noch immer eindeutig beantworten lässt. Obwohl die in dieser Einführung verwendeten Beispiele unter anderem im Hinblick auf eine möglichste einfache Abgrenzung der Organisation gewählt wurden, bleibt dennoch Raum für Unschärfen. Beispielsweise wird im Falle des beruflich selbständigen Apothekers und seiner im Geschäft mithelfenden Ehefrau unter Umständen nicht eindeutig zu klären sein, welche Handlungen nun innerhalb der "Organisation Apotheke" und welche im Rahmen des "Interaktionssystems Haushalt" stattfinden. Ebenso wird in einem von der jeweiligen Kommune getragenem Krankenhaus die Grenze zwischen der kommunalen Verwaltung und der Organisationsstruktur des Krankenhauses nicht immer eindeutig zu bestimmen sein. In der Praxis der Organisationsforschung stellt sich die Bestimmung von Organisationsgrenzen jedoch meist wesentlich weniger problematisch dar. Dies liegt vor allem an dem Umstand, dass sich mit einer vorgegebenen Forschungsfrage dem Forscher die Möglichkeit bietet, die Grenzen seines Untersuchungsobjektes selbst zu bestimmen. Hierbei wird er sich sowohl von seinem eigenen theoretischen Standpunkt als auch von der Bedeutung der in Frage stehenden empirischen Phänomene für seine zu erwarteten Untersuchungs-

---

5 Dies korrespondiert mit der Auffassung, das in der Organisationssoziologie häufig die Analyse so genannter korporativer Akteure notwendig wird, vgl. hierzu den folgenden Abschnitt sowie Kap. 4.2 und 4.3.

ergebnisse leiten lassen.[6] Die Betrachtung typischer Forschungsfragen der Organisationssoziologie soll somit nicht nur einen ersten
Überblick über die Inhalte dieser Wissenschaft bieten, sondern auch
die Bedeutung der Fragestellung für die Definition und Abgrenzung
des Untersuchungsobjektes verdeutlichen.

3.2 Fragestellungen der Organisationswissenschaften

Will man sich der Organisationssoziologie - oder noch allgemeiner
der interdisziplinären Organisationsforschung - nähern, so empfiehlt
es sich, die von dieser Wissenschaft behandelten Fragestellungen zu
betrachten. Der erste Eindruck - wie ihn beispielsweise der Blick in
die Inhaltsverzeichnisse aktueller Fachzeitschriften verschafft -
gestaltet sich hierbei meist aufgrund der Vielfalt von behandelten
Themen und Fragestellungen verwirrend.

Blickt man z.B. in das dritte Heft des 3. Jahrgangs (1995) von *Industrielle
Beziehungen*", so werden Arbeits- und Produktionssysteme im internationalen Ver-
gleich, industrielle Beziehungen in Lateinamerika, die Auswirkung europäischen
Gemeinschaftsrechts auf Mitwirkungsmöglichkeiten der Arbeitnehmer oder die
Integration ostdeutscher Arbeitgeberinteressen in das gesamtdeutsche Verbändesys-
tem diskutiert. Ein ähnlich heterogenes Bild ergibt sich für das die Zeitschrift *Ad-
ministrative Science Quarterly*, Heft 3/95: Dort werden beispielsweise Themen wie
Transformationsprozesse und Institutionalisierung in der norwegischen Fischereiindu-

---

6   Organisationsgrenzen und deren Veränderung können jedoch auch zum Erklä-
    rungsziel der Organisationssoziologie werden. Die im Rahmen der Diskussion um
    sogenannte "Lean Management" Konzepte erneut gestellte Frage nach der optima-
    len Fertigungstiefe von Unternehmen stellt ein Beispiel hierfür dar. Hierbei wird
    nach den Bedingungen gesucht, die die Eingliederung einer vorgelagerten Produk-
    tionsstufe - wie z.B. die Herstellung von Autositzen für einen PKW-Hersteller - in
    die Organisation effizient werden lassen oder die eher für deren Ausgliederung
    aus der Organisation sprechen (vgl. z.B. Semlinger 1992, Pfeiffer & Weiß 1992).
    Dass diese Probleme nicht nur für Unternehmen, sondern auch für den Bereich der
    öffentlichen Verwaltung relevant sind, zeigen Tegethoff und Wilkesmann (1995).
    Im Kapitel 4.3 wird dieser Typus von Fragen im Rahmen des Problems der Ent-
    stehung von Organisationen wieder aufgegriffen.

strie, der Zusammenhang zwischen Persönlichkeit, Organisationskultur und Kooperationsbereitschaft oder die Auswirkung von Investitionen für professionale Basketballorganisationen analysiert. Diese Heterogenität lässt sich auch in weiteren einschlägigen Zeitschriften wie z.b. *Organisation, Organization Studies, Industrial and Labor Relations Review, Journal of Labor Economics,* oder *den Mitteilungen aus der Arbeitsmarkt- und Berufsforschung* nachvollziehen.[7]

Diese Auflistung zeigt, dass Organisationsforschung aus verschiedenen Blickwinkeln mit unterschiedlichstem Erkenntnisinteresse betrieben wird. Diese Vielfalt lässt sich jedoch im Hinblick auf zwei Typen von Fragestellungen klassifizieren. Charakteristisch für den ersten Typus von Fragen ist der Umstand, dass *Organisationen als Erklärungsziel* betrachtet werden. Entstehung und Veränderung von Organisationen, Organisationsteilen oder Organisationseigenschaften werden hierbei typischerweise als - beabsichtigtes oder unbeabsichtigtes - Ergebnis des Handelns sozialer Akteure begriffen.[8] Hierbei kann sowohl nach der Ursache der Existenz von Organisationen schlechthin gefragt werden - wie dies ansatzweise in Kapitel 4.3 geschehen soll - als auch nach der Entstehung oder dem langfristigen Überleben konkreter Organisationen oder Organisationstypen. Damit eng verknüpft ist die Frage nach der "richtigen" Organisationsstruktur: Gibt es - zumindest für spezifische Situationen - eine optimale Kombination von Organisationseigenschaften und Organisationszielen, die den Erfolg oder das Überleben der

---

7   Darüber hinaus finden sich natürlich auch in allgemeinen Zeitschriften und Publikationen der Soziologie (wie z.B. *American Sociological Review, American Journal of Sociology, Kölner Zeitschrift für Soziologie und Sozialpsychologie, Soziale Welt, Zeitschrift für Soziologie,* etc.) Publikationen zu organisationssoziologischen Themen.

8   Dies trifft letztlich auch auf Ansätze und Theorien zu, in deren Rahmen zur Beantwortung derartiger Fragestellungen vorwiegend kollektive Phänomene und Strukturen - wie z.B. Organisationen oder Systeme - herangezogen werden: Ohne mikrotheoretische Annahmen, d.h. ohne einen Bezug zum handelnden Individuum, kommt fast keiner der neueren sozialwissenschaftlichen Theorieansätze aus (vgl. hierzu Esser 1996: 1f).

Organisation sicherstellt?[9] Beispielsweise beschäftigen sich BRÜ-
DERL et al. (1996) in einer umfangreichen empirischen Untersu-
chung mit den Determinanten des Erfolges von Betriebsgründungen.
Hierbei untersuchten sie unter anderem die Effekte betrieblichen
Wandels auf den Unternehmenserfolg, wobei sie zwischen erfolgs-
und kriseninduziertem Wandel unterscheiden. Vor diesem Hinter-
grund kann vor allem die Änderung der Betriebsleitung und des
Betriebszweckes als Strategie zur Bewältigung von Krisen eines
Unternehmens interpretiert werden.

Für den zweiten Typus von Fragestellungen werden *Organisationen als Rahmenbedingungen für das Handeln sozialer Akteure*
herangezogen. Die Organisation und ihre spezifische Ausprägung -
Größe, formale Struktur, Zusammensetzung der Mitglieder - werden
somit in einem ersten Schritt als gegeben angenommen, um das
Verhalten von Mitgliedern oder anderen, externen Akteuren zu
erklären. In einem zweiten Schritt kann dann untersucht werden,
welche Unterschiede in den Organisationseigenschaften zu welchen
Verhaltensveränderungen der Akteure führen. Beiden Typen von
Fragestellungen - Organisationen als Erklärungsziel einerseits und
als Rahmenbedingungen andererseits - stehen in enger Verbindung
zueinander. Kann geklärt werden, wie sich die Veränderung von
Rahmenbedingungen - hier z.B. die Organisationsstruktur - auf das
Handeln der Akteure auswirkt, so stellt sich als nächstes die Frage
nach der - bestmöglichen - Gestaltung dieser Bedingungen. Damit
jedoch werden Organisation und ihre Eigenschaften wieder zum Erklärungsziel. Hiermit wird auch deutlich, dass vor der Klärung der

---

9   Siehe hierzu z. B. mit Bezug auf Gewerkschaften: die klassische Studie von Lipset
    et al. (1956), Streek (1981) und Keller (1993: 23-38); mit Bezug auf Arbeitgeber-
    verbände: Traxler (1986), Weber (1987) und Keller (1993: 9-22); mit Bezug auf
    die deutsche Brauindustrie Wiedenmayer (1992), den Deutschen Bauernverband
    Heinze (1992), den Ärzteverband Hartmannbund Groser (1992) sowie allgemein
    Voss (1991).

Frage nach der Gestaltung von Organisationen[10] die Wirkung von bestimmten Rahmenbedingungen für das Handeln der Akteure bekannt sein muss. Daher steht im Rahmen dieser Einführung vor allem die Analyse der organisationellen Rahmenbedingungen und ihrer Wirkung auf das Verhalten sozialer Akteure im Mittelpunkt. Im folgenden sollen einige Arten von Problemstellungen, die die Analyse von Organisationen als Rahmenbedingungen nach sich ziehen, unterschieden werden.

Ein erste Klasse derartiger Fragen betrifft *das Verhalten von Individuen in Organisationen*. Problemstellungen dieser Art stellen einen fast schon klassisch zu nennenden Umgang mit Organisationen dar und umfassen ihrerseits wiederum eine Vielzahl von heterogenen Fragestellungen. Eine der Ursprünge ökonomisch orientierter Organisationsforschung stellt beispielsweise die Frage nach den Bedingungen für produktives Verhalten von Arbeitnehmern in Betrieben dar. In den inzwischen klassischen Experimenten der Forschungsgruppe um MAYO in den Hawthorne-Werken der Western Electric Company wurde erstmals der Versuch unternommen, empirisch durch experimentelle Veränderung bestimmter Bedingungen innerhalb der Organisation - Arbeitsplatzbeleuchtung, Gruppengröße etc. - die Einflussgrößen auf die Arbeitsleistung der Mitarbeiter festzustellen (Mayo 1951).[11] Der hierbei gefundene sogenannte

---

10 Dieses Problem der *Organisationsentwicklung* steht vor allem im Mittelpunkt von interventionistischen Ansätzen der Organisationstheorie, die nach den Möglichkeiten und Grenzen der aktiven Veränderung "künstlich" geschaffener oder "natürlich" gewachsener organisierter Gebilde fragen. Derartige Ansätze sollten - vor dem Hintergrund der entwickelten Argumentation - daraufhin untersucht werden, ob ihnen ein Erklärungsschritt vorausgeht oder ob ihnen normative, nicht überprüfte Annahmen über Wirkungszusammenhänge zugrunde liegen. Letzteres birgt die Gefahr, Organisationsentwicklung weniger an den empirischen Möglichkeiten und eher an Wunschvorstellungen über die "ideale" Organisation auszurichten.

11 Ausführlich berichten über das Forschungsprogramm, das Forschungsdesign und seine Resultate Roethlisberger und Dickson (1939). Homans verwandte diese

(Fortsetzung...)

"Hawthorne-Effekt" zeigte jedoch bereits, dass Verhalten von Individuen in Organisationen ein komplexes Produkt aus sozialen, organisatorischen und gesellschaftlichen Rahmenbedingungen darstellt: Die Arbeitsleistung der experimentell beeinflussten Mitarbeiter stieg sowohl bei der Einführungen besserer als auch schlechterer Arbeitsbedingungen. Die Ursache hierfür liegt in der sozialen Reaktivität der Untersuchungspersonen, die schon allein auf die ihnen entgegebrachte Aufmerksamkeit im Rahmen des Experimentes mit erhöhter Leistung reagierten.[12] Weitere Problemstellungen, die sich auf das Verhalten von Organisationsmitgliedern beziehen, stellen z.b. die Frage nach dem Krankheitsverhalten von Mitarbeitern im Betrieb (z.b. Dincher 1984, Büschges et al. 1995), nach der Akzeptanz von technischen Neuerungen am Arbeitsplatz (z.b. Kühlmann 1987, Robisch 1992, Seltz et al. 1986), nach dem Wandel von der Führungspraxis (z.b. Wiendieck & Wieswede 1990) oder nach der Bedeutung von Mitarbeiterinformationen (z.b. Franke & Winterstein 1996, Winterstein 1996) dar.

Charakteristisch für derartige Fragestellungen ist insbesondere der Rückgriff auf Organisationsstrukturen als interne Rahmenbedingungen individuellen Handelns. Hierbei rückt insbesondere die arbeitsteilige Differenzierung von hierarchisch organisierten "Positionen", die die einzelnen Angehörigen der Organisation innehaben, in den Mittelpunkt der Betrachtung (z.b. Ahrne 1994: 95-108). Beispielsweise wird bei der Analyse interner Arbeitsmärkte die Wirkung interner Besetzungsmodi der hierarchischen Positionen im

---

11 (...Fortsetzung)
  Studien als Grundlage für die Kapitel III - VI seines Werkes "The Human Group" (1950; deutsch: Theorie der sozialen Gruppe 1960). König (1961) diskutierte bereits früh die Bedeutung dieser Studien im Vergleich mit anderen amerikanischen und europäischen Arbeiten und nahm sie gegen den Vorwurf in Schutz, sie behandelten ihren Gegenstand in einem "soziologischen Vakuum".

12 Ein knapper Abriss der Studien Mayo's und seiner Mitarbeiter findet sich auch in Gellermann (1972: 16-32), zum Human Relations-Ansatz, der sich hieraus entwickelte, vgl. Krüger & Röber (1981).

Hinblick auf das Leistungsverhalten in Organisationen betrachtet
(vgl. z.B. Stinchcombe 1974: 126-134, Blien 1986: 101-155, Bills
1987, Brüderl 1991). Auch kann z.b. danach gefragt werden, inwiefern sich Positionen hinsichtlich der Gewährung von Sozialleistungen oder im Hinblick auf den Krankenstand ihrer Inhaber unterscheiden (Abraham 1996: 165ff). Eng damit verküpft ist die Analyse von "Rollen" (d.h. Bündeln von Aufgaben und Verhaltensmustern) und deren handlungssteuernden Wirkungen, die den jeweiligen
Positionsinhabern zugeordnet sind (Boudon 1980: 57 - 73). Aufgrund ihrer Bedeutung als Rahmenbedingungen individuellen Handelns werden diese und weitere Elemente der Organisationsstruktur
wieder im Rahmen der Betrachtung von Organisationen als Interaktionssystemen (vgl. Kap. 5) aufgegriffen.

Als zweite Klasse von Fragestellungen kann die Untersuchung
von Rahmenbedingungen für die Beziehung zwischen einem oder
mehreren *Organisationsmitgliedern und ihrer Organisation* betrachtet werden (vgl. Kap. 6.1). Dieser Typus lässt sich besonders gut an
der sogenannten Arbeitgeber-Arbeitnehmer-Beziehung verdeutlichen. Die Arbeitnehmer in der Feuerverzinkerei interagieren mit
verschiedenen Vorgesetzten - wie dem Meister, dem Betriebsleiter
oder dem Geschäftsführer als Individuen. Betrachtet man jedoch den
Fall, dass Streitigkeiten im Hinblick auf das Arbeitsverhältnis - wie
z.B. die Höhe des Lohnes oder die Ausgestaltung des Arbeitsplatzes
- auftreten, so wird der Arbeitnehmer nicht die Person des Betriebs-
oder Geschäftsleiters verklagen. Statt dessen ist in diesem Falle der
Ansprechpartner das Unternehmen, das hier ähnlich wie ein individueller Akteur behandelt werden kann. Die Arbeitnehmer schließen
mit dem Akteur "Unternehmen" Arbeitsverträge ab, erhalten von
diesem ihren Lohn und erbringen für das Unternehmen - und nicht
für die Person des Betriebsleiters - die Arbeitsleistung. Aus diesem
Grund kann man häufig auch von einer Interaktionsbeziehung zwi-

schen einer Organisation und ihren Mitgliedern sprechen.[13] Eine derartige Interaktion betreffend können Fragestellungen im Hinblick auf die Stabilität dieser Beziehung formuliert werden: Welche Eigenschaften eines Betriebs und der dort beschäftigten Arbeitnehmer haben Auswirkungen auf die Beschäftigungsdauer?[14] Eine weitere "klassische" Problemstellung betrifft die Bedingungen, unter denen der Arbeitnehmer die maximale Arbeitsleistung für seinen Arbeitgeber erbringt. Dahinter steht die Vorstellung, dass Arbeitnehmer einen Spielraum hinsichtlich ihres Arbeitseinsatzes besitzen. Da Arbeitnehmer nicht immer und überall individuell kontrolliert werden können, stellt sich die Frage, unter welchen Bedingungen sie diesen Spielraum zu Lasten ihres Arbeitgebers nutzen[15] und wie dies verhindert werden kann (vgl. z.B. Abraham 1996, Schrüfer 1988, Raub & Weesie 1992). Spielräume dieser Art ergeben sich im Bereich der Arbeitgeber-Arbeitnehmer-Beziehungen v.a. hinsichtlich Häufigkeit und Länge der Krankmeldung, Umfang und Intensität der Arbeitsleistung oder Ausmaß der Kooperation mit anderen Arbeitnehmern (vgl. z.B. die Übersicht in Abraham 1996: 8-21 sowie Kap. 6.1.1).

Die Betrachtung von Organisationsmitgliedern und ihrer Beziehung zur Organisation ist jedoch keineswegs auf Arbeitsverhältnisse beschränkt. In Kap. 6.1.2 werden wir uns am Beispiel des Seniorenwohnstiftes mit der Frage beschäftigen, wie Organisationsmitglieder, die Empfänger der Organisationsleistung sind, ihre Interessen gegen die Organisationsleitung durchsetzen können. Diese Problematik liegt auch einer klassischen Studie über Oligarchie von MICHELS (1970) zugrunde. Hierbei geht es um die Frage, warum

---

13 In dieser Interaktion wird die Organisation dann als so genannter "korporativer Akteur" bezeichnet, vgl. hierzu auch Kap. 3.3.

14 Vgl. hierzu beispielsweise die Literaturübersicht von Vatthauer (1985) oder die Diskussion betrieblicher Vermeidungsstrategien durch Nieder (1991).

15 Ein derartiges Verhalten wird in der Regel als "shirking" (englisch für Bummeln, Blaumachen) bezeichnet, näheres hierzu in Kap. 6.1.1.

auch und gerade in Organisationen wie Parteien, die ausdrücklich demokratische Prinzipien auch auf die *internen* Entscheidungsprozesse anwenden wollen, eine Tendenz zur Oligarchie auftritt. Oligarchie beschreibt hierbei eine Situation, in der die Führungspersonen in der Organisation über Ziele und Maßnahmen entscheiden können, ohne dass eine Kontrolle durch die Mitglieder stattfindet. Damit besitzt eine Minderheit die Möglichkeit, Ziele zu verfolgen, die keine demokratische Mehrheit in der Organisation finden würden. WIPPLER (1985) zeigt mittels einer nutzentheoretischen Rekonstruktion, dass die Tendenz zur Oligarchie vor allem von strukturellen Eigenschaften der Organisation abhängt, wie wir sie in Kapitel 4 erörtern werden.

Ein dritter Typus von Problemen bezieht sich auf die Interaktionen zwischen *der Organisation einerseits und externen Individuen* andererseits (vgl. Kap. 6.2). Ein typisches Beispiel hierfür stellt die Beziehung zwischen einem Patienten und dem Krankenhaus dar. Will man die Frage beantworten, wie die Aufnahme neuer Patienten in die Klinik möglichst effizient im Hinblick auf die benötigte Zeit, die Akzeptanz des Patienten oder die Koordinierung der nachfolgenden Behandlungen gestaltet werden kann, wird man u.a. die Interaktion zwischen dem Patienten und dem Krankenhausmitarbeiter in der Patientenaufnahme betrachten. Besondere Eigenschaft dieser Beziehung ist der Umstand, dass der neue Patient nicht mit dem Sachbearbeiter als Individuum, sondern in dessen Funktion als Stellvertreter der Organisation "Klinik" interagiert. Hierbei treten häufig erhebliche Ungleichverteilungen relevanter Information auf, da der Sachbearbeiter über den Vorgang, die nachgelagerten organisationsinternen Abläufe etc. gut informiert ist, während der Patient über die betreffenden Routinen oder die Organisationsstruktur in der Regel keine Kenntnis besitzt. Derartige Situationen führen meist zu ungleich verteilten Handlungschancen und werden daher von den einzeln agierenden Individuen häufig als bedrohlich empfunden.[16] Beziehungen zwischen Individuen und Organisationen mit asymmetrischer Information sind - wie COLEMAN zeigte - charakteristisch für moderne Gesellschaften (Coleman 1986, 1992: 271ff) und werden daher im Rahmen der Kapitel 6.1 und 6.2 besonders betrachtet.

Für die letzte Klasse von Fragestellungen im Hinblick auf das Verhalten von Akteuren wird erneut auf die Vorstellung zurückgegriffen, dass Organisationen als soziale Akteure wie im Falle der Arbeitnehmer-Arbeitgeber-Beziehung betrachtet werden können. Jedoch wechselt nun die Perspektive hin zu *Interaktionen zwischen Organisationen* und der Frage, welche Eigenschaften diese Akteure in Verbindung mit welchen situationellen Bedingungen in ihrer Umwelt diese Beziehung und ihre Resultate beeinflussen. Besonders deutlich wird dies anhand so genannter Zulieferer-Abnehmer-Beziehungen. Unternehmen benötigen für die Erstellung ihrer Güter und Dienstleistungen in der Regel Rohstoffe, Vorprodukte, Hilfsgüter oder andere Dienstleistungen, die in den eigenen Produktionsprozess einfließen. Dieser Input wird häufig von anderen Unternehmen, so genannten Zulieferern, gekauft. Ein derartiger Beschaffungsvorgang kann relativ unkompliziert sein: Beispielsweise benötigen die Arbeitnehmer in der Feuerverzinkerei Arbeitshandschuhe, um die scharfkantigen und heißen Stahlteile handhaben zu können. Da die Qualität der Handschuhe sowie die benötigte Anzahl leicht einzuschätzen ist und die Beschaffung ohne besonderen Aufwand und Zeitverzögerung im nächstgelegenen Baumarkt getätigt werden kann, stellt die Bedarfsdeckung dieses Inputs kein großes Problem dar. Im Gegensatz dazu kann die Beschaffung neuen medizinischen Materials für das Krankenhaus ein wesentliches Problem darstellen. So ist die Klinik häufig damit konfrontiert, Entscheidungen hinsichtlich der Anschaffung neuer innovativer Geräte treffen zu müssen, über die weder im Hinblick auf den medizinischen noch den wirt-

---

16 Weitere Beispiele für Fragestellungen dieser Art finden sich in Coleman (1992: 285-299)

schaftlichen Nutzen ausreichend Erfahrungen vorliegen. Der Kauf derartiger Güter erfordert daher Absicherungen: Der Hersteller des Geräts wird z.b. die ersten zehn Kliniken zum Selbstkostenpreis beliefern oder eine Rücknahmegarantie aussprechen, um dann bei zukünftigen Kunden auf die dort gesammelten klinischen Erfahrungen verweisen zu können. Zudem müssen Vereinbarungen über die Wartung der Geräte und die Kosten von Ersatzteilen getroffen werden. Dieses Beispiel zeigt, dass Beziehungen von Abnehmern und Zulieferern mit erheblichen Problemen konfrontiert sein können, deren Umfang und Lösungsmöglichkeit Gegenstand organisationswissenschaftlicher Fragestellungen sind.[17]

Die Untersuchung von Beziehungen zwischen Organisationen beschränkt sich jedoch keineswegs auf die geschilderten Zulieferer-Abnehmer-Beziehungen. Organisationen können auf ganz verschiedenartige Weise miteinander verknüpft sein, wie z.B. ein Blick auf den Umfang oder die Funktion von Unternehmensverflechtungen zeigt. ZIEGLER fragt in diesem Zusammenhang nach der Funktion von Personalverflechtungen zwischen Wirtschaftsunternehmen wie die Mitgliedschaft in mehreren Aufsichtsräten. Er sieht als wesentlichen Grund für dieses Verhalten individueller Akteure - hier die Kapitaleigner - deren Streben nach Kontrolle über den eigenen Kapitalbesitz (Ziegler 1984: 585f). Verbindungen zwischen Unternehmen sind jedoch nicht nur auf derartige personelle Verflechtungen beschränkt. Sie können sogar dann entstehen, wenn es sich um direkte Konkurrenten auf einem Markt handelt. In Deutschland ist ein großer Teil der feuerverzinkenden Unternehmen beispielsweise in dem "Industrieverband Feuerverzinken" zusammengeschlossen, der eine Reihe von Dienstleistungen wie technische und rechtliche Beratung der Mitglieder, Informationsaustausch mit anderen Dachverbänden und politischen Institutionen oder öffentlichkeits-

---

17 So untersuchten beispielsweise Raub und Weesie für die Beschaffung von EDV-Produkten sowohl den Umfang der auftretenden Probleme als auch die Möglichkeiten ihrer Vermeidung (Raub & Weesie 1992, Raub et al. 1996).

wirksame Aktivitäten für die Branche erbringt (vgl. Abraham 1996: 146f). Organisationen können sich demnach wieder zu einer neuen Organisation zusammenschließen, wenn sie sich entsprechende Vorteile - wie z.B. die leichtere und schnellere Beschaffung von Informationen - davon versprechen. Hierbei ließe sich im Rahmen der Organisationssoziologie unter anderem die Frage stellen, welche Informationen unter welchen Bedingungen in derartigen Unternehmenszusammenschlüssen und -netzwerken verbreitet werden.

Weder die vorgestellte Klassifikation von Problemstellungen der Organisationssoziologie noch die beispielhaften Forschungsfragen erheben den Anspruch auf eine vollständige und umfassende Beschreibung des Forschungsfeldes "Organisation". Vielmehr war es Ziel dieses Abschnitts, dem Leser einen ersten Einblick in die Organisationssoziologie und ihrer zentralen Probleme zu geben. Damit folgen wir der Überzeugung POPPERs, dass am Anfang jedes Forschungsprozesses ein konkretes, sich aus der empirischen Beobachtung ergebendes Problem steht. Ausgehend von diesem Problem kommen dann geeignete, auf diese Fragestellungen zielende Theorien zur Anwendung, mit deren Hilfe eine Erklärung für das Forschungsproblem vorgeschlagen werden kann. Dieser Erklärungsvorschlag ist jedoch solange nur ein vorläufiger, bis er anhand der Empirie überprüft und nicht widerlegt worden ist. Hieran anschließend stellen sich dann meist neue Probleme, die wiederum der Erklärung bedürfen (Popper 1973). Abbildung 3.1 zeigt für eine beispielhafte Fragestellung diesen Prozess.

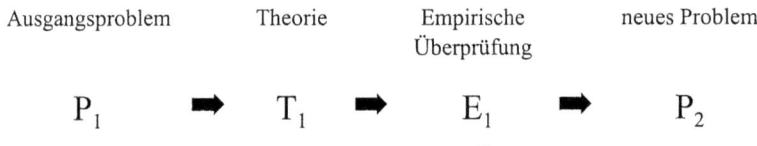

Ausgangsproblem   Theorie   Empirische   neues Problem
                                          Überprüfung

$$P_1 \quad \Rightarrow \quad T_1 \quad \Rightarrow \quad E_1 \quad \Rightarrow \quad P_2$$

Abbildung 3.1: Forschung als evolutionärer Prozess[18]

---

18 Weitere Ausführungen dieser Logik wissenschaftlicher Forschung finden sich in Büschges et al. (1996: 76-78 sowie 140-146).

Anhand des folgenden Fallbeispiels kann dieses Vorgehen verdeutlicht werden. In unserer Feuerverzinkerei stellt sich bei der Auswertung der Fehlzeiten heraus, dass Arbeitnehmer deutscher Abstammung sich weniger häufig krank melden als ihre Kollegen ausländischer Abstammung. Damit lässt sich das folgende Forschungsproblem P_1 formulieren: Warum zeigen in der betreffenden Feuerverzinkerei die ausländischen Arbeitnehmer einen höheren Krankenstand als deutsche Arbeitnehmer? Zur Erklärung dieses Tatbestandes können nun zwei Hypothesen formuliert werden. Eine erste "Alltagstheorie" $T_{1.1}$ könnte lauten "Ausländische Arbeitnehmer besitzen eine andere Arbeitsmentalität als deutsche Kollegen und fehlen deshalb häufiger". Berücksicht man dagegen, dass auch andere Faktoren auf den Krankenstand einwirken können, so könnte man beispielsweise die folgende Hypothese $T_{1.2}$ formulieren: Die Nationalität besitzt keinen Einfluss auf den Krankenstand. Die ausländischen Arbeitnehmer sind deshalb häufiger krank, weil sie im Schnitt älter sind als ihre deutschen Kollegen.

Belegschaftsgruppe	Arbeitnehmer *unter* 35 und mit *höchstens* 3,5 jähriger Betriebszuge-hörigkeit	Arbeitnehmer *über* 35 und mit *mehr* als 3,5 jähriger Betriebszuge-hörigkeit
Deutsche Arbeitnehmer	6,0 %	16,5 %
Türkische Arbeitnehmer	5,6%	16,0 %
Andere Nationalitäten	4,8%	13,1 %

Tabelle 3.1: Beispiel einer Fehlzeitenanalyse

Diese beiden "Theorien", die konkurrierende Alternativerklärungen des Tatbestandes darstellen, müssen nun anhand weiterer empirischer Daten überprüft werden. Hierzu werden die einzelnen Belegschaftsgruppen in zwei Altersgruppen unterteilt und dann die individuellen Fehlzeiten eines abgeschlossenen Jahres anhand der Personalkartei erhoben und verglichen.[19] Die Tabelle 3.1 zeigt deutlich, dass zwischen türkischen und deutschen Arbeitnehmern gleichen Alters und mit gleicher Betriebszugehörigkeit kein Unterschied im Hinblick auf die durchschnittlichen Fehlzeiten besteht. Arbeitnehmer anderer Nationalität zeichnen sich zudem durch die niedrigste Krankenquote aus. Dagegen sind in allen Gruppen ältere Arbeitnehmer mit

---

19 Die folgenden Werte sind fiktiv, beruhen jedoch auf ähnlichen empirischen Befunden, vgl. hierzu Büschges et al. (1995).

längerer Betriebszugehörigkeitsdauer häufiger krank als ihre jüngeren Kollegen. Die Beobachtung, die zu unserer Problemstellung führte, wurde durch die Altersstruktur der Belegschaft erzeugt: Die ausländischen Arbeitnehmer sind im Schnitt älter (etwa 43 Jahre) als ihre deutschen Kollegen (etwa 38 Jahre) und weisen deshalb im Schnitt auch höhere Fehlzeiten auf. Unsere Theorie $T_{1.2}$ wird demnach - vorläufig - bestätigt, während $T_{1.1}$ verworfen werden muss. Im Hinblick auf die Senkung der Fehlzeiten stellt sich nun z.B. das neue Problem P_2: Warum sind ältere Arbeitnehmer häufiger krank?

Ziel dieser Einführung ist es, dem Leser die Logik sowie die wichtigsten Bausteine von Organisationsanalysen als Erklärungen nahezubringen. Während die Bausteine Gegenstand der Kapitel 4-6 sind, werden wir uns - nach einem kurzen Exkurs zur Entwicklung der Disziplin - im nächsten Abschnitt mit der Logik theoretischer Organisationsanalysen befassen.

Exkurs: Zur Entwicklung der Organisationssoziologie

Soziologen haben sich schon sehr früh mit dem Phänomen Organisation befasst, allerdings zunächst ohne den Begriff Organisation als besondere Kategorie einzuführen und keineswegs mit der Absicht, eine spezielle Organisationssoziologie zu begründen. Ursache war die Bedeutung jener Phänomene, die wir heute Organisationen nennen, für den Wandel der Sozialstruktur und für den Verlauf der gesellschaftlichen Entwicklung sowie für Stabilität und Wandel von Gesellschaftssystemen. Anfangs standen nicht die Beschreibung und die Analyse von Organisationen im Sinne von zielorientierten und formalisierten sozialen Systemen mit deren Strukturen und Funktionen im Vordergrund des Interesses. Soziologen wie MARX, WE-BER, DURKHEIM, SPENCER oder TÖNNIES interessierten sich vornehmlich für die wachsende Organisiertheit und die rationale Formung gesellschaftlicher Ordnungen. Ihr Interesse galt dem hier Organisation genannten Phänomen als folgenreiches Ergebnis fortschreitender gesellschaftlicher Differenzierung im Verlauf des universalhistorischen Evolutionsprozesses und der damit verbundenen

Ausbreitung des abendländischen Rationalismus. Die Ausbreitung der Organisationen war für sie Ausdruck und Indikator sozialen Wandels und gesellschaftlicher Evolution.

Später wurden jene Organisationstypen und -formen zum Gegenstand soziologischer Analyse, die für die Entwicklung der Gesellschaft und für ihre Strukturen als besonders charakteristisch oder wichtig erachtet wurden. Auf diese Weise wurden, zumal in Europa und insbesondere in Deutschland, Staatsverwaltungen, Kirchen, Militärverbände, Wirtschaftsunternehmen und Industriebetriebe, Gewerkschaften und politische Parteien Gegenstände soziologischer Analysen und zum Teil zum Bezugspunkt der Entwicklung "spezieller" und "angewandter" Soziologien: Hierfür sind die *Betriebssoziologie* und die *Industriesoziologie* sowie die *Militärsoziologie* und die *Soziologie der Parteien* Beispiele. Das wissenschaftliche Interesse wandte sich schließlich, vor allem im anglo-amerikanischen Raum, auch Schulen, Universitäten, Erziehungsheimen, Strafanstalten, Krankenhäusern, Sozialverwaltungen und freien Vereinigungen zu, ohne dass sich sogleich eine eigenständige Organisationssoziologie als neue spezielle Soziologie herausbildete. Die *Organisationssoziologie* im eigentlichen Sinne des Wortes entstand erst nach dem Ende des letzten Weltkrieges. Sie entwickelte sich, als unter dem Einfluss von Strukturfunktionalismus, Kybernetik und Systemtheorie eine Konzeption zum vorherrschenden Paradigma wurde, die das Phänomen Organisation aus der Perspektive der Organisation selbst anging. Ausgehend von der Frage nach allen Organisationen gemeinsamen funktionellen Problemen und strukturellen Bedingtheiten sollen die universellen Determinanten sozialen Handelns in und für Organisationen aufgedeckt werden. Ihre Entwicklung wurde entscheidend gefördert durch eine unüberschbare Anzahl empirischer Untersuchungen, die - zumal in den Vereinigten Staaten - zwecks Überprüfung und Modifikation des als deskriptives oder präskriptives Organisationsmodell missverstandenen WEBER'schen Idealtypus "bürokratischer Organisation" durchgeführt wurden (Manytz 1975: 32ff). Mit der Herausbildung einer eigenständigen

Organisationssoziologie ging durch die Übernahme der Organisationsperspektive in Verbindung mit dem gewählten systemtheoretischen Ansatz der Gesellschaftsbezug zunehmend verloren. Die Organisationssoziologie wurde zu einer "Soziologie ohne Gesellschaft", wie KUDERA (1977) konstatierte. Auch verlor sie den Menschen als sozialen Akteur in, von und für Organisationen sowie in Bezug auf Organisationen aus dem Blick, indem sie das Verhältnis Individuum/Organisation wie das Verhältnis Organisation/-Umwelt primär unter den Bezugspunkten "Selbsterhaltung", "Selbststeuerung" und "Zielverwirklichung" von Organisationen als sozialen Systemen thematisierte.

Inzwischen jedoch zeichnet sich die Entwicklung einer allgemeinen, alle Arten von Organisationen umfassenden, auf die Ermittlung universeller Determinanten zielenden interdisziplinären Organisationstheorie ab. Wegen der mit einer solchen Entwicklung zwangsläufig verknüpften Abkehr von praktischen Problemen, die für bestimmte Typen von Organisationen in bestimmten Gesellschaften bedeutsam sind, zielt eine andere Richtung auf die Entwicklung praxisbezogener sozialwissenschaftlicher Theorien für spezielle Organisationstypen, deren Analyse und aktive Veränderung. Eine dritte Richtung schließlich bemüht sich um eine Wiederaufnahme der früheren, den Zusammenhang von Organisationen, gesellschaftlichen Teilsystemen und der Gesamtgesellschaft betonenden theoretischen Perspektive. Doch unbeschadet der Vielfalt von Ansätzen besteht unter Sozialwissenschaftlern insoweit Einmütigkeit, dass es keine universell geltenden Organisationsprinzipien gibt und keine schlechthin optimalen und ohne Rücksicht auf die jeweiligen konkreten Umstände zweckmäßigen Organisationsformen (vgl. hierzu u.a. Mintzberg 1991: 120).[20] Einig sind sich die meisten auch darin, dass es unmöglich ist, eine Organisation allein durch ihre planmäßi-

---

20 Daher sind an der Seriosität von Handreichungen für Manager, Organisationsleiter, Organisatoren usw., die dies durch die Schlichtheit ihrer wenigen Prinzipien zu suggerieren versuchen, Zweifel angebracht.

ge formale Struktur und ihre Organisationsvorschriften hinreichend treffsicher zu beschreiben.

Abschließend bleibt festzuhalten, dass die Organisationssoziologie sich zwar durch ihren Gegenstand und einige ihrer Fragestellungen, nicht aber grundsätzlich in Theorie, Methodologie und Methode von der allgemeinen Soziologie unterscheidet. Soweit sich Organisationssoziologie als empirische Wissenschaft versteht, ist sie abhängig vom jeweiligen Entwicklungsstand soziologischer Theoriebildung und sozialwissenschaftlicher Methoden. Ihrer Indienstnahme für manipulative Zwecke wie der Gefahr einer "Verdinglichung" oder "Verabsolutierung" der von ihr analysierten Dimensionen unserer geschichtlich-gesellschaftlichen Wirklichkeit kann sie sich am besten entziehen, wenn sie sich als Soziologie und nicht als Hilfswissenschaft anderer Disziplinen, etwa der Betriebswirtschaftslehre oder der Verwaltungswissenschaft, versteht. Zudem sollte sie sich nicht allein auf die Sammlung, Sichtung und Zusammenfassung der ihren Gegenstandsbereich betreffenden empirischen Daten und Aussagen beschränken, sondern sich an theoretischen Reflexionen in der Soziologie beteiligen. In diesem Rahmen sollten Organisationen immer als historisch gewachsene Gebilde, als strukturierte Aggregate interagierender Personen sowie als Teil eines konkreten Wirtschafts- und Gesellschaftssystems begriffen werden. Auf diese Weise hebt die Organisationssoziologie sich zwar von jenen Wissenschaften ab, mit denen sie ihren Gegenstand teilt,[21] doch gewinnt sie damit zugleich Raum für interdisziplinäre Ansätze und multidisziplinäre Kooperation.

---

21 Beispielsweise der Verwaltungswissenschaft, den Arbeitswissenschaften, der Betriebswirtschaftslehre, der Sozialpsychologie, den Ingenieurwissenschaften und der Rechtswissenschaft.

3.3 Ebenen und Elemente von Organisationsanalysen

Wie die Diskussion beispielhafter Fragestellungen sowie ihrer Klassifikation bereits deutlich werden lässt, beschäftigen uns im Rahmen der Organisationssoziologie Probleme auf unterschiedlichem Aggregationsniveau. Je nach Art der Fragestellung werden Phänomene der folgenden Art für die Analyse von Interesse sein:

- *Personen*, wie auch *Gruppen* verschiedener Art als *Kollektive von interagierenden Personen* (z.B. Arbeitsgruppen, ausländische Mitarbeiter eines Betriebes, Führungskreis, Betriebsrat, Wirtschaftsausschuss, Gesellschafterversammlung des Autohauses);
- *Teile der Organisation* resultierend aus der arbeitsteiligen Differenzierung, der hierarchischen Struktur oder aus der Umsetzung des Organisationszweckes in Organisationsprogramme (z.B. die Abteilungen Verkauf, Finanzen, Kundendienst, Teiledienst, Zweigstelle, Personalabteilung des Autohauses, die Bereiche Verwaltung und Produktion der Verzinkerei, die Verwaltung, diagnostisch-therapeutische Einheiten, Kliniken und Stationen des Krankenhauses, die Stiftsverwaltung, der Etagendienst des Wohnstiftes);
- die einzelne *Organisation als Ganzes* (z.B. Autohaus, die Feuerverzinkerei, die Apotheke, das Krankenhaus, das Wohnstift) im Hinblick auf eine oder mehrere Eigenschaften der Organisation (den Krankenstand, die Personalstruktur oder die Größe, die Personalfluktuation, die Geschäftsbeziehungen eines Betriebs, die tägliche Kundenfrequenz der Apotheke, die Bettenkapazität des Krankenhauses);
- bestimmte *Segmente oder Sektoren der Organisationsumwelt* oder die Organisation als Teil eines umfassenderen wirtschaftlichen und gesellschaftlichen Systems wie z.B. der Arbeitsmarkt, der Krankenstand einer gesamten Branche, die Versorgungsdichte bei diagnostischen oder therapeutischen Dienstleistungen,

aber auch die bereits genannten Netzwerke von Organisationen (z.B. das Netz der Lieferanten und der Abnehmer des Autohauses, das Netz der Dienstleistungen nachfragenden steuerberatenden Genossen, das Netz der Kooperation mit niedergelassenen Ärzten bei Apotheke und Krankenhaus).

Die in dieser Arbeit vertretene theoretische Grundposition beinhaltet jedoch die Überzeugung, dass - unabhängig von der Aggregationsebene des Erklärungsgegenstandes - für sozialwissenschaftliche Erklärungen auf die Ebene der handelnden Einheiten, in der Regel der Individuen, zurückgegriffen werden muss. Soziologische Analysen, die einem derartigen *strukturell-individualistischen Ansatz* verbunden sind, beinhalten daher notwendigerweise mindestens zwei Analyseebenen: die Makroebene, die kollektive Phänomene (wie z.B. statistische Verteilungen in Form von Krankenquoten in einer Branche oder einem Wirtschaftszweig) oder kollektives Verhalten (wie z.B. die betrieblicher Mitbestimmung in dem Autohaus durch die Mitarbeiter) abbildet, und die sogenannte Mikroebene, die die Individuen eines sozialen Systems und ihre Handlungen beinhaltet. Die Erklärung kollektiver Phänomene kann nun nicht allein auf die Makroebene beschränkt werden, sondern erfordert zwingend den Rückgriff auf die Mikroebene und die handelnden Akteure, die diese bilden. Hierfür werden drei Arten von theoretischen Aussagen notwendig (vgl. Coleman 1986, 1991: 24), die in der folgenden Abbildung 3.2 schematisiert werden.

In einem ersten Schritt müssen sogenannte *Brückenannahmen* formuliert werden, die einen Zusammenhang zwischen der individuellen Handlungssituation und der Ausgangssituation auf der Makroebene herstellen. Die hiermit beschriebenen Handlungsmöglichkeiten und Handlungsziele werden somit u.a. bestimmt durch die Einbettung der Interaktionsbeziehungen in eine rechtliche Ordnung, institutionelle Regelungen oder den sozialen Kontext. Diese Faktoren bestimmen Handlungsspielräume, setzen Handlungszwänge und bieten Handlungsmöglichkeiten von wechselseitig miteinander ver-

bundenen Personen. Besondere Bedeutung kommt in diesem Zusammenhang den institutionellen Regeln zu. Neben Brauchtum, Sit-
ten und anderen Verhaltenskodizes beeinflussen diese z.b. in Form
von Verträgen oder Rechtsregeln individuelles Verhalten und Handeln wie seine Folgen.[22]

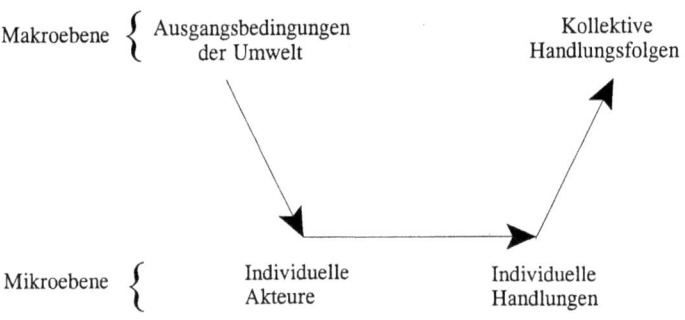

Abbildung 3-2: Strukturell-individualistisches Erklärungsschema

In einem zweiten Schritt werden Annahmen über die Art und
Weise notwendig, wie die Akteure vor diesem Hintergrund sich für
bestimmte Handlungen entscheiden und welche individuellen Handlungsfolgen hiermit verknüpft sind. Grundlage für derartige *Hand-
lungstheorien* ist die Annahme, dass Menschen intentional handeln:
Sie versuchen, mit ihnen geeignet erscheinenden und für sie
verfügbaren Mitteln auf der Grundlage ihrer jeweiligen Möglichkeiten und unter Berücksichtigung der gegebenen Umstände ihre
persönlichen Ziele zu erreichen. Dabei können sie jedoch in der
Regel die Folgen ihrer Handlungen nicht sicher voraussehen. Auch

---

22 Siehe hierzu insbesondere Scott (2001), der einen Einblick in die empirische
   Forschung über den Einfluss von Institutionen auf organisationelle Phänomene
   gibt.

neigen sie dazu, die Suche nach Handlungsalternativen abzubre-
chen, sobald ihnen die Suche nach weiteren Informationen und
zusätzlichen Mitteln zu aufwendig wird.

Schließlich muss in einem dritten Schritt geklärt werden, wie aus
den individuellen Handlungen und Handlungsfolgen ein kollektives
Phänomen entsteht. So ergibt sich beispielsweise der Krankenstand
eines Unternehmens durch die Aggregation der Fehltage der einzelnen Mitarbeiter in einem bestimmten Zeitraum. Hierbei ist jedoch
zu beachten, dass derartige *Transformationsregeln* häufig komplexer sind als die einfache Summe individueller Handlungsergebnisse. Insbesondere ist in diesem Zusammenhang zu berücksichtigen, dass Handlungen nicht nur zu beabsichtigten, sondern auch zu
unbeabsichtigten Folgen führen können. Hierbei besteht die Möglichkeit der Rückwirkung dieser Handlungsfolgen auf die Interaktionsbeziehungen und die diese strukturierenden institutionellen
Regeln und damit auch auf die soziale Ordnung. Diese kann als
Konsequenz unverändert erhalten bleiben, aber auch mehr oder
minder dynamisch verändert werden und so zu neuen Handlungsbedingungen führen.

Nach der dieser Einführung zugrunde gelegten theoretischen
Vorstellung lässt sich soziales Handeln nebst seinen Folgen nur
durch die Kombination der Beweggründe, der Motivationen der
Handelnden einerseits mit den Interaktionsbeziehungen, dem sozialen Umfeld, der soziale Ordnung, den sozialen Institutionen und
deren Funktionen sowie deren Interpretation durch die Handelnden
andererseits erklären. Dieses strukturell-individualistische Pro-
gramm folgt somit dem Prinzip, welches Raymond BOUDON als
methodologischen Individualismus beschrieben hat: Der Soziologe
muss "es sich zu einer methodischen Regel machen [...], die Individuen oder individuellen Akteure, die in einem Interaktionssystem
einbezogen sind, als die logischen Atome seiner Analyse zu betrachten" (Boudon 1980: 53).

Wie jedoch bereits anhand einiger Beispiele deutlich wurde,
können gerade in der Organisationssoziologie die handelnden Ein-

heiten auch Organisationen, Teile dieser (z.B. einzelne Abteilungen) oder spezifische Gruppen (wie z.B. einzelne Arbeitsgruppen) darstellen. Dies ist nach dem genannten Prinzip dann zulässig, "wenn eine Gruppe organisiert und explizit mit Institutionen ausgestattet ist, die es ihr ermöglichen, kollektive Entscheidungen hervorzubringen" (Boudon 1980: 53). Dies ist bei Organisationen gegeben, da sie - gemäß unserer Definition in Kap. 3.1 - über eine Leitungsinstanz und damit über wenigstens ein Entscheidungszentrum verfügen, welches Entscheidungen treffen kann, die die Organisationsangehörigen binden. Vor diesem Hintergrund wollen wir im Folgenden unter *korporativen Akteuren institutionell geregelte Zusammenschlüsse von Personen verstehen, die als Gruppe so organisiert und mit Institutionen ausgestattet sind, dass sie kollektive Entscheidungen fällen und in bestimmten Handlungskontexten wie Individuen agieren können*: "Die Körperschaft ergreift Einheitshandlungen mit eigenen Ressourcen und ist nicht nur die Manifestation eines kollektiven Willens oder gemeinschaftlichen Ziels, welche ihre Mitglieder zum Handeln veranlasst" (Coleman 1992: 282f, vgl. auch Boudon 1980: 53).[23] Die hierzu notwendige Leitungsinstanz wird gleichzeitig mit dem korporativen Akteur ins Leben gerufen: Letzterer entsteht, "wenn Individuen einen Teil ihrer Ressourcen einer zentralen Disposition unterstellen, die außerhalb ihrer selbst liegen" (Kieser & Kubicek 1992: 1). Mit einer derartigen Sichtweise wird, analog zu dem Konzept der juristischen Person, dem Umstand Rechnung getragen, dass in modernen Gesellschaften die Handlungen und deren Ergebnis oft nicht mehr einzelnen Individuen, sondern organisierten Gebilden zugerechnet werden. Diese besitzen häufig den Vorteil, über größere Ressourcen verfügen zu können,

---

23 Coleman verwendet hierbei den Begriff *corporate actor* (Coleman 1990: 325ff), der auch mit dem deutschen Begriff "Körperschaft" übersetzt werden kann (vgl. hierzu die Anmerkung des Übersetzers in Coleman 1990: XV). Da sich jedoch auch im deutschsprachigen Raum der Begriff des korporativen Akteurs weitgehend durchgesetzt hat (vgl. z.B. Vanberg 1982: 8ff), soll dieser in der vorliegenden Arbeit beibehalten werden.

die sich aus der Mittelzusammenlegung einzelner Akteure und der Möglichkeit der Arbeitsteilung ergeben (Coleman 1992: 175).[24]

Mit der Berücksichtigung korporativer Akteure muss die vorgestellte Forschungslogik modifiziert und erweitert werden. Es lassen sich nunmehr *drei* mögliche Analyseebenen unterscheiden:

- die *Makroebene der Organisationsumwelt*, die wie bisher die kollektiven Ausgangsbedingungen der individuellen oder korporativen Akteure umfasst. Beispielweise ist die Apotheke eingebettet in das Gesundheitswesen mit seinen rechtlichen und institutionellen Ausprägungen;
- die *Mesoebene der Organisation* (im folgenden auch *organisationelle Ebene* genannt), die die Eigenschaften, Strukturen und Ziele der Organisation umfasst. Diese können entweder im Hinblick auf den korporativen Akteur (z. B. die Apotheke) oder auf deren Bedeutung als Rahmenbedingungen für das Handeln individueller Akteure (z. B. der Apotheker oder der pharmazeutisch-technischen Assistentinnen) formuliert werden. Welche Aspekte im Vordergrund stehen, entscheidet hierbei der Forscher anhand des zu bearbeitenden Forschungsproblems;
- die *Mikroebene des Individuums*, die wie bisher die individuellen Akteure mit ihren Zielen, Präferenzen, Handlungsentscheidungen und deren Konsequenzen umfasst.

Abbildung 3.3 macht deutlich, dass eine umfassende - d.h. alle drei Ebenen berücksichtigende - Erklärung den ersten und dritten Schritt wesentlich komplizierter werden lässt: Je nach Erklärungsanspruch müssen sowohl bei den Brückenannahmen als auch für die Transformation der individuellen Handlungen zwei Ebenen überbrückt werden. Um zu erklären, warum in einem Krankenhaus die Einführung eines Pflegeinformationssystems am Krankenbett scheitert und in einem anderen erfolgreich verläuft, müssten somit im ersten Schritt nicht nur die organisationsinternen Bedingungen

---

24 Zu den Bedingungen der Entstehung korporativer Akteure vgl. Kap. 4.3.

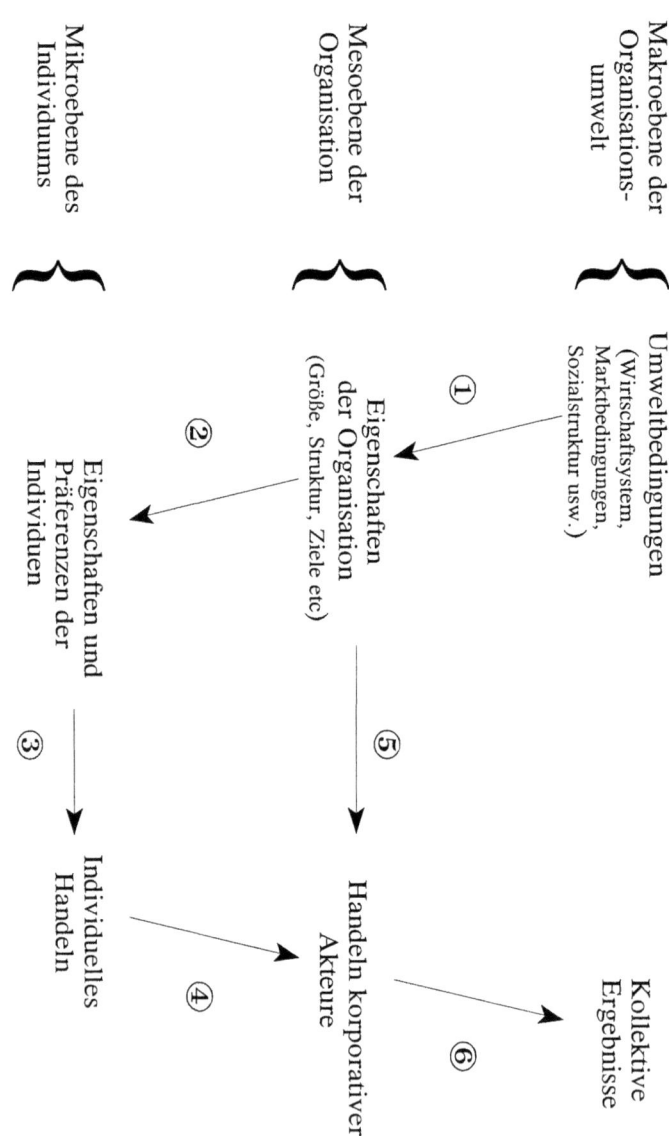

Abbildung 3.3: Logik organisationssoziologischer Analysen

(wie Führungsstil, Ausmaß der Organisationshierarchie, Verteilung der Kompetenzen etc.), sondern beispielsweise auch der lokale Arbeitsmarkt, die Ausbildung des Pflegepersonals oder die Konkurrenzsituation der beiden Kliniken berücksichtigt werden.[25] Auf der anderen Seite müßten bei der Transformation nicht nur die Handlungen der einzelnen Individuen eingehen, sondern z.B. auch der Einfluss der Aktionen einzelner Abteilungen auf den Erfolg oder Misserfolg der Maßnahme untersucht werden.[26]

Aufgrund der damit verbundenen Komplexität wird jedoch häufig auf ein derart umfassendes Vorgehen verzichtet. Dies wird möglich durch den Umstand, dass die Problemstellungen meist nur relative kleine Ausschnitte der (Organisations-)Wirklichkeit umfassen. Damit entsteht bei der Konstruktion von Erklärungen die Möglichkeit, sich je nach Problemstellung auf zwei Analyseebenen zu beschränken. Ist z.B. das Untersuchungsziel, das unterschiedliche Teilnahmeverhalten zweier Abteilungen eines Krankenhauses bei der Einführung der Informationssysteme zu erklären, so werden die Umweltbedingungen - sofern sich die Personalstruktur der Abteilungen nicht wesentlich unterscheiden - z.B. hinsichtlich der lokalen Arbeitsmarktbedingungen für alle Individuen gleich sein. In diesem Falle erlaubt es demnach die Fragestellung, auf die Makroebene der Organisationsumwelt weitestgehend zu verzichten und lediglich nach Unterschieden auf der organisationellen Ebene zu suchen. Wird dagegen danach gefragt, warum sich Betriebe einer Branche trotz ihrer Konkurrenz in einem Dachverband zusammenfinden, liegt die Beschränkung auf die ersten beiden Analyseebenen nahe. Untersucht wird dann, welche Eigenschaften der Organisationsumwelt (wie z.B. Ausmaß der internationalen Konkurrenz, Ausmaß der Veränderung von rechtlichen Rahmenbedingungen) die korpo

---

25 Darüber hinaus ließen sich zudem Überlegungen anstellen, inwiefern diese beiden Ebenen zusammenhängen (z.B. inwiefern die Arbeitsmarktsituation den Führungsstil im Krankenhaus beeinflusst) und welche Bedeutung dieser Zusammenhang für die individuellen Präferenzen und Entscheidungen besitzt.

26 Empirische Beispiele hierfür schildert Robisch (1992: 150-199).

rativen Akteure dazu veranlassen, bei der Erstellung eines kollektiven Gutes - wie z.B. Public Relations der Branche, um das Image des Produktes und der Produzenten zu verbessern - mitzuwirken.

Für das Problem, wann von welcher Analyseebene abstrahiert werden darf, existiert jedoch keine spezifische Regel. Um eine befriedigende Antwort zu finden, bedarf es empirischer Erfahrungswerte und Befunde, in welchem Ausmaß die betreffende Analyseebene Auswirkungen auf das Erklärungsziel besitzt. In jedem Fall ist der Organisationsforscher gut beraten, der *Methode der abnehmenden Abstraktion* zu folgen. Erklärungen sollten am Beginn des Forschungsprozesses im Hinblick auf die verwendeten Annahmen, Theorien und der hier diskutierten Analyseebenen so einfach wie möglich formuliert werden. Hierbei können sogar bewusst falsche Annahmen verwendet werden, wenn das Erklärungsmodell damit besser formuliert und die so entstehenden Verzerrungen nicht zu groß oder zumindest hinreichend genau abgeschätzt werden können (Lindenberg 1991: 67).[27]

Unabhängig von der Wahl der Analyseebenen stellt sich jedoch das Problem, wie die einzelnen Erklärungsschritte formuliert werden können. Wie bereits deutlich wurde, benötigen wir hierzu Aussagen, die zwischen zwei Phänomenen in unserem Schema eine Beziehung herstellen. Die Aussage "Wenn sich die für die wirtschaftlichen Aktivitäten eines Unternehmens relevanten Gesetze und Bestimmungen häufig ändern, steigt sein Informationsbedarf" beschreibt einen solche Zusammenhang. In diesem Fall wird eine Beziehung zwischen der Stabilität der rechtlichen Rahmenbedingungen als institutionelles Phänomen auf der Makroebene der Organisationsumwelt einerseits und einem bestimmten Input - der Information - andererseits hergestellt. Diese Aussage kann beispielsweise im Hinblick auf das Erklärungsziel "Warum schließen sich Unternehmen in einem Dachverband zusammen?" als Brückenannahme verwendet werden. Sie stellt jedoch für sich allein noch keine Erklärung dar, da lediglich eine Aussage über die Ver-

---

27 Eine ausführlichere Darstellung der Methode der abnehmenden Abstraktion findet sich in Lindenberg (1991) sowie Büschges et al. (1996: 142-145).

änderung einer Organisationseigenschaft - des Informationsbedarfs - getroffen wird. Es fehlt die Begründung für das Organisationshandeln, für die beispielsweise eine simple Form der Nutzentheorie herangezogen werden könnte: Unternehmen wählen die Form der Informationsbeschaffung, die für eine gegebene Information am wenigsten Kosten verursacht. Betrachtet man die Alternativen "Einstellung eines eigenen Juristen, der die Gesetzesänderungen laufend prüft" und "Beitritt zu einem Dachverband, der einen derartigen Spezialisten beschäftigt", so wird deutlich, dass zusätzlich zu den institutionellen auch die organisatorischen Rahmenbedingungen betrachtet werden müssen. Je größer ein Unternehmen ist und je mehr von den Gesetzesänderungen betroffene Produkte hergestellt werden, desto eher wird sich die Anstellung eines eigenen Spezialisten lohnen. Aggregiert man die Wahlentscheidungen der korporativen Akteure, so werden kleine und von vielen Gesetzesänderung betroffene Betriebe eher in homogenen Dachverbänden anzutreffen sein als große Unternehmen.

Diese Erklärungsskizze stellt ein stark vereinfachendes, vorwiegend zu didaktischen Zwecken konstruiertes Erklärungsmodell dar. Für eine befriedigende Erklärung der Entstehung homogener, aus konkurrierenden Unternehmen bestehender Dachverbände ist es sicherlich notwendig, eine Vielzahl weiterer Annahmen und Faktoren einzubeziehen. Insbesondere müßte untersucht werden, wie die Akteure Kollektivgut- und Vertrauensprobleme[28] lösen können.

Vor dem Hintergrund der vorgestellten Logik organisationswissenschaftlicher Analysen wird deutlich, welche Rolle Organisationstheorien spielen können und wie die erhebliche Vielfalt dieser Theorien zu erklären ist. Betrachtet man einzelne Forschungsprogramme und theo-

---

28 Kollektivgutprobleme ergeben sich dann, wenn von der Nutzung eines erstellten Gutes oder einer Dienstleistung nicht jene ausgeschlossen werden können, die dazu keinen Beitrag geleistet haben (Olson 1968). Vertrauensprobleme liegen vor, wenn Leistung und Gegenleistung nicht Zug um Zug, sondern mit zeitlicher Verzögerung folgen, so daß die Gefahr besteht, dass der Empfänger einer Leistung nicht die von ihm zu erbringenden Gegenleistung auch tatsächlich erbringt (Coleman 1991: 123-137, Stinchcombe 1965, vgl. hierzu auch Kap. 6.2)

retische Ansätze, zeigt sich, dass diese jeweils unterschiedliche Schritte des Erklärungsprozesses betonen. Damit leisten Theorien auch einen Beitrag zur notwendigen Abstraktion, indem die Komplexität der Organisationswirklichkeit auf einen als relevant erachteten Ausschnitt, auf einige wenige, für charakteristisch gehaltene Dimensionen reduziert wird. Beispielsweise konzentriert sich der *kontingenztheoretische oder situative Ansatz* auf die Frage, welche Beziehungen zwischen verschiedenen Umweltbedingungen und der jeweiligen Organisationsstruktur bestehen und welche Voraussetzungen für den Erfolg oder die Bestandssicherung einer Organisation notwendig sind (Scott 1986: 163ff, Kieser & Kubicek 1992). Er eignet sich daher besonders, Brückenannahmen von der Makroebene der Organisationsumwelt und den Eigenschaften korporativer Akteure bzw. der Organisation als Rahmenbedingung individuellen Handelns zu formulieren.[29]

Dagegen behandeln die Frage nach den Auswirkungen von Handlungsbedingungen in der Organisation und der Organisationsumwelt für die Organisationsmitglieder z.B. *Human Ressources-Ansätze* für den Aspekt des individuellen Leistungsverhaltens (vgl. für einen Überblick Kieser 2001a) oder *herrschaftstheoretische Organisationsmodelle* im Hinblick auf Probleme der Machtverteilung oder von Partizipationsmöglichkeiten in Hierarchien (Soref & Zeitlin 1992) (Schritt 2 in Abbildung 3.3). Für die Modellierung der Handlungsentscheidungen sowohl korporativer als auch indivi-

---

29 Ein ähnliches Vorgehen zeichnet den *organisationsökologischen Ansatz* aus. Hierbei stehen - in Anlehnung an evolutionstheoretische Konzepte - die Konsequenzen im Mittelpunkt, welche die Organisationsumwelt und ihre Veränderungen für Entstehung, Entwicklung, Wandlung und Eliminierung von Organisationen haben (vgl. hierzu inbes. Hannan & Freeman 1989). Dies wird jedoch meist bereits mit der Verhaltenserklärung verknüpft: Organisationen "reagieren" auf ihre Umwelt und deren Veränderung immer mit einer Anpassung, die ihnen die maximale Überlebenswahrscheinlichkeit sichert. Zu Problemen dieses Ansatzes vgl. Kieser & Woywode (2001), Wiedenmayer (1992: 16-32), Brüderl et al. (1996: 256ff)

dueller Akteure (Schritte 3 und 5) bieten sich *entscheidungstheoreti-sche Ansätze* an, die sich mit Problemen der Informationsbeschaffung und -verarbeitung sowie der Findung, Durchsetzung und Kontrolle von Entscheidungen befassen. Insbesondere können in diesem Rahmen Rational Choice-Theorien - wie die Nutzen- und Spieltheorie - verwendet werden (z.B. Wippler 1985, Brüderl 1991, Abraham & Prosch 1991, Coleman 1994, Abraham 1996). Ausgehend von stabilen Präferenzen idealisierter Akteure kalkulieren diese die mit Unsicherheiten und Risiken behafteten Vor- und Nachteile ihrer möglichen Handlungsalternativen. Hierbei stehen die Rahmenbedingungen im Mittelpunkt der Modellierung, die sowohl die Risiken als auch Kosten und Nutzen der relevanten Handlungskonsequenzen beeinflussen.[30] Für die Erklärung des Handelns korporativer Akteure wird zudem häufig der sogenannte *Transaktionskostenansatz* herangezogen. Eine Transaktion stellt in diesem Rahmen einen Leistungsaustausch beliebiger Güter, Dienstleistungen oder Informationen dar, der über eine explizite oder implizite Vereinbarung geregelt wird. Die bei dem Prozess der Klärung und Vereinbarung des Leistungsaustausches, dessen Kontrolle und der bei einer Veränderung der Umweltbedingungen erforderliche An-

---

30 Grundlegendes Axiom dieser Verhaltenstheorien ist: "Menschen entscheiden sich für diejenigen Handlungen, deren Folgen sie gegenüber den Folgen jeder anderen realisierbaren Handlung bevorzugen" (Elster 1987: 22). Damit kommt den Wünschen und Präferenzen der Handelnden zentrale Bedeutung zu. Sie sind jedoch rückgebunden an die Möglichkeiten und Grenzen der jeweiligen Handlungssituation. Infolgedessen lässt sich "Handeln als das Resultat zweier aufeinander folgender Filterprozesse betrachten. Der erste bewirkt, dass die Menge der abstrakt möglichen Handlungen auf die realisierbare Menge beschränkt wird, d.h. diejenige Menge von Handlungen, die gleichzeitig mit einer Reihe von physischen, technischen, ökonomischen und rechtlich-politischen Rahmenbedingungen vereinbar sind. Der zweite bewirkt, dass eine Möglichkeit aus der realisierbaren Menge als auszuführende Handlung ausgewählt wird" (Elster 1987: 106f). Ein knapper Überblick zum Aufbau und der Verwendung von Rational Choice-Theorien findet sich in Büschges et al. (1996: 115-146). Als weiterführende Literatur sei empfohlen Schelling (1960), Morton Davis (1972), Opp (1978), McMillan (1992), Heap & Varoufakis (1995).

passung entstehenden Kosten werden als Transaktionskosten bezeichnet (vgl. Schrüfer 1988: 35, Williamson 1990). Grundlegende Annahme des Ansatzes ist nun, daß die korporativen Akteure ihren Leistungsaustausch transaktionskostenminimierend organisieren. So kann beispielsweise erklärt werden, welche Vertragsgestaltung - z.b. im Hinblick auf die Laufzeit oder die verwendeten Absicherungsklauseln - Unternehmen in Abhängigkeit von der Menge und der Komplexität der getauschten Güter, zu erwarteten Umweltveränderungen und der Investitionen in den Leistungsaustausch wählen werden (vgl. hierzu z.B. Joskow 1987).[31]

Wird das Verhalten korporativer Akteure im Rahmen entscheidungs-theoretischer Ansätze betrachtet, so entstehen im Vergleich zu individuellen Akteuren Probleme. Zum einen stellt sich die Frage, welche Präferenzen korporative Akteure besitzen und ob sie in der selben Art und Weise handlungsleitend sind wie für Individuen.[32] Dieses Problem werden wir im Rahmen der Diskussion um Organisationsziele erneut aufgreifen (vgl. Kap. 4.1). Zum zweiten ergibt sich ein Unterschied im Hinblick auf die Entscheidungsfindung: Wie "definieren" Unternehmen ihre Handlungssituation und wie "wählen" sie eine Handlung innerhalb dieses Rahmens? Geht man davon aus, dass Organisationen und damit korporative Akteure aus einzelnen Individuen bestehen, so können diese beiden Probleme als Frage nach der Art und Weise der Aggregation von Handlungen der individuellen Mitglieder begriffen werden. Dieses Transformationsproblem im Hinblick auf die Ent-

---

31 Für eine gut verständliche Einführung in die Transaktionskostentheorie vgl. Douma & Schreuder (1992: 102-119) sowie Voss (1991). Mit Hilfe des Transaktionskostenansatzes kann auch die Existenz von Organisation erklärt werden, vgl. hierzu Kap. 4.3.

32 Viele organisationstheoretische Ansätze beruhen auf der Annahme, dass sich korporative Akteure - wie Individuen - zumindest begrenzt rational verhalten. Obwohl dies eine empirisch problematische Annahme darstellt, kann sie ihm Rahmen einer "als-ob"-Strategie für die Forschung dennoch fruchtbar sein (vgl. hierzu Pfeffer 1982: 131-134).

scheidungsfindung von Unternehmen als korporative Akteure steht beispielsweise im Mittelpunkt der *Theorie der Unternehmung* (theory of the firm). Im Gegensatz zur ökonomischen Theorie werden Unternehmen hierbei als Zusammenschlüsse von Personen begriffen, die sich sowohl hinsichtlich der Organisationsziele als auch konkreter Handlungen des korporativen Akteurs einigen müssen. Diese Einigung wird durch Verhandlungen der Organisationsmitglieder erzielt, wobei die Verhandlungsmacht durch den Beitrag der Mitglieder zum Organisationsoutput festgelegt ist (Cyert & March 1963: 26-43, Douma & Schreuder 1992: 76). Das kollektive Ergebnis - z.B. ein Unternehmensziel - ergibt sich somit aus einer Regel, die eine oder mehrere mögliche Verhandlungsergebnisse für eine Gruppe von unterschiedlich einflussreichen Individuen angibt. Derartige Regeln können z.b. mit Hilfe der bereits erwähnten Spieltheorie formuliert werden (vgl. hierzu z.B. Heap & Varoufakis 1995: 11-145). Im Gegensatz zu einer solchen Erklärung kooperativen Verhaltens im Hinblick auf die Entscheidungsfindung stehen unter anderem *konflikttheoretische Ansätze*. Diese fragen unter anderem nach Bedingungen und Aggregationsregeln, die zu dem kollektiven Phänomen "Konflikt" in der Organisation führen. Hierfür werden Annahmen über Rahmenbedingungen - wie z.B. der herrschaftlichen Verfassung von Organisationen - mit Annahmen über widerstreitende Interessen verknüpft. Auch hier sind Regeln über das Zusammenwirken antagonistischer Handlungsentscheidungen notwendig, wie sie beispielsweise die Spieltheorie bereitstellen kann (Schelling 1960, Taylor 1987).

Diese Aufzählung verschiedener organisationswissenschaftlicher Ansätze erhebt weder den Anspruch auf Vollständigkeit, noch soll sie eine Einführung in die Inhalte dieser theoretischen Ansätze darstellen. Vielmehr sollte beispielhaft aufgezeigt werden, wie sich Forschungsproblem und theoretischer Ansatz gegenseitig beeinflussen. Darüber hinaus wurde ansatzweise deutlich, dass in der Organisationsforschung eine Vielzahl von Organisationstheorien existieren, deren Unterscheidung und Differenzierung häufig nicht

ganz leicht fällt. Das folgende Kapitel soll hierzu eine kleine Hilfestellung bieten.

3.4 Theorien der Organisationswissenschaften

Betrachtet man die einschlägigen Einführungen in die Organisationstheorie (z.B. Kieser 2001, Wolf 2003), so wird schnell deutlich,
dass sich in der Organisationsforschung ein besonders ausgeprägter
Theorienpluralismus entwickelt hat. Neben einem guten Dutzend
und mehr verschiedener "Theorien" werden auch noch "Ansätze"
und "Paradigmen" unterschieden (vgl. hierzu insbes. Wolf 2003:
Kap. 1), die alle jeweils wieder verschiedene Spielarten ausgebildet
haben. Das alte Bonmot, dass es in der Soziologie mindestens genau
so viele Theorien wie Forscher gibt, scheint auf die Organisationsforschung in besonderem Maße zuzutreffen. Dies liegt wohl vor
allem an der Interdisziplinarität, die die Untersuchung von Organisationen zwangsläufig mit sich bringt.

Im Rahmen dieser Einführung wird auf eine ausführliche Darstellung von Organisationstheorien aus zwei Gründen verzichtet:
Erstens soll dem Leser eine knappe, problemorientierte Einführung
geboten werden, deren Rahmen durch eine ausführliche Diskussion
relevanter Theorien gesprengt werden würde. Zweitens existieren
inzwischen ein Reihe von brauchbaren Einführungen in die Organisationstheorie, auf die hier verwiesen werden kann.[33] Statt eine
weitere Detaildarstellung dieser Theorien zu präsentieren, wird im
Folgenden versucht, die Vielfalt der Theorien zu strukturieren und
handhabbar zu machen. Um nun unterschiedliche Organisationstheorien einschätzen und evtl. auch vergleichen zu können, kann die
folgende "Checkliste" brauchbar sein:

---

33 Vergleiche hierzu insbesondere die Lehrbücher von Scott (2003), Kieser (2001),
   Wolf (2003), Pfeffer (1982, 1997), Milgrom & Roberts (1992) oder Douma
   (1992).

(1) Wie allgemein oder spezifisch ist die Theorie? (Aussagebereich der Theorie)

(2) Welche Eigenschaften besitzen diese Aussagen? (Methodologische Zielsetzung)

(3) Wird dabei primär von Individuen, Organisationen oder
Systemen ausgegangen? (Ebene des analytischen Primats)

(4) Auf welchem Aggregationsniveau liegen die Aussagen der
Theorie? (Aggregationsniveau der Theorie)

Der erste Punkt in unserer Checkliste - *Aussagebereich der Theorie* - gibt Aufschluss, welchen Anspruch die Theorie im Hinblick
auf die "Breite" des Anwendungsbereichs vertritt. Relativ eng oder
spezifisch wären Theorien wie beispielsweise die "Klassischen
Managementansätze" von Taylor und anderen (vgl. hierzu auch
Kieser 2000d), mit deren Hilfe nur Aussagen darüber getroffen
werden sollten, wie eine Organisation relativ effizient arbeiten kann.
Am anderen Ende der Skala stehen Theorien, die den Anspruch
erheben, Aussagen über praktisch jedes soziale Phänomen treffen zu
können. Im Rahmen derartiger allgemeiner Sozialtheorien werden
Organisationen als (evtl. besonderer) Unterfall sozialer Phänomene
behandelt. Sozialtheorien, die insbesondere auch auf Organisationen
angewandt wurden, sind beispielsweise LUHMANNs allgemeine
Systemtheorie (vgl. Luhmann 2000, Nassehi 2002), GIDDENS'
Strukturationstheorie (Walgenbach 2001), sowie COLEMANs
Sozialtheorie (Coleman 1986, 1990 sowie Vanberg 1982). Eine
allgemeine Theorie besitzt den Vorteil, dass wir uns nicht für jede
neue Fragestellung eine neue Theorie suchen oder konstruieren
müssen. Diese höhere Erklärungskraft wird jedoch durch einen
höheren Abstraktionsgrad erkauft, da die allgemeine Theorie primär
wenig über spezifische Probleme der Organisation aussagt. Um dies
zu gewährleisten, muss die Theorie in der Regel mit einer Reihe von
Hilfsannahmen an das spezifische Untersuchungsobjekt - hier also

die Organisation - angepasst werden. Daher sind die meisten Organisationstheorien Theorien "mittlerer Reichweite" (Merton 1968), die in in der Regel möglichst umfassend Organisationen und ihre Eigenschaften in den Mittelpunkt stellen wollen, jedoch meist keine Aussage über andere soziale Phänomene anstreben. Sich über den angestrebten Aussagebereich einer Theorie im Klaren zu sein hilft, die Möglichkeiten der Theorie im Hinblick auf ein eigenes Forschungsproblem einschätzen zu können. Anzumerken bleibt noch, dass der hier diskutierte Anspruch, den Vertreter einer Theorie erheben, nicht mit der "tatsächlichen" Erklärungskraft der Theorie gleichzusetzen ist. Letztere ergibt sich erst aus der empirischen und theoretischen Bewährung der Theorie und ist natürlich auch Gegenstand von Kontroversen in der Disziplin.

Mit der *methodologischen Zielsetzung* einer Theorie ist die grundsätzliche Frage verbunden, welche Aufgabe Wissenschaft und damit auch Theorie überhaupt besitzt. Gerade in der Soziologie ist dies schon immer Gegenstand heftiger Auseinandersetzungen gewesen und hat zur Entwicklung ganz unterschiedlicher Auffassung darüber geführt, was denn überhaupt unter einer "Theorie" zu verstehen sei (vgl. hierzu auch Büschges & Abraham 1996: 71-82). Es können hier drei unterschiedliche Paradigmen unterschieden werden: erklärende, verstehende und normative Ansätze (vgl. Tabelle 3.2)

Im Rahmen erklärende Ansätze wird grundsätzlich davon ausgegangen, dass Theorien Aussagesysteme über kausale Zusammenhänge darstellen müssen. Hierbei lassen sich zwei Typen unterscheiden. Deduktiv-nomologische (DN-) Erklärungen gehen davon aus, dass - wie in den Naturwissenschaften - auch in den Sozialwissenschaften (und somit auch in der Organisationstheorie) nach allgemeinen Gesetzen gesucht werden kann, die sich zur Ableitung kausaler Aussagen über das interessierende Phänomen eignen (vgl. hierzu Büschges & Abraham 1996: 115-121). Diese müssen dann empirisch überprüft werden, um sie vorläufig zu bestätigen oder zu verwerfen. Typische Beispiele in der Organisationstheorie stellen fast alle "ökonomischen" Theorien wie die Transaktionskosten-theorie sowie alle Varianten der Rational Choice-Theorie (als Basis einer allgemeiner Sozialtheorie) dar.

Aussagentyp		Aussageninhalt	Verhältnis zur Empirie
erklärend	kausal i.S. der DN-Erklärung	kausal	Empirie zur Überprüfung der Theorie
	funktionalistisch/ evolutionär	kausal-funktiona-listisch	
verstehend		beschreibend	Empirie als Ausgangspunkt für eine abstraktere Beschreibung
normativ		anzustrebendes Ziel	Empirie notwendig, um Zielerreichung zu überprüfen

Tabelle 3.2: methodologische Paradigmen

Eine Variante erklärender Theorien sind die sogenannten funktionalistischen Theorien, die auch als Spezialfall deduktiv-nomologischer Erklärungen aufgefasst werden können. Ihnen liegt die Idee zugrunde, dass die kausalen Aussagen letztlich aus einer Funktion ableitbar sind, die ein bestimmtes Phänomen für die untersuchte Einheit besitzt. Die folgende, in der Organisationstheorie immer wieder anzutreffende typische Argumentationsfigur macht diese abstrakte Idee deutlich: Es wird davon ausgegangen, dass Organisationen primär überleben wollen. Akzeptiert man diese Prämisse, stellt sich als nächstes die Frage, unter welchen Bedingungen Organisationen überleben können. Überleben für eine Organisation bedeutet nun, dass Entscheidungen getroffen und deren Umsetzung kontrolliert werden muss, da andernfalls die Organisation nicht ihre Aufgaben erfüllen und somit überleben kann. Somit wird die Existenz eines Entscheidungs- und Kontrollzentrums in Organisation erklärt, indem diesem eine notwendige Funktion für das Überleben der Organisation zugeschrieben wird. Die Beobachtung, dass praktisch alle Organisationen ein derartiges Gremium besitzen, scheint diese Erklärung zu bestätigen.

Obwohl dieses Vorgehen sehr plausibel klingt, sind damit erhebliche Probleme verknüpft. Erstens darf die Definition einer Organisation in diesem Fall nicht die Existenz eines zentralen Entscheidungsgremiums beinhalten, oder mit anderen Worten: Wir müssen theoretisch auch Phänomene als Organisation bezeichnen können, die diese Eigenschaft nicht besitzen. Sind zentrale Entscheidungsgremien eine definitorische Eigenschaften von Organisationen, so wird die Erklärung *tautologisch*: Entscheidungsgremien, die definitorisch Bestandteil von Organisationen sind, sind notwendig damit Organisationen (definiert u.a. als zentrales Entscheidungsgremium) überleben können. Zwar ist nicht jede funktionale Erklärung tautologisch, jedoch liegt die Gefahr insbesondere dann auf der Hand, wenn die betrachteten Phänomene nicht hinreichend genau definiert werden. Ein zweites Problem betrifft die behauptete Kausalität: Es wird behauptet, dass *nur* ein Entscheidungs- und Kontrollzentrum in der Lage ist, das Überleben der Organisation sicher zu stellen. Das mag vielleicht tatsächlich der Fall sein, wir können jedoch nicht ausschliessen, dass es andere Mechanismen gibt, die die notwendige Funktion (Entscheidungen zu fällen und die Einhaltung zu überwachen) übernehmen können. Die Beobachtung, dass alle Organisationen ein oberstes Entscheidungsgremium besitzen, bedeutet nicht automatisch, dass deren Wegfall das Ende der Organisation bedeuten würde. Man stelle sich als Gedankenspiel vor, eine Organisation in einer vollkommen statischen Umwelt und mit einfachen Abläufen würde ihrer Führung beraubt. In diesem Fall wäre denkbar, dass die bestehenden Organisationsroutinen ausreichen, die Organisation "automatisch" am Laufen zu halten. Organisationsroutinen wären also in diesem Sinne Alternativen - sog. *funktionale Äquivalente* - zu einer zentralen Entscheidungsinstanz. Eine funktionale Erklärung ist also nur dann eine kausale Erklärung, wenn es keine funktionalen Äquivalente für den behaupteten kausalen Mechanismus gibt - andernfalls muss gezeigt werden, warum gerade diese Alternative - in unserem Beispiel zentrale Entscheidungsinstanzen - realisiert wurden und keine anderen.

In der Organisationsforschung findet man kaum Theorien, die explizit auf funktionale Erklärungen setzen. Eine zentrale Ausnahme sind evolutionäre Ansätze, in deren Umfeld diese Probleme jedoch diskutiert werden. Dabei wird das Problem funktionaler Äquivalente meist durch Rückgriff auf das Prinzip evolutionärer Auslese gelöst bzw. umgangen: Eine bestimmte Eigenschaft von Organisationen (oder anderer Entitäten) sichert deren Überleben, und diese Eigenschaft wurde realisiert, weil sich sich im evolutionären Wettbewerb gegen andere Äquivalente behauptet hat. Ein größeres Problem stellen funktionalistische Erklärungsmuster dar, wenn sie im Rahmen der Organisationstheorie "unbewusst" verwendet und ihre Probleme nicht erkannt werden. Gerade in der Organisationsforschung mit den scheinbar offenkundigen und eindeutigen Zielen von Organisationen (Überleben, Gewinnmaximierung etc.) besteht in besonderem Maße die Gefahr, Eigenschaften von Organisationen durch deren Funktion für diese Ziele zu erklären. Tautologien und mangelnde Analysen funktionaler Äquivalente zu erkennen ist in diesem Kontext nicht immer einfach, aber unbedingt notwendig um sich vor Fehlschlüssen zu schützen.

Neben den erklärenden Ansätzen hat sich als zweites Hauptparadigma der sogenannte verstehende Ansatz etabliert. Vertreter dieser Position gehen davon aus, dass die kausale Erklärung sozialer Phänomene nicht oder bestenfalls nur stark eingeschränkt möglich ist, da in den Sozialwissenschaften - im Gegensatz zu den Naturwissenschaften - keine allgemein gültigen Gesetze erkennbar seien. Statt dessen soll das Erkenntnisinteresse darauf gerichtet werden, ein

einzelnes soziales Phänomen oder die Natur sozialer Prozesse nach-
zuvollziehen, indem sie möglichst adäquat beschrieben und ihre
wesentlichen Eigenschaften herausgearbeitet werden. Auch hier gibt
es die unterschiedlichsten Spielarten dieses Paradigmas, das von
allgemeiner Theoriebildung unter Verzicht auf kausale Aussagen
(wie. z.b. in der Systemtheorie von Luhman) bis hin zum vollständigen Verzicht auf Theoriebildung und die Beschränkung auf Ein-
zelfallbeschreibungen reicht. Empirische Forschung hat hier keinen
überprüfenden Charakter, sondern dient eher als Ausgangspunkt für
die weitere Theoriebildung.

Schließlich können auch noch sogenannte normative Theorien
unterschieden werden, die vor allem Aussagen darüber treffen sollen, wie die Welt beschaffen sein sollte. Typische Vertreter der
allgemeinen soziologischen Theorie sind Ansätze, die von einem
bestimmten, wünschenswerten Gesellschaftsbild ausgehen und
Abweichungen der realen Welt von diesem Bild kritisch offenlegen
wollen. In der Organisationstheorie können vor allem klassische und
moderne Management"theorien" dem normativen Paradigma im
weitesten Sinne zugeordnet werden. Ihnen gemeinsam ist die Idee,
dass ein Unternehmen bestimmte Zielsetzungen zu erfüllen habe
(Gewinnmaximierung, Erhöhung des shareholder values etc). Darauf aufbauend wird dann - meist mit einem Ausschließlichkeits-
anspruch - erläutert, wie dieses Ziel erreicht werden kann. Allerdings besitzen die meisten der in Managementratgebern proklamier-
ten Theorien und Handlungsanweisungen nicht den Status wissenschaftlicher Theorien: weder wird die normative Zielsetzung begründet, noch die Handlungsanweisungen aus allgemeinen Theorien
abgeleitet oder empirisch überprüft (Kieser 2001b).

Drittens kann man bei der Beurteilung von Organisationstheorien
danach fragen, ob die Theorie bei der Analyse von Individuen oder
übergeordneten, aggregierten Einheiten ausgeht. Diese Frage nach
der *Ebene des analytischen Primats* gibt Aufschluss, auf welcher
Ebene bei der theoretischen Analyse begonnen wird. Individuelle
Ansätze - wie die verhaltenswissenschaftliche Entscheidungstheorie

oder Rational Choice-Theorien - gehen davon aus, dass Erklärungen und Analysen immer auf individuellem Handeln basieren müssen. Die Kausalaussagen in der Theorie beziehen sich also auf individuelle Akteure und ihre Handlungen in und mit Organisationen. Kollektive Ansätze beruhen dagegen auf der Vorstellung, dass auf die Betrachtung individueller Handlungen verzichtet werden kann und gleich auf der Ebene von Organisationen oder übergeordneter System mit der Analyse begonnen werden kann. Typisches Beispiel hierfür ist die LUHMANNSCHe Systemtheorie, in der Organisationen als Systeme konzipiert sind und die Individuen grundsätzlich der Systemumwelt zugeordnet sind. Die Aufdeckung von allgemeinen Systemprozessen wie zunehmende Differenzierung von Systemen kann so auf die Betrachtung individueller Handlungen verzichten.

Die meisten Organisationstheorien nehmen hier eine Zwischenposition ein, indem das individuelle Primat zwar anerkannt wird, aus pragmatischen Gründen aber die "Handlungen" von Organisationen betrachtet werden. Häufig wird der Zusammenhang zwischen Organisationsmitgliedern und Handeln der Organisation nicht oder nur am Rande thematisiert (z.B. in Institutionalistischen Ansätzen). Eine explizite Begründung von Organisationen als Handlungseinheiten findet sich jedoch bei Coleman (1992). Ausgehend von der Beobachtung, das Organisationen aus Individuen bestehen, analysiert er die Prozesse, die zu einer gemeinsamen Entscheidungsfähigkeit (durch die Einrichtung eines zentralistischen Entscheidungsgremiums) führen. Damit begründet er, dass zumindest für bestimmte Fragen die Organisation als "korporativer Akteur" betrachtet werden kann, dem Handlungen zugesprochen werden können. Etliche Organisationstheorien - wie z.B. die ökonomischen Ansätze oder der situative Ansatz - berufen sich auf diese Konstruktion, wenn sie die Analyse bei Organisationen und nicht Individuen beginnen (z.B. Kieser & Kubicek 1992: 1).

Schließlich ist viertens entscheidend, auf welchem Aggregationsniveau die Aussagen der Theorie angesiedelt sind (*Aggregations-*

niveau der Theorie). Wie bereits im vorhergehenden Abschnitt deutlich wurde, lassen sich auch hier wieder die unterschiedlichsten Ebenen unterscheiden: Personen wie auch Gruppen verschiedener Art als Kollektive von interagierenden Personen, Teile der Organisation, die einzelne Organisation als ganzes, bestimmte Segmente oder Sektoren der Organisationsumwelt oder die Organisation als Teil eines umfassenderen wirtschaftlichen und gesellschaftlichen Systems.

Um nun eine (Organisations-)Theorie einschätzen zu können, kann als erstes diese Checkliste abgearbeitet werden: Welchen Anspruch hat die Theorie? Wie will sie dies erreichen? Wo beginnt sie bei der Analyse? Und welche Phänomene auf welcher Aggregationsebene werden schließlich analysiert? Mit der Klärung dieser Fragen sollte es gelingen, die Vielfalt der Organisationstheorien zu strukturieren und die für die eigene Forschungsfrage relevanten Theorien zu spezifizieren.

3.5 Klassifikation von Organisationen

Wie in jeder anderen Wissenschaft wird auch in der Organisationssoziologie häufig versucht, die empirische Vielfalt des Untersuchungsgegenstandes durch deren Einteilung in wenige, überschaubare Gruppen handhabbar zu machen. Eine der einfachsten Möglichkeiten stellt beispielsweise die Einteilung von Organisationen in bestimmte Größenklassen - z.B. unter 100, zwischen 100 und 1000, über 1000 Mitglieder - dar. Derartige *Klassifikationen* oder *Typologien* dienen der systematischen Ordnung von Untersuchungsobjekten durch Zusammenfassung zu Typen, die einander hinsichtlich bestimmter Merkmale ähnlicher sind als die Objekte in den anderen Klassen.

Die organisationssoziologischen Publikationen weisen eine Fülle divergierender Typologien zur Systematisierung von Organisationen auf. Dies ist nicht zuletzt darauf zurückzuführen, dass Organisationen durchweg sehr komplex sind und eine Vielzahl von Merkmalen aufweisen, nach denen sie sich klassifizieren lassen und die die Basis für die Unterscheidung verschiedener Organisationen bilden können. Es ist deswegen nicht möglich, im Rahmen dieses Textes einen umfassenden Überblick über die vorfindbaren Organisationstypologien, ihre Grundlagen, ihre Konsequenzen und ihre spezifische Ausformung zu geben. Statt dessen sollen ausgehend von der Funktion von Typologien im Rahmen des bereits vorgestellten Forschungsansatzes verschiedene Dimensionen diskutiert werden, die zur Klassifikation von Organisationen herangezogen werden können. Gleichzeitig werden damit die wichtigsten Begriffe der Organisationsforschung vorgestellt.

Typologien können die systematische Ordnung verbessern, wenn sie auf der Grundlage theoretischer Überlegungen und verknüpft mit hinreichend praktikablen und anwendbaren Operationalisierungsvorschlägen konstruiert werden. Sie geben dann ein brauchbares Instrument ab, welches die Bestimmung jener Dimensionen, Einheiten, Eigenschaften und deren Relationen erleichtert, auf die es bei der theoretischen wie empirischen Analyse ankommt. Auch können sie als Basis für vergleichende Untersuchungen sowie für die Speicherung bereits gewonnener wissenschaftlicher Erkenntnisse über einen Objektbereich herangezogen werden. Schließlich erlauben sie es auch, vernachlässigte Dimensionen, Einheiten, Eigenschaften und deren Relationen eher zu erkennen, um daraus Rückschlüsse auf die Zuverlässigkeit oder Gültigkeit mitgeteilter Forschungsergebnisse ziehen zu können. Typologien sind aber alles in allem nur heuristische Mittel: Sie können uns helfen, unser Denken über Organisationsphänomene zu strukturieren und unser Wissen über Organisationen zu systematisieren. Dies leisten Klassifikationen, indem sie im Hinblick auf Ziele wie Rahmenbedingungen des Handelns von Akteuren Gruppen von Organisationen angeben, die gleiche oder ähnliche Ausprägungen aufweisen.[34] Im Folgenden sollen beispielhaft Dimensionen diskutiert werden, die zu einer derartigen Typologie herangezogen werden können.

Organisationen können im Hinblick auf ihre *Organisationsziele* unterschieden werden, die definiert werden können als *Zwecke, um derentwillen eine Organisation gegründet wird (wurde) oder deren Erfüllung die Organisation erreichen soll.* Wie in Kapitel 3.3 bereits deutlich wurde, stellen Organisationsziele zum einen die Handlungsziele von korporativen Akteuren, zum anderen Rahmenbedingungen für die individuellen Akteure dar. Beispielsweise kann die Klassifikation von Organisationen in kommerzielle - d.h. mit Gewinnerzielungsabsicht - und nicht kommerzielle zum einen dazu herangezogen werden, um korporative Akteure mit verschiedenen Zielen zu unterscheiden. Zum anderen werden hiermit Rahmenbedingungen für die Organisationsmitglieder beschrieben: In kommerziellen Organisationen müssen individuelle Handlungen an der Gewinnerzielungsabsicht ausgerichtet werden, während in anderen Organisationen diese Restriktion für die Mitglieder entfällt. Klassifikationen können sich z.B. darauf beziehen, welcher Art die Organisationsziele sind oder welche Organisationsinstanzen die Ziele vorgeben. Da Organisationen in der Regel mehreren Zwecken dienen, bleibt noch zu klären, ob nur die jeweils dominierenden Ziele für die Klassifikation herangezogen werden oder alle relevanten. Auch muss

---

34 Klassifikationen haben jedoch meist nicht den Status axiomatisierter Theorien: In der Regel kann aus ihnen - ohne weitere Annahmen - keine Beziehung zwischen bestimmten Bedingungen und dem Erklärungsziel abgeleitet werden. Es ist daher gefährlich, Typologien als erklärungskräftige Theorien misszuverstehen: Wenn man jedes beobachtbare Phänomen mit einem dem klassifikatorischen Schema entnommenen Etikett versehen und ihm einen entsprechenden Namen gegeben hat, ist damit allein noch kein Erkenntnisgewinn erzielt worden. Noch gefährlicher ist es allerdings, wenn man Typologien ohne Überprüfung der ihnen zugrundeliegenden Theorien und ihrer Brauchbarkeit für die Erklärung von komplexen Phänomenen heranzieht. Wer sich eingehender mit methodologischen Problemen der Klassifikation und der Konstruktion von Typologien beschäftigen will, sei verwiesen auf Sodeur (1974).

festgelegt werden, anhand welcher empirisch fassbaren Indikatoren und mit Rücksicht auf welche Entscheidungskriterien die Klassifikation zu erfolgen hat. Diese Überlegungen führen mitten hinein in die Diskussion um den Zielbegriff und werden daher in Kapitel 4.1 wieder aufgenommen.

Neben den Zielen können auch die *Organisationsleistungen*, d.h. *die zur Erreichung der Organisationsziele hervorzubringende Leistungen (output) der Organisation*, als Grundlage für Typologien dienen. Diese können, wie im Falle unserer Beispielorganisationen Dienstleistungen - Verkauf, Pflege von Patienten, Reparatur eines Autos - wie auch produzierte Gütern sein. Die Dimension der Organisationsleistungen kann im Hinblick darauf differenziert werden,

- welcher *Art die Leistungen* sind, die von der Organisation zur Erreichung des Organisationszieles hervorgebracht werden;
- wer der *Produzent* der Leistungen in der Organisation ist;
- an welche *Bedingungen* die Abgaben oder der Empfang der Organisationsleistungen gebunden sind und
- wer die *Empfänger* der Organisationsleistungen sind.

Je nach Bedarf können diese Dimensionen wiederum weiter differenziert werden. So kann beispielsweise unterschieden werden, ob es sich bei den Empfängern um die Organisationsmitglieder handelt, um bestimmte, ausgewählte, jedoch nicht der Organisation angehörende Personen oder Personengruppen (Kranke oder Pflegebedürftige) oder ob die Organisationsleistungen unbeschränkt jedermann zur Verfügung gestellt werden (Kfz-Besitzern, Autokäufern). Hinsichtlich der Bedingungen, an die der Empfang oder Bezug der Organisationsleistungen geknüpft ist, wird häufig unterschieden, ob die Empfänger die Organisationsleistungen unentgeltlich oder entgeltlich und gegen welche Beiträge erhalten. Eine Polizeiwache stellt beispielsweise ihre Leistung - die Wahrung öffentlicher Sicherheit - unentgeltlich zur Verfügung und produziert damit ein so genanntes öffentliches Gut (Olson 1968). Derartige Organisationen stehen damit häufig vor dem Problem, die Finanzierung ihrer Organisationsleistungen durch eine Zwangsabgabe aller potenziell betroffenen Abnehmer - in der Regel eine staatlich verordnete Steuer - sicherstellen zu müssen (Olson 1968: 12ff).

Organisationsprogramme stellen *die zur Erstellung der vorgesehenen Organisationsleistungen festgelegte Verfahrensweisen* dar. Sie legen beispielsweise Restriktionen und Handlungsmöglichkeiten der Organisationsmitglieder im Hinblick auf die angestrebten Organisationsziele fest. Folgende Dimensionen können unterschieden werden:

- Die Art der Leistungen, die im Rahmen der festgelegten Verfahrensweisen erstellt werden oder werden sollen: *operative* Leistungen, der unmittelbaren Erstellung der Organisationsleistung dienende Verfahrensweisen (Autoverkauf oder die Verzinkung von Stahlteilen), *administrative* Leistungen, die lediglich mittelbar der Erstellung der Organisationsleistungen dienen (Verkaufsverwaltung, Verwaltung der Finanzen), und *personelle*, nur mittelbar zur Erstellung der Organisationsleistungen beitragende Verfahrensweisen. Dies kann z.B. die Selektion, Rekrutierung, Sozialisation und Motivation des Organisationspersonals durch eine Personalabteilung umfassen.
- Das Ausmaß der Differenzierung und Spezialisierung der Organisationsprogramme.
- Das Maß an Standardisierung der Organisationsprogramme.

In enger Verbindung mit dem Organisationsprogramm stehen die *Organisationsvorschriften*, d.h. *die von den Organisationsangehörigen zu beachtende Regeln und Vorschriften* für den Umgang miteinander, für die Durchführung des Organisationsprogramms und für den Umgang mit der Organisationsumwelt. Diese Vorschriften können zunächst im Hinblick darauf weiter untergliedert werden,

- welches Maß an Formalisierung, der schriftlichen Fixierung von zu erledigenden Arbeitsaufgaben und der dabei zu beachtenden Regeln vorliegt;

- welche Verbindlichkeit ihnen im Einzelfall zukommt und wie bei Abweichungen zu verfahren ist;
- welche Teile des Organisationsprogramms und welche Bereiche der Organisation formalisiert sind;
- inwieweit hinsichtlich verschiedener, abgrenzbarer Gruppen der Organisationsmitglieder Unterschiede hinsichtlich des Ausmaßes der Formalisierung und hinsichtlich der Verbindlichkeit der Organisationsvorschriften zugelassen oder gegeben sind;
- welche Hierarchisierung die Informations-, Kommunikations- und Autoritätsbeziehungen durch die Organisationsvorschriften erfahren;
- wer die Organisationsvorschriften erlässt und wie die Organisationsangehörigen daran beteiligt werden;
- welche Verhaltensbereiche der Organisationsangehörigen von den Organisationsvorschriften erfasst werden.

Im Hinblick auf die Erklärung des Handelns von Akteuren können natürlich auch die *Organisationsmitglieder* klassifiziert werden. Diese umfassen *die an der Erstellung der Organisationsleistungen aktiv oder passiv beteiligten Personen.* In erster Linie bietet sich hier die Frage nach der Anzahl der Mitglieder an. Für die Beschreibung von Organisationen und die Analyse des Organisationshandelns ist es nicht gleichgültig, wie groß eine Organisation ist, weil nach dem derzeitigen Wissensstand mit der Größe der Organisation - zwar nicht linear, sondern eher in Sprüngen und auch nicht immer gleichsinnig - Variationen auf den meisten der hier diskutierten Organisationsdimensionen zu verzeichnen sind. Deswegen wird in der Regel auch die Größe einer Organisation als relevante Organisationsdimension zum Zwecke der Klassifikation angesehen. Die Berücksichtigung des Einflusses der Organisationsgröße müsste deswegen im Einzelfall erfolgen. Dabei kommt es darauf an, eine für die jeweilige Organisation und die jeweilige Fragestellung angemessene Definition und Operationalisierung des Merkmals Größe zu finden, was keineswegs einfach ist. Misst man die Größe am

Organisationspersonal, an den Organisationsleistungen oder an den Organisationsprogrammen, so hat dies in der Regel jeweils verschiedene Konsequenzen. Über diese Frage nach der Anzahl der Mitglieder hinaus kann zudem unterschieden werden zwischen

- Organisationsmitgliedern, die eher aktiv an der Erstellung der Organisationsleistungen gemäß den Organisationsprogrammen beteiligt sind (Kundenbetreuer, Produktionspersonal der Verzinkerei, alle Angestellten und Arbeiter des Autohauses, Ärzte, Pfleger und Schwestern des Krankenhauses, Stiftspersonal des Wohnstifts);
- Organisationsmitgliedern, die eher passiv die Organisationsleistungen gemäß den Organisationsprogrammen entgegennehmen, empfangen oder erhalten (Patienten, Kranke, steuerberatende Genossen, Stiftsbewohner);
- Organisationsmitgliedern, die in ihrer Haupttätigkeit für die Leitung der Organisation zuständig sind (Geschäftsleitung der Verzinkerei oder des Autohauses, Apothekeninhaber, Klinikdirektorium, Stiftsdirektor, Genossenschaftsvorstand).

Als Grundlage einer weiteren Unterteilung könnte danach gefragt werden, ob alle, ein Teil oder keine Organisationsangehörigen in der und für die Organisation hauptberuflich tätig sind und damit ihren Lebensunterhalt erwerben, um auf diese Weise "Arbeitsorganisationen" von anderen Organisationen unterscheiden zu können. Zusätzlich empfiehlt sich noch eine Berücksichtigung des Sachverhaltes durch eine entsprechende Unterteilung, ob und in welchem Ausmaß Organisationsangehörige gehalten sind oder sich entschieden haben, einen wesentlichen Teil ihres Lebens in der Organisation zu verbringen.

Als Rahmenbedingungen für das Handeln korporativer wie individueller Akteure kommt der *Organisationstechnologie* eine besondere Bedeutung zu. Es handelt sich dabei um *die Gesamtheit der zur Erbringung von oder zur Erstellung der Organisationsleistungen eingesetzten technischen Mittel und angewandten technischen*

Verfahrensweisen. Diese können weiter untergliedert werden im Hinblick auf

- das Ausmaß, indem die Organisationsprogramme mechanisiert, maschinisiert oder automatisiert sind;
- die Frage, welche Programmteile oder -abschnitte vermittels automatisierter Verfahren allein abgewickelt werden;
- die Koordination und Kontrolle, vermittels derer das technische Verfahren erfolgt;
- auf das Ausmaß, indem die eingesetzte Technik den Programmablauf determiniert.

Die Bedeutung der *Organisationsstruktur* als *das spezifisches Gefüge von arbeitsteilig differenzierten Positionen und Rollen und ihrer wechselseitigen Verknüpfung* wurde bereits hinreichend deutlich. Die Dimension Organisationsstruktur ist zunächst danach zu untergliedern, in welcher spezifischen Weise die in der Organisation existierenden Positionen sowie die mit ihnen verbundenen Rollen gegeneinander abgegrenzt und aufeinander bezogen werden. Zudem kann die Organisationsstruktur im Hinblick auf das Ausmaß der darin herrschenden Hierarchie d.h. beispielsweise der Anzahl der hierarchischen Ebenen in der Organisation unterschieden werden.

Im Hinblick auf die *Organisationsleitung*, die als *Herrschaftsverfassung und deren Legitimation beschrieben werden kann*, ist zunächst danach zu differenzieren,

- welcher Art die Herrschaftsverfassung ist: "genossenschaftlich - demokratisch" oder "hierarchisch - monokratisch";
- wie die Auswahl der Inhaber von "Leitungspositionen" erfolgt und wer an diesem Prozess beteiligt ist;
- welche Kompetenz den Inhabern von "Leitungspositionen" zukommt und wer deren Handhabung kontrolliert;
- auf welche Weise die Organisationsangehörigen die Inhaber von Leitungspositionen kontrollieren und
- wie die herrschaftliche Verfassung begründet wird.

Wie diese - sicherlich nicht abschließende und umfassende - Aufzählung deutlich macht, stehen für die Klassifikation von Organisation eine Vielzahl verschiedener Dimensionen zur Verfügung. Welche nun von uns herangezogen werden sollten, hängt im wesentlichen Maße von der Art der Fragestellung und der sich heraus ergebenden Analyseebene ab. Vor dem Hintergrund der hier vertretenen Auffassung von Organisationssoziologie stehen hierbei immer individuelle oder korporative Akteure im Mittelpunkt, deren Handlungen den Kern soziologischer Analysen darstellen. Da Organisationen als Zusammenschlüsse von Personen begriffen werden, mu für jede Analyse sorgfältig geprüft werden, wer als handelndes Subjekt betrachtet werden kann. In jedem Fall ist zu berücksichtigen, dass die Akteure sich von ihren Intentionen leiten lassen und auf der Basis begrenzter Rationalität vor dem Hintergrund organisationeller und gesellschaftlicher Rahmenbedingungen handeln. Sie sind gebunden an den institutionellen Rahmen und damit an das Regelsystem, das die Organisation sowie die Gesellschaft vorgeben. Ein solcher Ansatz hat ferner zu berücksichtigen, dass das Resultat kombinierter Einzelhandlungen nicht zwangsläufig und in jedem Falle den aggregierten Intentionen der handelnden Individuen entspricht, sondern durchaus "unerwartet", "unbeabsichtigt" oder sogar "unerwünscht" sein kann. Welcher Effekt eintritt, hängt zum einen ab vom institutionellen Rahmen und zum anderen von der Struktur des Interaktionssystems, welches die Organisation darstellt und in dem sich ihre Geschichte vorübergehend verfestigt hat.[35] Vor diesem Hintergrund sollen im folgenden Kapitel Ziele und Strukturen von Organisationen als unabdingbarer Bestandteil organisationswissenschaftlicher Analysen betrachtet werden.

---

35 Näheres hierzu bei Büschges et al. (1996: 90ff, 150ff).

4 Ziele und Strukturen von Organisationen

In diesem Kapitel geht es zum einen um die Bedeutung von Zielen, denen Organisationen ihre Existenz und ihre Strukturen verdanken (Kap. 4.1), zum anderen um die Strukturen selbst, deren Charakteristika und deren für die Organisationssoziologie wichtige Dimensionen (Kap. 4.2). Ein Exkurs, in dem Erklärungen für die Existenz von Organisationen skizziert werden, beschließt das Kapitel (Kap. 4.3).

4.1 Zwecke und Ziele von Organisationen

Organisationsziele besitzen für die Analyse von Organisationen in zweierlei Hinsicht besondere Bedeutung. Zum einen stellen die Ziele für die handelnden Individuen relevante und wichtige Rahmenbedingungen auf der organisationellen Ebene dar. Dies führt beispielsweise dazu, dass Arbeitnehmer sich in der Regel den wirtschaftlichen Zielsetzungen des Unternehmens zumindest soweit unterordnen müssen, dass sie während der Arbeitszeit ihren Freizeitbetätigungen nicht nachgehen können. Zum anderen helfen uns Organisationsziele, unsere heuristische Annahme von korporativen Akteuren mit Leben zu füllen: Sollen Organisationen als handelnde Akteure aufgefasst werden, benötigen wir auch Ziele, die angestrebt werden. Organisationsziele können unter bestimmten Umständen diese Funktion für die Analyse korporativer Akteure übernehmen. Zu berücksichtigen ist jedoch immer, dass eigentlich nur Individuen Ziele und Präferenzen besitzen können (Cyert & March 1963: 26). Hieraus folgt, dass sich die Bedeutung von Organisationszielen sowohl für das Interaktionssystem selbst als auch für dessen Analyse erst erschließt, wenn Existenz und Funktion dieser Ziele unter

Rückgriff auf die Interessen und Handlungen der beteiligten Individuen erklärt werden. Im Folgenden werden daher Organisationsziele daraufhin untersucht, inwiefern ihre Funktionen und Eigenschaften Spielräume für die davon betroffenen individuellen Akteure gestatten. Ausgehend von dem Befund, dass erhebliche Spielräume existieren, sollen anschließend Probleme der Zielbildung als sozialer Prozess erörtert werden.

4.1.1 Funktionen und Eigenschaften von Organisationszielen

Organisationsziele wurden bereits definiert als die Zwecke, um derentwillen eine Organisation gegründet wird und deren Erfüllung sie erreichen soll. Aus dieser Definition ergibt sich bereits die besondere Bedeutung, die den Organisationszielen für die Analyse von Organisationen zukommt. Organisationsziele

- bestimmen die zu erbringenden *Organisationsleistungen* und damit zugleich die *Organisationsprogramme*;
- umreißen den anzustrebenden oder zu erhaltenden *Organisationszustand*, insbesondere die *Organisationsstruktur*;
- gelten als Richtschnur für die *Organisationstätigkeit* und beeinflussen so die Organisationsvorschriften, die Organisationstechnologie, die Organisationsmitglieder und die Organisatonsleitung;
- liefern den *Erfolgsmaßstab* für die Organisationsleitung wie für die Organisationsträger;
- dienen der internen und externen *Selbstdarstellung* und der *Rechtfertigung* des Organisationshandelns;
- unterstützen oder erschweren *Rekrutierung* und *Motivation* der Organisationsmitglieder;
- sichern die Beschaffung und die Verteilung von *Organisationsressourcen*.

Aufgrund ihrer zentralen Funktion werden Organisationsziele in der Regel schon bei der Gründung der Organisation explizit oder implizit festgelegt. Das Krankenhaus wurde beispielsweise gegründet, um unter anderem kranke Personen zu behandeln, während die Feuerverzinkerei ausschließlich wirtschaftliche Ziele, nämlich die erwerbswirtschaftlich ausgerichtete Feuerverzinkung aller hierfür geeigneten Produkte, verfolgt. Man könnte nun versucht sein, Organisationsziele als gegeben und feststehend sowie das Verhalten der Individuen eindeutig determinierend zu betrachten. Spielräume der Individuen hinsichtlich der Verfolgung eigener Interessen ergäben sich dann nur noch in Bereichen, die nicht durch das Organisationsziel beeinflusst werden. Im Folgenden werden wir jedoch zeigen, dass eine derartige Interpretation für die Analyse von Organisationen kaum fruchtbar sein kann.

Betrachtet man Inhalte und Ausprägungen von Organisationszielen, so fällt häufig ihr allgemeiner Charakter auf. Beispielsweise umfasst das Ziel des Krankenhauses "Behandlung von kranken Personen" eine große Bandbreite an Fällen, die hierunter gefasst werden können - vom einfachen Schnupfen bis hin zu einer Herztransplantation. Hierbei sind die Grenzen dessen, was als Krankheit verstanden wird, fließend und hängen von der Interpretation durch Akteure ab: Während das eine Krankenhaus eine achtzigjährige pflegebedürftige Patientin in eine Pflegeanstalt überweist, behandelt eine andere Klinik dieselbe Patienten stationär über einen längeren Zeitraum. Zudem ergeben sich Spielräume hinsichtlich der Frage, was unter einer "Behandlung" zu verstehen ist: je nach Berufsauffassung, Ausbildung und persönlichem Wertekatalog werden Maßnahmen wie chirurgischer Eingriff, therapeutische Gespräche, Verabreichung homöopathischer Medikamente, Eigenbluttherapie als "nichtzulässige" oder "sinnlose" Behandlung betrachtet. Allgemein formulierte Organisationsziele müssen demnach immer von den Akteuren "operationalisiert", d.h. im Hinblick auf bestimmte Handlungsmöglichkeiten konkretisiert und mit Inhalt gefüllt werden. Dieses Problem der *Unbestimmtheit und Mehrdeutigkeit von*

Organisationszielen zeigt sich besonders deutlich am Beispiel der Bundesanstalt für Arbeit (vgl. hierzu Kap. 2.4):

In einer für die Unterrichtung der Öffentlichkeit bestimmten Broschüre werden die Aufgaben der Bundesanstalt wie folgt beschrieben: "Das Arbeitsförderungsgesetz richtet die Aufgabenstellung der Bundesanstalt an der Sozial- und Wirtschaftspolitik der Bundesregierung aus. Der Bundesanstalt wird dadurch aufgetragen, an einer aktiv vorausschauenden Arbeitsmarkt- und Beschäftigungspolitik mitzuwirken. Erklärte Zielsetzung ist es, einen hohen Beschäftigungsstand zu erreichen und aufrechtzuerhalten, die Beschäftigungsstruktur ständig zu verbessern und damit das Wachstum der Wirtschaft zu fördern. Nach dem Arbeitsförderungsgesetz obliegen der Bundesanstalt dabei folgende Aufgaben:

- die Berufsberatung,
- die Arbeitsvermittlung,
- die Förderung der beruflichen Bildung,
- die Gewährung von berufsfördernden Leistungen zur Rehabilitation,
- die Gewährung von Leistungen zur Erhaltung und Schaffung von Arbeitsplätzen,
- die Zahlung von Arbeitslosengeld und von Konkursausfallgeld.

Außerdem hat die Bundesanstalt Arbeitsmarkt- und Berufsforschung zu betreiben. Sie gewährt im Auftrag des Bundes Arbeitslosenhilfe [...]. Das Arbeitnehmerüberlassungsgesetz wird von ihr durchgeführt. Außerdem obliegen ihr Aufgaben nach dem Schwerbehindertengesetz..." (Bundesanstalt für Arbeit 1977: 18). Das in der Veröffentlichung genannte Ziel "Berufsberatung" lässt sich auf sehr verschiedene Weise umsetzen. Diese lassen sich im vorliegenden Fall aufgliedern in:

- Berufsorientierte Maßnahmen und Mittel zu den Bereichen der berufsbezogenen Bildung, der Berufe, des Ausbildungs- und Arbeitsmarktes (in Wort, Schrift und Bild) (Berufsorientierung);
- umfassende, persönliche Beratung (sowie ggf. psychologische und/oder ärztliche Begutachtung) zur Vorbereitung individueller Entscheidungen über Bildungs- und Berufswege und zur Entwicklung längerfristiger beruflicher Perspektiven (Berufliche Beratung);
- Vermittlung in betriebliche Ausbildungsstellen bzw. Nachweis schulischer Ausbildungsplätze für alle Berufe (Ausbildungsvermittlung);
- Förderung von betrieblicher und überbetrieblicher Berufsausbildung (insbesondere auch für Behinderte) durch Beihilfen unter gesetzlich festgelegten Voraussetzungen sowie von Lehrgängen für Jugendliche mit verminderten Ausbildungschancen" (Bundesanstalt für Arbeit 1979: 125).

Der Versuch, das recht abstrakt formulierte Ziel "Berufsberatung" konkreter zu fassen, macht die Schwierigkeiten deutlich, die mit der Operationalisierung von abstrakt formulierten, durch Unbestimmtheit und Mehrdeutigkeit gekennzeichneten Organisationszielen verbunden sind. Da Organisationen sich auf eine ständig wandelnde Umwelt einstellen müssen, wäre die vollständige Spezifikation ihrer Ziele in handlungsrelevante Programme - wenn dies angesichts ihrer Komplexität überhaupt möglich wäre - viel zu kostenintensiv. Daher ist es nicht nur notwendig, sondern unter bestimmten Umständen auch effizient, die konkrete Ausgestaltung von (Teil-) Zielen einzelnen Organisationsmitgliedern zu überlassen, die in höherem Ausmaß über die notwendige Information hierzu verfügen.

Das Beispiel zeigt jedoch auch, dass sich Handlungsspielräume der Akteure nicht nur durch die Spezifizierung eines Organisationsziels, sondern auch aufgrund der Existenz mehrerer, *sich widersprechender Ziele* ergeben können. Im Falle der Bundesanstalt für Arbeit zeigt sich beispielsweise, das ein möglicher Zielkonflikt existiert zwischen wirtschaftlichen, sozialpolitischen und kulturellen Zielen, die mit der Berufsberatung angesteuert werden (vgl. Kap. 5.2.2). Aber auch für andere Organisationen können sich derartige Widersprüche ergeben. Abgesehen von der Verzinkerei ist bei keiner unserer Beispielorganisationen auszuschließen, dass verschiedene Zielsetzungen miteinander in Konflikt geraten und eine Entscheidung darüber nötig wird, welcher Zielsetzung unter welchen Bedingungen die Priorität zukommt und welche Zielsetzung gegebenenfalls zeitweise oder auf Dauer vernachlässigt und zurückgestellt werden kann. Bei der öffentlichen *Apotheke* ist die ordnungsgemäße Arzneimittelversorgung nur zu gewährleisten, wenn auf längere Sicht auch ein hinreichender wirtschaftlicher Erfolg erzielt werden kann. Ähnliches gilt für das *Wohnstift* und auch für die *EDV-Dienstleistungsorganisation*. Ob und in welchem Umfang beim *Großkrankenhaus* die Therapie kranker Bürger bei hoher Versorgungsqualität ohne Rücksicht auf die wirtschaftliche Situation als oberstes Ziel verfolgt werden kann, hängt unter anderem von der Leistungsbereitschaft der Krankenversicherungen sowie von den Zuschussmöglichkeiten des kommunalen Trägers ab. Selbst in der Vereinbarung der Führungsgruppe des *Autohauses* (vgl. Kap. 8.2) kommt ein möglicher Konflikt zum Ausdruck: neben der wirtschaftlichen wurde eine sozialpolitische Zielsetzung implementiert. Die Lösung dürfte auch hier die Priorität des ersten Organisationszieles im Konfliktfalle sein, weil sonst die Existenz des Autohauses aufs Spiel gesetzt würde.

Besondere Bedeutung kommt im Zusammenhang mit Zielkonflikten der Unterscheidung von "offiziellen" und "operativen" Zielen zu, wie sie z.b. PERROW (1970) vorlegte. Offiziell sind jene generellen und häufig abstrakten Ziele unseres Krankenhauses, die nach außen bekannt sind und gegenüber der Öffentlichkeit vertreten werden - z.b. die optimale Versorgung kranker Bürger. Operative Ziele sind dagegen jene, die tatsächlich praktiziert werden und die damit anhand des Verhaltens der Organisationsmitglieder empirisch ermittelt werden können. In den operativen Zielen drücken sich die Prioritäten des Personals aus, für das z.b. optimale, die Freizeit möglichst wenig beeinträchtigende Arbeitsbedingungen, hohes Einkommen, berufliche Entfaltung und Karriere, intensive Aus- und Weiterbildung höher rangieren können als die optimale Versorgung und Betreuung der Patienten. Die operativen können beträchtlich von den offiziellen Zielen abweichen. Apotheken können z.B. dem Verkauf von nicht der Apothekenpflicht unterliegenden Arzneimitteln und anderer einschlägiger Ware eine größere Priorität einräumen als der Versorgung der Bevölkerung mit Arzneimitteln zu vorgeschriebenen Preisen. Wohnstifte können den Interessen des Stiftspersonals größeres Gewicht einräumen als den Erwartungen der Stiftsbewohner. Die EDV-Dienstleistungsorganisation könnte ihr Potenzial nutzen, um ihre Dienstleistungen nicht nur den Genossen, sondern auch anderen Interessenten anzubieten.[1] Dies macht deutlich, dass nicht selten ein Unterschied besteht zwischen den offiziell herausgestellten und propagierten Organisationszielen und jenen, die für die Organisationsprogramme und die -strukturen tatsächlich von Bedeutung sind. Damit ergibt sich jedoch wiederum die Möglichkeit für die Akteure, einzelne Ziele stärker zu gewichten als andere und somit Verhaltensfreiräume zu gewinnen.

Als Fazit lässt sich feststellen, dass die Akteure im Umgang mit Organisationszielen erhebliche Freiräume besitzen. Diese ergeben

---

1 In eine solche Richtung zielenden Vorstellungen ist der Vorstandsvorsitzende dieser Organisation stets mit Nachdruck entgegengetreten, weil sie dem Gründungszweck widersprechen und die Freiberuflichkeit gefährden könnten.

sich vor allem aus zwei grundsätzlichen Eigenschaften von Organisationszielen, nämlich

• der *Mehrdeutigkeit und Unbestimmtheit von Organisationszielen*, d.h. diese sind nur selten exakt definiert und in einer empirisch fassbaren Weise operationalisiert, sowie
• der *Widersprüchlichkeit mehrerer Organisationsziele*, d.h. es existieren mehrere, z.t. miteinander konkurrierende oder gar unvereinbare Organisationsziele, die von verschiedenen Kräften innerhalb oder gar außerhalb der Organisation definiert und mit Hilfe von Koalitionen durchzusetzen versucht werden.[2]

Die so gewonnenen Freiräume können die Akteure insbesondere auch dazu nutzen, die Zielinhalte und damit die "Intentionen" des korporativen Akteurs in ihrem Sinne zu beeinflussen oder zu ändern. Damit rückt die Frage nach der Art und Weise der Zielbildung in den Mittelpunkt: Organisationsziele werden demnach nicht end-

---

2 Aufgrund dieser Eigenschaften ist es nicht leicht, die jeweiligen Ziele der Organisation bei der empirischen Analyse eindeutig zu ermitteln. Diese Schwierigkeiten haben hin und wieder Anlass dazu gegeben, von Organisationszielen überhaupt abzukommen und das sogenannte *Zielmodell* der Organisation, das von den Organisationszielen seinen Ausgang nimmt, durch ein *Systemmodell* zu ersetzen. Auf Organisationsziele oder etwas, was an deren Stelle tritt, konnte aber auch dann meist nicht verzichtet werden, wie das Beispiel des Versuches von Etzioni (1967: 33 - 37) zeigt. Für ihn besteht der Vorteil des Systemmodells bei der Analyse von Organisationen darin, dass es sich nicht nur auf die primären Ziele und ihre Verfolgung beschränkt, sondern stets dem Umstande Rechnung trägt, dass in einer Organisation auch Probleme gelöst und Aktivitäten geleistet werden müssen, die z.B. auf die Koordination und Motivation der Organisationsmitglieder abzielen und die nicht unmittelbar, sondern cher mittelbar dem Organisationsziel dienen. Den Kritikern des Zielmodells ging es in erster Linie und mit Recht darum, folgendes deutlich zu machen: Keine wirkliche Organisation lässt sich, ausgehend von den Organisationszielen und orientiert nur an diesen, hinreichend genau beschreiben und analysieren. Wer sich ausführlicher mit der Bedeutung und der Problematik von Organisationszielen und ihrer Erfassung beschäftigen will, sei hingewiesen auf die Ausführungen von Perrow (1970: 133 - 174), Hegner (1978: 235 - 242), Mayntz & Ziegler (1977: 36 - 46) und Scott (1986: 347 - 385).

gültig bei der Organisationsgründung festgelegt, sondern unterliegen einem ständigen Prozess des Festlegung, Uminterpretation und Neugewichtung. Diesem Prozess wollen wir uns im folgenden Kapitel zuwenden.[3]

4.1.2 Zielbildung als sozialer Prozess

Wie die obigen Überlegungen zeigten, werden Organisationsziele in der Regel nicht einmalig und endgültig durch einen Organisationsgründer festgelegt. Statt dessen unterliegen sie einem ständigen Wandel, indem verschiedene Akteure bei der Festlegung, Gewichtung und Interpretation mehrerer Ziele Einfluss nehmen können. Damit rückt die Betrachtung der *Zielbildung in Organisationen als sozialer Prozess* in den Mittelpunkt. Hierbei stellt sich die Frage, welche Akteure in welcher Art und Weise Ziele eines korporativen Akteurs festlegen und welche Probleme hierbei auftreten können.

Die Akteure, die auf Ziele in Organisationen Einfluss besitzen, stellen in erster Linie die Organisationsmitglieder dar. Aufgrund der

---

3 Damit wird auch deutlich, dass Organisationsziele sich wandeln können. Aufgrund der Organisationen auszeichnenden Beharrungstendenz wirft dieser Wandel besondere Probleme auf. Er kann notwendig werden, wenn das gesetzte Organisationsziel erreicht wurde und deswegen die Organisationsleistungen nicht mehr erbracht werden müssen. In diesen Fällen pflegen sich existierende Organisationen zumeist nicht aufzulösen. Sie tendieren vielmehr dazu, sich neue Aufgaben zu suchen und sich neue Ziele zu setzen, um die Existenz der Organisation zu sichern. Ein Zielwandel kann aber auch erforderlich werden, weil sich die gesellschaftlichen Bedingungen verändert haben und eine Wandlung der Ziele im Interesse der Existenzsicherung und der Erhaltung der Leistungsfähigkeit der Organisation unerlässlich ist. Solche Wandlungsprozesse stoßen oft auf Schwierigkeiten, weil sie den organisatorischen Status quo, das eingespielte Macht- und Interessengleichgewicht, gefährden können. Probleme des Zielwandels erörtert Gabriel (1976: 311 - 314) unter dem Thema "Wandel der Organisationsprogramme". Eine klassische Analyse des Wandels von Organisationszielen stellt die Arbeit von Robert Michels (1970) dar.

Unspezifizierbarkeit und Widersprüchlichkeit von allgemeinen Organisationszielen kann angenommen werden, dass prinzipiell jedes Organisationsmitglied einen gewissen Einfluss oder Interpretationsspielraum im Hinblick auf diese Ziele besitzt. Wie wir sehen werden, variiert dieser Einfluss natürlich mit der Position bzw. dem Ausmaß an Ressourcen, die ein Akteur in der Organisation kontrollieren kann. In jedem Fall kann angenommen werden, dass die Organisationsmitglieder ex ante nur äußerst selten einen Konsens hinsichtlich aller möglichen Organisationsziele und deren Gewichtung besitzen werden. Arbeitnehmer wie Arbeitgeber werden zwar beide ein Interesse an der Wirtschaftlichkeit des Unternehmens besitzen, die Arbeitnehmer werden jedoch niedrigere Gewinne zugunsten einer höheren Beschäftigungsstabilität präferieren, während der Unternehmenseigentümer meist eher an der Ertragslage seines Unternehmens interessiert sein wird. Selbst in Organisationen wie z.B. Sportvereinen, die von gleichberechtigten Mitgliedern zur Erreichung eines gemeinsamen Zieles - der gemeinsamen Ausübung des Sports - gegründet wurden, können Ziel- und Interpretationskonflikte auftreten: Steht der Freizeitwert oder der sportliche Erfolg des Vereins im Mittelpunkt? Sollen speziell Randgruppen z.B. durch verbilligte Mitgliedschaften gefördert werden? Soll der Verein expandieren oder auf einen engen Kreis beschränkt werden? Selbst wenn demnach ein gemeinsames Ziel existiert, führt dies noch nicht zu einem eindeutigen, auch für korporative Akteure handlungsleitenden Organisationsziel.

Die Zielbildung von Organisationen kann jedoch auch durch externe, der Organisation nicht angehörende Akteure beeinflusst werden. Das Ziel unserer Apotheke, die Arzneimittelversorgung der Bevölkerung zu gewährleisten, und die damit verbundene Verpflichtung, bestimmte Medikamente im Sortiment führen zu müssen, ergibt sich aus staatlichen Vorgaben. Sowohl hier wie auch im Fall des Krankenhauses schreibt der Staat Typen von Organisationen bestimmte Ziele vor. Aber auch andere Organisationen können Möglichkeiten und Anreize besitzen, die Ziele eines Unternehmens zu beeinflussen. Im Falle des Autohauses wird der betreffende Automobilhersteller beispielsweise über Markenwerbung, Preisvorgaben oder vor allem mit der Vorgabe der Modellpalette wesentlichen Einfluss besitzen. Aber auch jedes andere Unternehmen kann, wenn es hoch verschuldet ist, durch andere Organisationen kontrolliert

werden. Beispielsweise kann - und wird meist auch - die Gläubigerbank auf die
Geschäftspolitik starken Einfluss nehmen, indem Vorgaben hinsichtlich der Produkt-
palette gegeben werden. Damit ändert sich aber auch zumindest ein Teilziel des
Unternehmens, nämlich in einem bestimmte Marktsektor präsent zu sein. Die Verknüpfung der Ziele verschiedener Organisationen kann bei hinreichendem Kon-
fliktpotential sogar zur Integration des "schwächeren" Unternehmens in die eigene
Organisation führen (vgl. hierzu insbes.. Pfeffer & Salancik 1978). Um die folgende
Darstellung jedoch nicht zu komplex werden zu lassen, beschränken wir uns im
weiteren auf die Aushandlung von Unternehmenszielen durch die *Organisationsmitglieder.*

Eine Möglichkeit der Erklärung der Existenz und des Zustande-
kommens von Organisationszielen besteht in der Vorstellung eines
Verhandlungsprozesses (bargaining) der Mitglieder. Organisationsziele werden demnach von Individuen ausgehandelt, die jedoch
unterschiedliche Voraussetzungen in diesem Prozess mitbringen. Sie
besitzen zum einen unterschiedliche Informationen über ihre Umwelt, zum anderen unterschiedliche Möglichkeiten, ihre Vorstellung
gegen andere Akteure durchzusetzen. Letzteres ergibt sich aus den
unterschiedlichen Beiträgen, die die individuellen Akteure zum
Erfolg der Organisation beisteuern. Ist die Leistung eines Organisa-
tionsmitglieds nur schwer zu ersetzen und besitzt sie ein relativ
großes Gewicht an dem Endprodukt, so besitzt dieses einen größeren Einfluss im Rahmen des Verhandlungsprozesses (Douma &
Schreuder 1992: 70). Aus diesen individuellen Voraussetzungen
ergibt sich, dass ein individueller Unternehmensgründer normaler-
weise einen relativ großen Einfluss auf den Zielbildungsprozess
besitzt: Er kann nicht nur den Organisationstyp und damit die allgemeinen Unternehmensziele vorgeben, sondern besitzt meist auch
die umfangreichsten Informationen und kontrolliert die finanziellen
Ressourcen.[4] Mit zunehmender Arbeitsteilung reduziert sich die

---

4   Aus diesen Gründen wird häufig und vor allem in ökonomischen Theorien eine
     Identität der Ziele des Unternehmers und seiner Organisation angenommen (Cyert
     & March 1963: 28). Eine derartige Abstraktion wird dann problematisch, wenn sie
     als heuristische Grundannahme ohne Prüfung im Hinblick auf das Erklärungsziel
     verallgemeinert wird.

Konzentration der Ziel- und Entscheidungskontrolle jedoch relativ schnell. So ist beispielsweise der Autohausbesitzer auf die Leistungen und Beiträge seines Werkstattmeisters angewiesen, insbesondere wenn dieser langjährige Erfahrung im Umgang mit PKWs der betreffenden Marke besitzt. In diesem Falle kann der Meister eine erhebliche Verhandlungsmacht besitzen, wenn es z.B. um die technische Ausstattung der Werkstatt geht. Ein einzelner unqualifizierter Mitarbeiter in der Verzinkerei wird dagegen nur äußerst geringen Einfluss auf das Unternehmensziel besitzen, er kann jedoch durchaus Mitsprachemöglichkeiten im Bereich der Arbeitsplatzgestaltung realisieren.

Wir sehen also, dass die Zielbildung als sozialer Prozess betrachtet werden kann, in dessen Rahmen verschiedene Akteure oder Akteursgruppen mit unterschiedlichen Ausgangsbedingungen in einen Verhandlungsprozess treten. Dieser kann jedoch nur entstehen, wenn die Beteiligten die Möglichkeit besitzen, ein gemeinsames Verhandlungsergebnis zu realisieren. Dies ist nur dann möglich, wenn ein Zielkonsens gefunden werden kann oder die Möglichkeit der Entschädigung für den Verzicht auf bestimmte Ziele besteht. Ersteres beinhaltet, dass das oder die zur Verhandlung stehenden Ziele einen gemeinsamen Kern beinhalten oder derart modifiziert werden können: man verhandelt über verschiedene Ziele solange, bis eine Einigung über ein oder mehrere dieser Ziele erreicht worden ist. Beispielsweise könnten sich alle Chefärzte des Krankenhauses zusammensetzen und versuchen, hinsichtlich einer Liste möglicher Behandlungsarten diejenigen herauszufinden, die von keinem und die von allen Beteiligten vertreten werden. Erstere können damit problemlos ausgeschlossen werden, während letztere den Kreis der Konsensziele beschreiben.

Dieses Verfahren der Konsenssuche hilft jedoch nur selten weiter, da zum einen das Problem der individuellen, nicht konsensfähigen Ziele, zum anderen die Frage der Zielkonflikte unterschiedlicher Teilziele ungelöst bleibt. Muss trotzdem ein gemeinsames Organisationsziel gefunden werden, wird eine Entschädigung für diejenigen Akteure notwendig, die ihre Vorstellungen nicht durchsetzen können. Verhandelt wird dann sowohl über die Ziele als auch die hiermit verbundenen Entschädigungen.

Am Beispiel des Autohauses kann dies knapp verdeutlicht werden. In der Diskussion um die Art neuer Investitionen kann z.b. der Meister für die Werkstatt neue Hebebühnen fordern, während die Verkaufsabteilung die Anschaffung moderner EDV für die Auftragsabwicklung wünscht Die Unternehmensleitung kann jeweils nur schwer beurteilen, welche Investition dem Unternehmensziel der Gewinnmaximierung besser dient, da die Information hierüber nur in den beiden Abteilungen vorliegt. Diese werden jedoch bemüht sein, den Vorteil einer Investition in ihrer Abteilung möglichst positiv darzustellen. In den Verhandlungen könnte schließlich folgender Kompromiss entstehen: Die EDV-Anlage wird angeschafft, jedoch zuerst nur für einen Teil der Verkaufsabteilung, während der Rest der Werkstatt zur Verfügung gestellt wird. Diese kann mit einer entsprechenden Software sowohl die Lagerhaltung als auch die Auftragsabwicklung der Reparaturen damit verwalten. Der Werkstattmeister verzichtet also auf die Durchsetzung seines Zieles und wird dafür mit einer *Seitenzahlung*, nämlich der Nutzung der EDV-Anlage, *entschädigt*.

Entschädigungen können aus Geldbeträgen bestehen, wie z.B. im Falle des Verzichtes auf bessere Arbeitsplatzbedingungen, der durch eine zusätzliche Schmutzzulage für die Arbeitnehmer kompensiert wird. In Organisationen spielen jedoch häufig auch andere Kompensationsmittel wie Nutzungsrechte an Organisationsressourcen, Status (Blau 1963: 121-143, Abraham 1996: 108ff) oder auch Selbsterfüllung (Douma & Schreuder 1992: 67) eine Rolle. Notwendig ist jedoch auf jeden Fall die Möglichkeit der Akteure, andere für den Verzicht auf Ziele entschädigen zu können. Dieser Prozess stellt häufig ein Erklärungsziel in organisationswissenschaftlichen Analysen dar (vgl. z.B. Fiorito & Hendricks 1987, Aoki 1988), wobei den Entscheidungen über Organisationsziele und Organisationshandeln prinzipiell derselbe Mechanismus zugrunde liegt: "In fact the process of defining the goals of the organization is the first step in describing actual decision processes within the firm" (Douma & Schreuder 1992: 66). Die Aushandlung von Organisationszielen und Handlungen führt jedoch im Rahmen dieses Prozesses empirisch meist nicht zu eindeutigen "Präferenzordnungen" korporativer Akteure. Damit stellt sich für Organisationsanalysen das Problem, unter welchen Umständen eine Organisation als handelnder, mit mehr oder weniger eindeutigen Zielbündeln ausgestatteter Akteur betrachtet werden kann. Die Antwort hierauf ist abhängig von der Fragestellung und dem Umfang, in welchem durch eine derartige Abstraktion Verzerrungen im Hinblick auf das Forschungsziel entstehen. Da insbesondere implizite Verhandlungsprozesse in Organisationen sich über einen langen Zeitraum erstrecken können, kommen CYERT und MARCH zu dem Schluss, dass für die Analyse kurzfristiger Prozesse oft auf wenige Ziele zurückgegriffen werden kann (Cyert & March 1963: 43). Ob korporative Akteure zumindest kurzfristig eine halbwegs eindeutige Zielfunktion besitzen, wird unter anderem davon abhängen, in welchem Ausmaß die bei und nach den Verhandlungen auftretenden Konflikte gelöst oder zumindest entschärft werden können.

4.1.3 Konflikte und Organisationsziele

Sowohl die Bestimmung als auch die Umsetzung von Organisationszielen ist, wie obige Überlegungen deutlich machten, ein konfliktträchtiges Unterfangen. Allen Beteiligten geht es in diesem Prozess darum, ihre eigenen Vorstellungen vom Leitbild der Organisation und ihre mit der Tätigkeit in der Organisation verbundenen Interessen möglichst weitgehend durchzusetzen (Cyert & March 1963: 43, Scott 1986: 351 - 360, 383f.). In dieser Beziehung ist in der sozialen Wirklichkeit nicht Übereinstimmung der Organisationsangehörigen die Regel, sondern Dissens. Wie wir sahen, hängt die Lösung solcher Situationen von den Möglichkeiten ab, die mit den vereinbarten Zielen oder Entscheidungen nicht übereinstimmenden Akteure hinreichend zu entschädigen. Sind diese Möglichkeiten nicht gegeben, entstehen Konflikte im Unternehmen, die ihren Ausdruck in verschiedenartigen Formen finden können: Arbeitsgerichtsverfahren, Personalfluktuation, Mobbing, aber auch gegenseitige Arbeitsbehinderung oder die Zurückhaltung von Informationen.

Es können prinzipiell zwei unterschiedliche Ursachen für Konflikte unterschieden werden. Zum einen können aufgrund der Unbestimmtheit und Widersprüchlichkeit von Organisationszielen Zielkonflikte auftreten. In diesen Konflikten geht es letztlich um den Zweck, dessentwegen man sich in der Organisation zusammengeschlossen hat oder der Organisation beigetreten ist. Konflikte dieser Art zeichnen sich deswegen oft durch ein gewisses Maß an Unerbittlichkeit aus. Der Konflikt um die Mitbestimmung der Arbeitnehmer oder ihrer Vertreter in wirtschaftlichen Unternehmen und in der öffentlichen Verwaltung ist ein Beispiel hierfür. Konflikte dieser Art können sich für das Autohaus daraus ergeben, ob es immer möglich ist, die beiden in der Vereinbarung der Führungsgruppe festgelegten Ziele tatsächlich "gleichzeitig und gleichrangig" zu verfolgen. Die gewählten abstrakten Formeln lassen in Verbindung mit den unbestimmten Rechtsbegriffen wie "möglichst", "gut", "optimal", "hoch", "human" zwar einen breiten Spielraum für Interpretationen, doch kann gerade hierin auch eine Quelle von Konflikten liegen. Derartiger Unbestimmtheiten können sich auch die verschiedenen Interessengruppen bedienen, um auf dem Umweg über die nähere Bestimmung der Organisationsziele - ihre Operationalisierung - ihre Interessen möglichst durchzusetzen. Bei diesen Konflikten geht es zumeist darum, über die Zielfestlegung Einfluss auf die Organisationsleistungen und die Organisationsprogramme zu gewinnen, manchmal auch auf die Organisationsvorschriften, auf die Organisationstechnologien und das Organisationspersonal.

Um Konflikte des zweiten Typus handelt es sich, wenn nicht die festgelegten Ziele zur Diskussion stehen, sondern wenn es unter Anerkennung dieser um deren Umsetzung in Organisationsleistungen und dem damit verbundenen Problem der knappen Ressourcen geht. Das im vorhergehenden Kapitel skizzierte Beispiel der Verwendung von Investitionsmitteln im Autohaus stellt einen derartigen Fall dar. Einzelne Akteure oder Akteursgruppen verfolgen in der Regel spezifische, sich aus der Arbeitsteilung ergebende Teilziele, deren Prioritäten sich in den dafür zur Verfügung stehenden Organisationsressourcen widerspiegeln. Der überwiegende Anteil aller empirisch beobachtbaren organisationsinternen Konflikte lässt sich als Konkurrenz um Ressourcen und Teilziele interpretieren: Welche Abteilung erhält wie viele Stellen? Wer erhält zuerst neue EDV-Anlagen? Wo werden die notwendigen Mittelkürzungen durchgeführt? Der Ausgang derartiger Konflikte hängt häufig davon ab, wer die besseren Ausgangsvoraussetzungen in den damit verbundenen Verhandlungen oder anders: die größere Macht besitzt.

4.1.4   Zielsetzungsprozesse als Machtprozesse

Organisationen sind Herrschaftsinstrumente (vgl. Kap. 2.2.5), denn Organisationen sind nach unserer Auffassung soziale Gebilde, die eine hierarchische Gliederung und Kontrollinstanzen zur Steuerung und Gewährleistung der Kooperation gemäß den gesetzten Zielen und Zwecken besitzen. Der herrschaftliche Charakter von Organisationen zeigt sich z.b. in Instanzen, die Ziele vorgeben (Organisationsvorschriften), in der Berücksichtigung der Hierarchisierung (Organisationsstruktur), durch Hinweis auf die Autoritätsstruktur (Organisationsleitung), im expliziten Hinweis auf die Herrschaftsverfassung sowie "Organisationsträger" und deren Einflussnahme. Damit wird die Frage aktuell, welche Bedeutung dem Herrschaftscharakter für die Prozesse der Zielsetzung zukommt.

Folgt man WEBER und seinen Erörterungen zum Idealtypus "bürokratischer Herrschaft" (1976: 551 - 579), so sind Organisationen, zumindest solche bürokratischen Typs, im Idealfall rationale Instrumente in den Händen eines "Herrn" zur unverfälschten Durchsetzung des Herrscherwillens. Die Zielsetzung liegt eindeutig beim Herrn der bürokratischen Organisation, deren Verwaltungsstab keine andere Funktion hat, als den Herrschaftswillen zur Geltung zu bringen. Bürokratische Organisationen dieses Typs besitzen im Idealfall strenge Zentralisierung aller Entscheidungen, vertikale Kommunikation, möglichst weitgehende Arbeitsteilung gepaart mit einem Höchstmaß an Standardisierung und Formalisierung der Arbeitsaufgaben.

Wie wir im Rahmen der Diskussion um die Ziel- und Entscheidungsfindung in Organisationen sahen, sind Organisationen, die in

unserer sozialen Wirklichkeit existieren und mit denen wir tag-
täglich zu tun haben, in der Regel keine reinen Herrschaftsinstrumente in den Händen eines einzelnen Akteurs. Selbst jene, bei denen dies von den Gründern und/oder Trägern beabsichtigt ist, funktionieren nicht nach diesem Modell. Dies beruht auf dem Umstand,
dass bei der Umsetzung der Organisationsziele in Leistungen und
Programme in aller Regel die an diesem Umsetzungsprozess beteiligten Organisationsmitglieder, zumal solche der Leitung, unter
Einsatz ihrer Mittel und ihrer Qualifikationen wie ihrer
Entscheidungskompetenzen Einfluss zu nehmen und Veränderungen
durchzusetzen versuchen. Welche Gruppen in welchem Maße einflussreich sind - also Macht besitzen - hängt in den Verhandlungs-
prozessen von der Ersetzbarkeit und dem Umfang der Beiträge ab,
die die Akteure zum Organisationsoutput liefern. Je größer und je
schwieriger zu ersetzen diese sind, desto größeres Droh- und Durch-
setzungspotenzial besitzen die Akteure in der Verhandlung. Ist ein
Arbeitnehmer aufgrund seines spezifischen Wissens für die Firma
kaum zu ersetzen, besitzt er im Hinblick auf die Durchsetzung seiner Teilziele und die Kontrolle von internen Ressourcen unter Umständen eine erhebliche Macht. Jedoch muss er eine glaubhafte
Drohung aussprechen können, im Falle der Verweigerung seiner
Forderungen die Firma zu verlassen: Besitzt er keine Chancen auf
dem externen Arbeitsmarkt, so werden seine Drohungen wahrscheinlich wirkungslos sein. Begreift man mit WEBER Macht also
als Chance zur Durchsetzung seiner Interessen (Weber 1976: 28), so
ergibt sich diese unter anderem aus der ungleichen Verteilung der
Bedeutung der individuellen Beiträge und den damit ungleichen
Verhandlungspositionen in der Organisation. Da diese Verteilungen
in der Regel an hierarchische Positionen geknüpft sind und die
Verhandlungsstärke mit zunehmender Position steigt, nehmen wir
empirisch die hierarchische Gliederung von Organisationen als
Machtgefüge wahr. Hierbei muss man sich jedoch bewusst sein,
dass in spezifischen Situationen die der Macht zugrunde liegenden
Verteilungen sich von der Organisationshierarchie lösen können.

Von Bedeutung sind jedoch nicht nur Machtpotenziale innerhalb der Organisation, sondern auch äußere Einflussquellen, die auf Entscheidungsprozesse in der Organisation einwirken (vgl. Scott 1986: 347 - 385). Dies tritt besonders häufig auf in Organisationen der staatlichen und kommunalen Verwaltung, wie beispielsweise beim Großkrankenhaus,[5] sowie im Bereich der Wirtschaft, wie im Falle der Verzinkerei,[6] aber auch bei Parteien und anderen non profit-Organisationen. Auf diese Weise gewinnen der Organisation formal nicht zuzurechnende aber an der Organisation interessierte Gruppen Einfluss auf die internen Zielsetzungsprozesse. Die Gewerkschaften wie die Unternehmensverbände sind gute Beispiele hierfür (Keller 1993).

Unter den Beispielorganisationen sind hinsichtlich der Definition der Organisationsziele das Autohaus und die EDV-Dienstleistungsorganisation wohl die unabhängigsten. Aber auch das Autohaus ist nicht unabhängig von fremden Einflüssen. Es trägt den Namen einer bekannten Automobilfirma und vertreibt in erster Linie deren Fahrzeuge, daher ist auch seine Autonomie begrenzt. Die Apotheke ist in der Bestimmung der Organisationsziele auch an den Gesetzgeber und in ihrer konkreten Fassung an die Apothekerkammer als Organ der freiberuflichen Selbstverwaltung gebunden. Dem Großkrankenhaus sind der Gesundheitsreferent der Stadtverwaltung sowie der Krankenhauspfleger des Stadtrates vorgeordnet und es ist für bestimmte Entscheidungen auf die Mitwirkung des Referats für allgemeine Verwaltung, des Finanzreferats und des Baureferats angewiesen. Darüber hinaus nehmen der Oberbürgermeister, der Gesundheits- und der Personalausschuss des Stadtrats sowie der Stadtrat selbst Einfluss auf die Leitung des Krankenhauses, zudem stehen auch der Personalvertretung Mitwirkungs- und Mitbestimmungsrechte zu.[7]

---

5 Siehe hierzu die Ausführungen bei Robisch (1992: 3. Kap.), die u.a. deutlich werden lassen, dass die kommunale Trägerschaft für das Krankenhaus ein "innovationshemmender Faktor" ist (Robisch 1992: 64ff).

6 Hier beeinflusst der Unternehmensverbund die Ziele der Verzinkerei.

7 Für die mit der Partizipation der Organisationsmitglieder an den Zielsetzungsprozessen verbundene soziologische Problematik sei hingewiesen auf die Untersuchung des Zusammenhanges von 'Amtsautorität, Sachautorität und demokratischer Kontrolle' durch Schluchter (1972).

4.1.5 Exkurs: Macht, Herrschaft, Autorität

Organisationen sind Herrschaftsinstrumente (vgl. Kap. 2.2.5), sind Instanzen von Sozialisation und sozialer Kontrolle (vgl. Kap. 2.3). Sie besitzen eine Organisationsleitung und eine Herrschaftsverfassung (vgl. Kap. 3.1), sie verfügen über eine hierarchische Gliederung und Kontrollinstanzen zur Steuerung und Gewährleistung der Kooperation gemäß den gesetzten Zielen und Zwecken. Dieser Sachverhalt legt es nahe, in einem Exkurs auf die Bedeutung von "Macht", "Herrschaft" und "Autorität" näher einzugehen, denn diese sind, wie viele Schlüsselbegriffe der Sozialwissenschaften, mehrdeutig und unbestimmt. Die spezifische Bedeutung ergibt sich mangels hinreichender Definition und Explikation oft erst aus dem Zusammenhang, in dem die Begriffe stehen oder verwandt werden.

Wegen der Vielfalt und Verschiedenartigkeit der Vorstellungsinhalte, die gemeint sein können, wenn von "Macht", "Herrschaft" oder "Autorität" die Rede ist, lässt sich nicht immer genau sagen, welche Phänomene bei der Verwendung der genannten Begriffe jeweils erfasst werden und welche nicht. Zunächst einmal ist im Interesse einer Klärung jeweils eine Entscheidung darüber zu treffen, aus welcher Blickrichtung die Analyse der Phänomene "Macht", "Herrschaft" und "Autorität" erfolgen soll. Geht es nämlich um die "subjektive Seite" dieser Phänomene, so steht anderes zur Diskussion, als wenn es um die "objektive Seite" geht, jene Seite, die allein als gesellschaftliches Verhältnis zu begreifen ist.

Folgt man dieser Blickrichtung, so dürfte es am besten sein, zunächst den Vorstellungen und definitorischen Bemühungen WEBERs zu folgen und zwischen "Macht" und "Herrschaft" zu differenzieren. Beide Begriffe beziehen sich im hier verstandenen Sinne nicht auf absolute Merkmale oder Eigenschaften von Personen, Personengruppen oder Sachen, sondern auf relationale, d. h. sie charakterisieren bestimmte Typen sozialer Beziehungen oder von Interaktionsverhältnissen:

- "Macht" bedeutet für WEBER "jede Chance, innerhalb einer sozialen Beziehung den eigenen Willen auch gegen Widerstreben durchzusetzen, gleichviel, worauf diese Chance beruht"(Weber 1976: 28).
- "Herrschaft" bedeutet demgegenüber "die Chance, für einen Befehl bestimmten Inhalts bei angebbaren Personen Gehorsam zu finden"(Weber 1976: 28).

Somit ist Macht soziologisch amorph, beruhend auf allen denkbaren Qualitäten eines Menschen und allen denkbaren sozialen Konstellationen. Herrschaft hingegen ist sehr viel präziser gefasst: Sie setzt jemanden voraus, der anderen Befehle erteilen kann, und andere, die diesen Befehlen gehorsam folgen, jedoch nicht unbedingt einen Verwaltungsstab. Der Gehorsam wiederum kann auf sehr verschiedenen Motiven der Fügsamkeit beruhen, die von "dumpfer Gewöhnung" bis hin zu "zweckrationalen Erwägungen" reichen. Vorausgesetzt wird immer "ein bestimmtes Minimum an Gehorchen wollen", also ein gewisses äußeres oder inneres Interesse am Gehorchen bei jenen, die der Herrschaft unterworfen sind (Weber 1976: 28f, 122ff). "Gehorsam" bedeutet in diesem Zusammenhang allgemein formuliert, "dass das Handeln des Gehorchenden im wesentlichen so abläuft, als ob er den Inhalt des Befehls um dessen selbst willen zur Maxime seines Verhaltens gemacht habe, und zwar lediglich um des formalen Gehorsamsverhältnisses halber, ohne Rücksicht auf die eigene Ansicht über den Wert oder Unwert des Befehls als solchem" (Weber 1976: 123). Herrschaft bedeutet somit immer die partielle oder totale Hergabe der Dispositionschancen über das eigene Handeln und Verhalten an einen Dritten, nämlich den Herrn oder seinen Agenten oder Vertreter. Herrschaft geht daher mit einem gewissen Maß an Fremdbestimmung einher, die die Selbstbestimmung des Herrschaftsunterworfenen einschränkt. So übergebe ich z. B. mit dem Abschluss eines Arbeitsvertrages die Dispositionschancen über meine Arbeitsqualifikation und meine Arbeitskraft unter den im Vertrag näher umrissenen und durch die allgemeinen rechtlichen und sonstigen Regelungen gegebenen Begrenzungen dem jeweiligen Arbeitgeber, Organisationsleiter oder seinem Vertreter.

Allerdings bedarf Herrschaft der "Legitimitätsregelung", d. h. einer institutionellen Regelung der inhaltlichen und personellen Reichweite der Befehlsgewalt, für die Gehorsam geschuldet wird oder zugesagt ist, und eines auf dieser beruhenden "Legitimitätsglaubens", d. h. des Glaubens an die Legitimität der Befehlsgewalt durch die der Herrschaft Unterworfenen. Je nachdem, worauf der "Legitimitätsglaube" beruht, unterscheidet WEBER drei "reine Typen legitimer Herrschaft": Ist die Grundlage der Glauben an die Rechtmäßigkeit gesetzter Ordnungen, so handelt es sich um eine Herrschaft "rationalen Charakters", deren Prototyp die gesetzlich geordnete Hierarchie von Beamten ist. Ist der Alltagsglaube an die Heiligkeit von jeher geltender Traditionen und der durch sie zur Herrschaft Berufenen die Grundlage, so haben wir es mit einer solchen "traditionalen Charakters" zu tun. Das historische Beispiel ist die Gefügigkeit der Bediensteten gegenüber dem Herrn. Liegt dem Glauben schließlich die außeralltägliche Hingabe an Heiligkeit, Heldenkraft oder Vorbildlichkeit einer Person und der durch sie geschaffenen Ordnungen zugrunde, so haben wir es mit einer solchen "charismatischen Charakters" zu tun. Typisches Beispiel hierfür ist die persönliche Bindung der Jünger an den Herrn (vgl. Weber 1976: 124, Bendix 1985: 498f).

Vor diesem Hintergrund lässt sich unter besonderer Betonung der Art der sozialen Beziehungen "*Autorität*" verstehen als durch freiwilligen Gehorsam gerechtfertigte Macht, die auf dem als legitim geglaubten oder verstandenen Verhältnis von Befehl und Gehorsam beruht. Diese wiederum kann begründet sein

- erstens in den besonderen persönlichen Eigenschaften einer Person, wir sprechen dann von charismatischer oder personaler Autorität;
- zweitens in der zuerkannten oder erwiesener Sachverständigkeit oder Kompetenz oder Expertenschaft, wir sprechen dann von Fach- oder funktionaler Autorität;
- drittens schließlich auch in der Position oder dem Amt, die Rede ist dann von Amts- oder positionaler Autorität.

Im Hinblick auf das Problem von Autorität und Herrschaft in Organisationen ist in diesem Zusammenhang von Interesse, daß personale wie funktionale Autorität, soweit sie in Organisationen anzutreffen sind, im Gegensatz zur positionalen Autorität nicht auf der Billigung durch die oder an die Delegation von Leitungsinstanzen gebunden sind, sondern sich sogar quer dazu und diesen widerstreitend entwickeln können.

Dieser Definition von Autorität liegt die von vielen Autoren geteilte Vorstellung zugrunde, dass es sich bei den universell beobachtbaren, hier Autorität genannten Problemen um eine besondere Klasse oder einen speziellen Typus zwar asymmetrischer, aber dennoch wechselseitiger sozialer Einflussbeziehungen handelt. Sie unterscheiden sich nach der hier vertretenen Auffassung von anderen Formen sozialen Einflusses, insbesondere von denen unter dem Begriff Macht zu subsumierenden, in zweierlei Hinsicht. Zum einen ist für Autorität die Einschränkung des Einflussbereichs der Autoritätsträger durch Sitte, Brauchtum, Verhaltenskodizes, Verträge oder Rechtsnormen (sogen. Eigentums- oder Verfügungsrechte) sowohl hinsichtlich des Inhalts der Einflussnahme als auch hinsichtlich des dem Einfluss unterworfenen Personenkreises charakteristisch. Zum anderen ist damit die Anerkennung der dem Autoritätsträger in diesem Rahmen zugeschriebenen Überlegenheit seitens der Autoritätsunterworfenen verbunden.

Neben der bereits erfolgten Abgrenzung gegenüber Einfluss und Macht lässt sich Autorität noch abgrenzen gegenüber Herrschaft, Führung und Leitung. Sofern Autorität und Herrschaft nicht synonym benutzt werden, wie z. B. von WEBER, betont Autorität eher den personalen, Herrschaft eher den institutionellen Aspekt des Einflusses. Ähnlich verhält es sich bei Führung und Leitung; erstere betont den personalen, letztere den institutionellen Charakter von Einflussbeziehungen in komplexen Autoritätssystemen wie Gruppen und Organisationen.

Es ist unstreitig, dass Organisationen als arbeitsteilige Gebilde einer Leitungsinstanz bedürfen, die der Kooperation individueller Akteure Ziel und Richtung weist und die ihr Dauer verleiht. Herrschaft ist wichtig für die Sicherung der Kooperation, die Durchsetzung und Umsetzung von Organisationszielen, die Anpassung an veränderte Umweltgegebenheiten und die Lösung von Konflikten. Insoweit sind die Herrschaftsverfassung und die Ausübung von Herrschaft Mittel der Sicherung arbeitsteiliger Kooperation und Zielerreichung. Problematisch ist deswegen u. E. auch nicht die Tatsache der Herrschaft an sich, sondern auf welchen Grundlagen sie beruht, wessen Interessen sie dient, ob sie ihren Mittelcharakter bewahrt oder zwangsläufig an Eigengewicht gewinnt.

Wer in Organisationen eintritt, unterwirft sich damit im Rahmen der für sie geltenden Herrschaftsverfassung und bezogen auf die ihm übertragene und zukommende Organisationsrolle teilweise fremdem Willen. Zur Diskussion steht deswegen immer die Frage, von welchen Voraussetzungen die Herrschaft von Menschen über Menschen abhängig zu machen und an welche Bedingungen sie zu knüpfen ist. Zwar ist Herrschaft grundsätzlich nicht aufhebbar, sie bedarf jedoch jeweils einer ausdrücklichen Begründung und zwar einer solchen, die ihren Mittelcharakter betont und ihren Geltungsbereich auf der Basis von Grundwerturteilen eindeutig definiert.

4.2 Organisationsstrukturen

Nicht nur die Organisationsziele beeinflussen das Verhalten der Individuen, sondern auch die Strukturen, die zur Erreichung dieser Ziele geschaffen werden oder sich herausbilden. Aufgrund der Bedeutung von Organisationsstrukturen als Rahmenbedingungen des Handelns individueller und korporativer Akteure werden in diesem Abschnitt Begriff und Ausprägungen von Organisationsstrukturen (Kap. 4.2.1), deren Funktion im Hinblick auf das Organisationsziel (Kap. 4.2.2) und die Mechanismen zur Durchsetzung dieser Funktion (Kap. 4.2.3) betrachtet.

4.2.1 Entstehung und Formen von Organisationsstrukturen

Der Begriff Organisationsstruktur ist meist mehrdeutig und unscharf umrissen. Er bezeichnet in erster Linie den Tatbestand, dass die sich in der Organisation zusammenschließenden Individuen nicht willkürlich, sondern in der Regel planmäßig und strukturiert miteinander interagieren. Beispielsweise wird im Krankenhaus die Stationsschwester ein Problem hinsichtlich eines Patienten nicht irgendeinem Arzt, sondern dem diensthabenden Stationsarzt melden. Dies stellt sicher, dass die zur Aufgabenerfüllung notwendige Information auf dem schnellstmöglichen Wege diejenigen Akteure erreicht, die zur Lösung eines Problems am effizientesten beitragen können. Die Ursache der Strukturierung von Organisationen liegt somit in erster Linie in der Arbeitsteilung in der Organisation, die zu einer effizienteren Zielerreichung führen soll.

Ziehen wir unsere erste Definition von Organisationsstrukturen heran - das spezifische Gefüge von arbeitsteilig differenzierten, in der Regel hierarchisch geordneten Positionen und Rollen und ihrer wechselseitigen Verknüpfung (vgl. Kap. 3.4) - so ist ein wesentliches Merkmal dieses Gefüges, dass es in der Regel zu stabilem Verhalten von Individuen führt: Die Schwester wird nicht nur in einem, sondern in *jedem* vergleichbaren Fall den diensthabenden Arzt informieren. Begreift man "unter einer Institution allgemein stabile Abläufe des Verhaltens einer angebbaren Menge von Akteuren in angebbaren sich wiederholenden Situationen" (Voss 1985:3), so sind Organisationsstrukturen damit nichts anderes als *organisationsinterne Institutionen*, d.h. eben Mechanismen, die zu stabilen Verhaltensmustern führen.

Da Organisationen für uns soziale Interaktionssysteme (vgl. Kap. 5) sind, sehen wir auch deren spezifische Struktur als das komplexe Resultat elementarer Handlungen individueller Akteure. Diese Akteure - meist die Mitglieder der Organisationen - schaffen Organisationsstrukturen entweder planmäßig oder als unintendierten Effekt. Der in einem Organigramm beschriebene Aufbau eines Unterneh-

mens beruht z.b. meist auf der planmäßigen Gestaltung dieser
Strukturen durch Unternehmensgründer, das Management oder
andere Organisationseliten. Dagegen können sich durch die regelmäßige, sich aus Effizienzgründen ergebende Interaktion mehrerer
Individuen ebenfalls mit der Zeit stabile Strukturen entwickeln. Dies
wäre z.b. der Fall, wenn sich aus einem regelmäßigen informellen
Treffen der Oberschwestern verschiedener Krankenhausabteilungen
mit der Zeit ein formelles Gremium entwickelt, das dann in den
formellen Organisationsablauf integriert wird.

Derartige *formale Organisationsstrukturen* repräsentieren somit
das Resultat des Organisierens, die hergestellte oder geschaffene
Ordnung - betriebswirtschaftlich die "Aufbauorganisation" -, ihre
Rechtsform und ihre Verfassung. Wesentliches Merkmal formaler
Organisationsstrukturen ist ihre Unabhängigkeit von den persönlichen Eigenschaften der Organisationsmitglieder (Kieser 2001c): Die
Stationsschwester informiert den diensthabenden Arzt nicht aus
einer persönlichen Neigung heraus, sondern aufgrund der funktionalen Bedeutung seiner Position. Formale Organisationsstrukturen werden damit zu einem System personenunabhängiger Regelungen (Kieser 2001c). Für die meisten Organisationen ist dieses
System durch eine mehr oder minder ausgeprägte Trennung von
Forschungs-, Entwicklungs-, Beschaffungs-, Produktions-, Absatz-,
Verteilungs- und Verwaltungsaufgaben gekennzeichnet. Darüber
hinaus erfolgt meist noch eine weitere Differenzierung von Aufgaben dadurch, dass im Zuge der Entwicklung von Arbeitsorganisationen mit eigenen Verwaltungsstäben die leitenden von den
planenden und organisierenden und diese wiederum von den
administrativen und ausführenden Funktionen getrennt werden.
Zudem kommt mit wachsender Organisationsgröße noch eine Trennung nach Verrichtungen, Objekten und/oder Regionen hinzu.

Der formalen Organisationsstrukturen zugrunde liegende hierarchische Aufbau
kapitalistischer Unternehmen kann in drei grundlegende Typen eingeteilt werden (vgl.
Douma & Schreuder 1992: 114f). Vor allem sehr kleine Unternehmen wie z.B.
Handwerksbetriebe zeichnen sich durch den ersten Typ, die *einfache Hierarchie* aus,
die jeweils nur eine Vorgesetztenposition beinhaltet. Auch unsere Apotheke besitzt

eine derartige Organisationsstruktur, da nur der Apotheker selbst Weisungsbefugnis besitzt. In größeren Unternehmen werden jedoch mehrere Leitungspersonen benötigt, die sich unter einer gemeinsamen Geschäftsleitung ihren Aufgabenbereich anhand der einzelnen Aufgabenbereiche wie z.b. Verkauf, Beschaffung, Produktion aufteilen können. Eine derartige Struktur - WILLIAMSON nennt sie unitary- oder *U-Form* (Williamson 1983) - zeichnet meist mittlere bis große Unternehmen aus. Auch in unserer relativ kleinen Verzinkerei findet sie sich in Ansätzen, wie die Aufteilung in Verkauf und Produktionsleitung auf der zweithöchsten Ebene zeigt. Bei zunehmender Firmengröße können sich jedoch zunehmend Probleme hinsichtlich des Informationsflusses und des Konfliktpotentials zwischen den einzelnen Abteilungen ergeben. Große Unternehmenskonzerne sind daher meist in einer so genannten multidivisionalen oder *M-Form* organisiert (Williamson 1983): Für die verschiedenen Produkte, die das Unternehmen herstellt, werden jeweils kleine Unternehmenseinheiten mit eigenem Management gebildet, die selbständig agieren und alle einer gemeinsamen Konzernleitung unterstehen.

In den meisten Arbeitsorganisationen erfährt die für alle modernen Gesellschaften charakteristische Arbeitsteilung eine weit über die berufliche Spezialisierung hinausgehende Zuspitzung. Sie findet ihren Niederschlag in der eher technisch-organisatorisch als beruflich bedingten Aufsplitterung der Arbeitsprozesse in kleinste Teilverrichtungen und deren anschließender Bündelung oder Kombination zu hochgradig spezialisierten Arbeitsrollen auf der einen und umfassenderen auf der anderen Seite. Die "organisationsspezifische Arbeitsteilung" - oft auch "funktionale Organisation" genannt - beinhaltet eine Aufteilung der zur Verwirklichung der Organisationsziele im Rahmen der Organisationsprogramme zu leistenden Aufgaben in eine mehr oder minder große Anzahl von Arbeits- und Organisationsrollen mit

* verschiedenen Aufgabeninhalten;
* unterschiedlichen qualifikatorischen Voraussetzungen;
* verschieden großen Dispositionsmöglichkeiten, Ermessens- und Entscheidungsspielräumen;
* unterschiedlichen physischen, psychischen, kognitiven und sozialen Anforderungen oder Belastungen.

Ihren allgemeinsten, lediglich die Aufgaben- und Abteilungsgliederung widerspiegelnden Ausdruck finden die formalen Organisationsstrukturen in den so genannten Organigrammen. Ein Beispiel
für die hier beschriebene organisationsspezifische Arbeitsteilung
sind die Organisationspläne der Verzinkerei, des Autohauses und
des Großkrankenhauses (vgl. Kap. 8). Sie lassen die Prinzipien recht
gut deutlich werden, nach denen die Aufteilung der Aufgaben erfolgte.

Neben der formalen Organisationsstruktur, die sich z.B. in den
Programmen, den Vorschriften, den Organigrammen niederschlägt,
prägen auch solche Elemente und Komponenten die Sozialstruktur
einer Organisation mit, die nicht in gleicher Weise wie Programme
und Vorschriften formalisiert, d.h. schriftlich fixiert sind. Diese
informelle Organisationsstruktur ist gekennzeichnet durch solche
Rollendefinitionen, Handlungsmustern und Verhaltenserwartungen
sowie sozialen Beziehungen, die aus der Interaktion mit Kollegen
erwachsen, die auf sozialen Wahlmechanismen und Präferenzen
oder individuellem Verhalten beruhen und die sich durch ein hohes
Maß an Spontanität, Flexibilität und Emotionalität auszeichnen. Sie
sind meist nicht durch formalisierte Normen bestimmt. Auch kann
ihr Bezug zur Organisationsposition und zu den eher formalen Elementen der Organisationsrollen sehr unterschiedlich und dazu noch
variabel sein: Sie können sowohl von unmittelbarem wie mittelba-
rem wie auch ohne jeden Bezug zur Position sein. Sie sind kennzeichnend für die so genannten *informellen Gruppen*, jene nicht
durch die formale Organisationsstruktur definierten Gruppierungen
von Organisationsangehörigen, sowie für die *informellen Beziehungen*, jene nicht aus formalen Organisationsvorschriften resultierenden und durch diese gedeckten soziale Beziehungen zwischen
Organisationsangehörigen. Sie allein reichen jedoch nicht aus zur
Erklärung solcher Gruppenbeziehungen.[8] Jedoch können auch infor-

---

8   Zu dem Verhältnis von formaler und informaler Organisation vgl. auch Luhmann
    (1964: 23 - 53).

melle Beziehungen in Organisationen wichtige Aufgaben erfüllen, wie BURT und KNEZ am Beispiel der Entstehung von Vertrauen in intraorganisationalen Netzwerken zeigen (Burt & Knez 1996).

4.2.2 Funktionen von Organisationsstrukturen

Wie bereits deutlich wurde, ist die arbeitsteilige Gliederung als charakteristisches Merkmal von Organisationen Ursache für die Ausdifferenzierung von Strukturmerkmalen. Das Ausmaß der Arbeitsteilung variiert in den verschiedenen Typen von Organisationen beträchtlich: Es ist minimal in kleinen, privaten, auf das Zusammensein der Mitglieder, ihre gemeinsame Betätigung und ihren gegenseitigen Kontakt abzielenden Vereinen. Es ist besonders ausgeprägt in allen Arbeitsorganisationen und wächst zugleich mit deren Größe und Komplexität.[9] Die Arbeitsteilung ist vergleichsweise gering in der Apotheke und im Wohnstift, bereits ausgeprägter im Autohaus, der Verzinkerei und in der EDV-Dienstleistungsorganisation und besonders stark im Großkrankenhaus. Mit steigender Arbeitsteilung nimmt unter anderem die Notwendigkeit zu, die einzelnen Mitglieder der Organisation zu koordinieren: Die verschiedenen Aufgabenbereiche müssen im Hinblick auf das Organisationsziel aufeinander abgestimmt, der notwendige Austausch von Gütern, Dienstleistungen und Informationen organisationsintern gewährleistet werden. Mit steigender Komplexität wird es jedoch auch zunehmend schwieriger, die individuellen Interessen zu koordinieren und zu verhindern, dass sich einzelne Akteure nicht dem Organisationsziel unterordnen. Vor diesem Hintergrund soll die Organisationsstruktur dazu beitragen, die *Koordination* und *Kontrolle* der individuellen Akteure sicherzustellen.

---

9 Vgl. hierzu die Zusammenfassung der empirischen Ergebnisse zum Zusammenhang zwischen Organisationsgröße und Organisationsstrukur in Kieser (2001c).

Die *Koordination* des arbeitsteilig gegliederten Organisationshandelns kann im Rahmen des Organisationsprogramms zur Sicherung der Organisationsleistungen mit Hilfe verschiedener Techniken und Verfahrensweisen erfolgen:

- durch *Standardisierung*, d.h. durch Normung der zu verrichtenden Aufgaben und der Programmprozesse nebst deren Ablauf;
- durch *Formalisierung*, d.h. durch schriftliche Fixierung der zu erledigenden Aufgaben, der anzuwendenden Verfahren und ihrer Abfolge im Rahmen der Organisationsvorschriften;
- vermittels der *technischen Anlage* oder des technischen Prozesses selbst;
- durch die Entwicklung und Vorgabe *spezieller Organisationsprogramme* für die verschiedenen Verrichtungen, Objekte und Regionen;
- durch die *Festlegung* der von bestimmten Gruppen (z.B. Arbeitsgruppen) oder innerhalb bestimmter Programmschritte zu erbringenden *Organisationsleistungen*;
- durch *wechselseitige Abstimmung* zwischen den jeweils miteinander interagierenden und im Programmablauf verbundenen Personen oder Gruppierungen (Arbeitsgruppen, Abteilungen, Hauptabteilungen etc.).

Liegt die Koordination individuellen Handelns im Interesse aller Akteure, muss für die Lösung dieses Problems meist nur die Informationsasymmetrie zwischen den Interaktionspartnern überwunden werden. Mit den aufgeführten Mechanismen kann dies häufig ohne Konflikte erreicht werden, wenn die Informationsübermittlung zu Vorteilen für alle Beteiligten führt. Sowohl für die Produktionsabteilung der Verzinkerei als auch für die Verkaufsabteilung ist es beispielsweise von Vorteil, sich gegenseitig hinsichtlich der Terminzusagen und der Kapazitätsauslastung abzusprechen, da einerseits Terminuntreue und andererseits eine Kapazitätsüber- oder unterlastung vermieden werden kann. Weit problematischer ist eine Situation, in der zumindest teilweise widerstreitende Interessen zu einem strategischen Einsatz von Informationen führt.[10] Dies ist z.B. der Fall, wenn zwei Abteilungen um interne Ressourcen konkurrieren und hierfür der Geschäftsleitung selektive Informationen liefern, die die eigene Bedeutung am Unternehmenserfolg möglichst günstig darstellen.

Derartige Probleme betrachtet z.B. die *Principal Agent-Theorie*, in der von einem grundlegenden Kontrollproblem zwischen Akteuren in hierarchisch organisierten Situationen ausgegangen wird. Im Mittelpunkt der Betrachtung stehen hierbei zwei Akteure: ein Auftraggeber oder Vorgesetzter - der Principal - einerseits und der Auftragnehmer oder Untergebene - der Agent - andererseits. Deren Beziehung ist gekennzeichnet durch eine grundlegende Informationsasymmetrie, da der Vorgesetzte den Untergebenen nicht vollständig überwachen kann. Hieraus resultieren Spielräume des Untergebenen, die er nutzen kann, um seine Auftragleistung schlecht oder unvollständig zu erfüllen. Dieses Verhalten - in der Regel als *Shirking*[11] bezeichnet - äußerst sich z.B. in unberechtigten Krankmeldungen, einem langsamen Arbeitstempo oder eben der ungenügenden Information des Vorgesetzten oder anderer Akteure in der Organisation. Da vor allem in Arbeitsbeziehungen aber auch der Principal Shirking z.B. durch die Zurückhaltung versprochener Gegenleistungen für die Auftragserfüllung betreiben kann, kann die Arbeitnehmer-Arbeitgeber-Beziehung als zweiseitige Principal-Agent-Beziehung betrachtet werden (Schrüfer 1988: 53, Abraham 1996: 35f). Im Rahmen dieser Theorie wird vor allem nach geeigneten Entlohnungsmechanismen für den Untergebenen gesucht, die Shirking vermeiden sollen (Fabel 1990). Abgesehen von den damit verbundenen Problemen (vgl. hierzu z.B. Miller 1992: 123) stehen den Akteuren eine Reihe anderer Mechanismen zur Verfügung, die vor allem aus der Möglichkeit der institutionellen Gestaltung der organisationellen Umgebung resultieren.

In der Organisationssoziologie ist weitgehend unstrittig, dass die individuellen Interessen der Organisationsmitglieder häufig den Organisationszielen widersprechen (vgl. Kap. 6). Organisationen können daher nicht einseitig als integrierte und hinsichtlich der Interessen und Erwartungen ihrer Mitglieder homogene Gebilde betrachtet werden, sondern müssen als eine Zusammenfassung

---

10 Das sogenannte Problem der "hidden information", vgl. hierzu Miller (1992: 138-158).

11 Vgl. zum Begriff des Shirkings Kap. 6.1.1.

miteinander konfligierender und konkurrierender Einzelpersonen, Gruppen und Gruppierungen aufgefasst werden. Die wie auch immer geartete Kontrolle der individuellen Akteure stellt damit ein Grundproblem von Organisationen dar, das unter anderem durch die geeignete Gestaltung der Unternehmensstruktur gelöst werden soll. *Unternehmensstrukturen werden somit zu einem Instrument sowohl der Koordination als auch der Kontrolle individueller Akteure.* Die Mechanismen, die zur Sicherstellung dieser Funktion führen, werden im folgenden Abschnitt betrachtet.

4.2.3 Organisationsstruktur und kooperatives Verhalten

Mit Blick auf Unternehmen als Organisationen weist SCOTT darauf hin, dass "ein Großteil dessen, was als Organisationsstruktur bezeichnet oder betrachtet wird, [...] aus einer Vielzahl von Mechanismen zur Kontrolle des Verhaltens der Beteiligten [besteht, d.A.]. Hierarchie, Formalisierung, Zentralisierung, Koordinationsmodi - all das sind Mittel, die sicherstellen sollen, da die Unternehmensleitung das Verhalten der in der Produktion Tätigen prägen und beeinflussen kann" (Scott 1986: 340). Die Funktion der Organisationsstruktur, für kooperatives Verhalten der Organisationsmitglieder im Hinblick auf das gemeinsame Organisationsziel zu sorgen, kann nur durch geeignete Mechanismen gewährleistet werden. Derartige Mechanismen müssen durch die geeignete Gestaltung individueller und struktureller Rahmenbedingungen dazu führen, dass unkooperatives Verhalten für die Mitglieder weniger vorteilhaft sein wird als die Verfolgung der gemeinsamen Interessen. Im Folgenden werden vier Typen derartiger Mechanismen diskutiert, die in Organisationen besonders häufig zu beobachten sind: die direkte Überwachung, die Existenz von Werten und Normen, selektive Anreize sowie die zeitliche Einbettung der Beziehungen in Organisationen.

Die *direkte Überwachung* der Organisationsmitglieder durch die Organisationsleitung oder deren Funktion übernehmende Vorgesetzte stellen die klassische Lösung des Koordinations- und Kontrollproblems dar. Vor allem in Arbeitsorganisationen übernimmt das *Aufsichts- oder Leitungspersonal* (Arbeitsvorgesetzte) die Überwachung und Festlegung der zu verrichtenden Aufgaben und des Programmablaufs. In unserer Verzinkerei obliegt dem Meister die direkte Kontrolle der Produktion, indem er den Arbeitseinsatz der einzelnen Arbeitnehmer koordiniert und die direkte Ausführung persönlich beaufsichtigt. Der Meister wird wiederum zusammen mit der Kundenbetreuung von dem Betriebsleiter überwacht. Die direkte Überwachung von Akteuren ist jedoch mit zwei grundsätzlichen Nachteilen behaftet. Erstens stellt sie eine relativ kostenintensive Möglichkeit der Kontrolle dar, da jegliche Überwachungstätigkeit nicht direkt die Produktion erhöht. Erst wenn durch die Überwachung entsprechende Verluste durch Shirking vermieden werden können, kann ein derartiger Mechanismus effizient sein. Zum Zweiten treten gerade in komplexeren Situationen, die durch eine Vielzahl an Untergebenen oder ein spezifisches Fachwissen von zu überwachenden Experten gekennzeichnet sind, schwerwiegende Informationsprobleme auf. Der Vorgesetzte kann in diesen Situationen meist nicht oder nicht rechtzeitig entscheiden, ob das individuelle Verhalten der Untergebenen dem Organisationsziel dient oder nicht. Damit stoßen Überwachungslösungen, die auf positionaler Autorität beruhen, in komplexen Situationen an die Grenzen ihrer Effizienz.

Die Position als häufigste Quelle der Autorität in Organisationen kann unterschieden werden von zwei anderen Autoritätstypen:

- Beruht die Autorität einer Person auf der Position oder dem Amt, die sie im hierarchischen Gefüge einer Organisation innehat, sprechen wir dann von *positionaler Autorität*.
- Autorität kann aber auch beruhen auf besonderen persönlichen Eigenschaften und Qualitäten, die jemanden auszeichnen. Wir sprechen dann von charismatischer oder *personaler Autorität*.

- Autorität kann schließlich beruhen auf der zuerkannten oder der erwiesenen Sachverständigkeit und Kompetenz, die jemandem zukommt. Wir sprechen dann von Fachautorität oder *funktionaler Autorität*.

Während die positionale Autorität ihre Legitimation aus den Organisationsvorschriften bezieht und deswegen in ihrer Wirkung primär gebunden ist an die freiwillige oder erzwungene Anerkennung der Autorität durch die jeweils der Autorität unterworfenen und an diese gebundenen Personen, ist dies bei den übrigen beiden Arten anders. In beiden Fällen liegen die Quellen der Autorität nicht in der Position und in der Organisationsleitung, sondern durchweg in den der Autorität unterworfenen Personen oder Gruppen, was dieser Autorität eine andere Qualität verleiht. Beide Arten sind deswegen auch nicht an die Billigung durch die oder an die Delegation von Leitungsinstanzen gebunden. Sie können sich sogar quer dazu oder diesen widerstreitend entwickeln, wie dies z.B. nicht gerade selten bei vielen Formen der Einflussausübung in informellen Gruppen geschieht.[12] Da die beiden letzteren Formen der Autorität schwer planbar sind, können sie die positionale Autorität mit den damit verbundenen Informations- und Kostenproblemen nur in Einzelfällen ersetzen.

Im Gegensatz zu der auf Autorität und Herrschaft beruhenden direkten Überwachung bieten handlungsrelevante *Werte und Normen* die Möglichkeit, die Individuen ohne den Eingriff eines Vorgesetzten zu kooperativem Verhalten zu bewegen. Die Vorteile derartiger Mechanismen liegen auf der Hand: Gelingt es, den Individuen Werte zu vermitteln, die das Organisationsziel über die Einzelinteressen stellen, so wird Shirking der Akteure vermieden. Als Quellen für derartige Werte kommen in frage.

- die in der Gesellschaft, welcher die Organisationen angehören, allgemein anerkannten oder vorherrschenden *Wertvorstellungen*: Grundwerte sowie umfassendere Wertideen oder sozialmoralische Leitvorstellungen,
- die *Werthaltungen*, welche die Organisationspolitik bestimmen, d.h. jenen der Organisationsträger und der Organisationseliten sowie einflussreicher Repräsentanten des Organisationspersonals,

---

12 Wer sich vertiefend mit dieser Thematik beschäftigen will, sei hingewiesen auf Weber (1976: 122 - 176, 541 - 868), Dahrendorf (1957: 215 - 224), Schluchter (1972) und Büschges & Lütke-Bornfeld (1977:91 - 101).

- die *Wertorientierungen* der verschiedenen Interessengruppen innerhalb einer Organisation, die den Werthaltungen entsprechen oder widerstreiten können.

Als sozialmoralische Leitideen setzen Werte abstrakt Maßstäbe für "richtiges" oder "rechtes" Handeln. Sie bilden die Grundlage jener Normen, welche die Organisation als strategisches Interaktionsfeld intentional handelnder Individuen von außen wie von innen steuern und regeln. Sie finden ihren Niederschlag in den Handlungsorientierungen des Organisationspersonals sowie in den Rollenerwartungen, die mit den verschiedenen Positionen in der Organisation verknüpft sind (vgl. Kap. 5). Sie beeinflussen das Verhalten in den formellen wie in den informellen Gruppierungen der Organisationsangehörigen. Sie dienen der Legitimation des Autoritätssystems der jeweiligen Organisation. Sie wirken ein auf die Organisationsziele und deren Umsetzung in Organisationsprogramme. Sie dienen ferner der Legitimation der Organisationsziele wie des Organisationshandelns und werden mit eingesetzt zur Rekrutierung, Sozialisation und Motivation der Organisationsmitglieder.

Obwohl allgemeine Werte und Normen derart die Organisation und ihre individuellen Akteure beeinflussen können, ist deren Einsatz zur Lösung des Kontrollproblems jedoch mit erheblichen Problemen verknüpft. Erstens müssen die allgemeinen Werte in konkrete, auf die Organisation und deren Zielsetzungen zugeschnittene Handlungsanweisungen übersetzt werden. Hier werden bereits die ersten Konflikte und Probleme in Bezug auf die "richtige" Operationalisierung auftreten: Jeder Akteur wird seine eigene Interpretation diesbezüglich besitzen (vgl. Kap. 5). Dies zeigt sich besonders deutlich für die Fragen nach der Zulässigkeit der Sterbehilfe oder von Abtreibungen in dem Krankenhaus, da offensichtlich die allgemeinen Wertvorstellungen der Gesellschaft keine konsensfähige Lösung für die Organisation liefern können.

Werden die entsprechenden organisationsinternen Normen von der Organisationsleitung vorgeschrieben, wird sofort das zweite Problem der Normbeachtung deutlich. Selbst wenn die Werte und Normen über eine organisationsinterne Sozialisation internalisiert werden, determinieren sie das Verhalten von Individuen keinesfalls vollständig. Vielmehr ist ein Modell angemessen, das die Befolgung von Normen als Entscheidung von Akteuren betrachtet, die Kosten und Nutzen sowohl der Befolgung als auch der Normabweichung abwägen (vgl. z.B. Boudon 1980: 57-80). Damit rücken jedoch die Kosten einer Normabweichung in den Mittelpunkt, die durch Sanktionen anderer Akteure erzeugt werden müssen. Muss die Organisationsleitung diese Sanktionen durchsetzen, befindet sie sich wieder in der selben Situation wie im Falle der direkten Überwachung. Sie benötigt Informationen über den Normenverstoß und muss dies wie die damit verbundene Strafe über Kontrollpersonal realisieren.

Werden die zugrunde liegenden Werte jedoch von allen Organisationsmitgliedern getragen, können auch diese für die geeignete Sanktionierung eines Normenverstoßes sorgen. Dies kann beispielsweise in Arbeitsgruppen beobachtet werden, wenn das Fehlverhalten eines Arbeitnehmers zu Nachteilen für seine Kollegen führt: Kann ein Team durch die Bummelei eines ihrer Mitglieder die für die Gruppenprämie notwendige Akkordleistung nicht erreichen, kann es den säumigen Kollegen durch soziale Sanktionen wie z.B. Missachtung, Ausgrenzung oder die Zuweisung unangenehmer Arbeiten im Team disziplinieren. Voraussetzung ist jedoch, dass das zugrunde liegende Kollektivgutproblem gelöst werden kann, d.h. nicht die einzelnen Teammitglieder die Kosten dieser Sanktionierung auf die anderen abschieben wollen und die Sanktion damit nicht realisiert wird.[13] Ein weiterer Nachteil besteht in der Gefahr, dass die durch die Gruppennorm angestrebten Gruppenziele von dem Organisationsziel abweichen. Bekanntestes Beispiel stellt hier

---

13 Vgl. hierzu insbesondere Wilkesmann (1994: Kap. 9), der die Möglichkeiten der Selbststeuerung von Gruppen durch die Etablierung und Durchsetzung von Normen anhand eines spieltheoretischen Modells diskutiert.

die Etablierung einer Gruppennorm dar, die die Arbeitsintensität der Gruppenmitglieder bremst, um die Akkordlohngrenzen so niedrig wie möglich und für alle erreichbar zu halten (Miller 1992: 102-119, Homans 1961: 114-116). Zwar werden in diesem Fall handlungsrelevante Normen geschaffen, die jedoch gerade das Shirking der Arbeitnehmer fördern.

Als dritte Möglichkeit besitzt die Organisationsleitung die Möglichkeit, *selektive Anreize* für ihre Mitglieder zu schaffen. Anreize sind dann selektiv, wenn mit ihrer Hilfe die Akteure, die nicht "zur Erlangung des Gruppenziels beitragen, anders behandelt werden können, als jene die dies tun" (Olson 1968: 50). Derartige Strafen oder Belohnungen können das Kontroll- und Kollektivgutproblem überwinden, indem die Erreichung des kollektiven Organisationsziels an individuelle, für den Akteur erstrebenswerte Ziele geknüpft werden. Bekanntestes Beispiel stellen hier Entlohnungs- und Prämienformen dar, die an Indikatoren für den Unternehmenserfolg wie z.B. Gewinn- oder Umsatzkennziffern gekoppelt sind. Ihre Anwendbarkeit wird jedoch durch das *Problem der Zurechenbarkeit des Organisationsoutputs* zu der individuellen Leistung stark eingeschränkt. In der Verzinkerei arbeitet z.b. in einer Schicht ein Team von etwa 40 Arbeitnehmern zusammen. Die Organisationsleitung kann hierbei nicht abschätzen, um wie viel niedriger die Produktion ausgefallen wäre, wenn ein bestimmter Arbeitnehmer an diesem Tag nicht zur Arbeit angetreten wäre. Diese mangelnde Zurechenbarkeit der individuellen Leistung eines Akteurs am Gesamtergebnis der Gruppe verhindert den Einsatz einer selektiven Prämie für den einzelnen Arbeitnehmer, da die Bemessungsgrundlage einer derartigen Belohnung fehlt.

Selektive Anreize können jedoch auch durch andere Mechanismen erreicht werden. Häufig kann die Leistung eines Arbeitnehmers für die Organisation zwar nicht kurzfristig, jedoch langfristig durch direkte Beobachtung und Erfahrungswerte insbesondere im Zusammenhang mit außergewöhnlichen Situationen gemessen werden. In diesen Fällen bietet sich an, die Beförderung in der Organisation von diesem langfristig beobachtbaren Verhalten abhängig zu machen. Dies ist dann besonders wirksam, wenn nur die untersten Positionen durch externe, auf dem allgemeinen Arbeitsmarkt agierende Akteure besetzt werden. Die höheren Positionen werden dagegen intern durch Nachrücken von Arbeitskräften auf einer Karriereleiter vergeben (Doeringer & Piore 1971). Eine derartige Nutzung der Organisationsstruktur in Form von *"internen Arbeitsmärkten"* hat zum einen den Vorteil, die Such- und Rekrutierungskosten für den Arbeitgeber zu minimieren, bietet zum anderen aber auch die Möglichkeit der Disziplinierung der Arbeitnehmer. Shirking wird unterbunden, indem der interne Aufstieg von korrektem Verhalten abhängig gemacht wird und die Löhne nicht an Personen, sondern an Positionen gebunden sind (Weber 1976: 127, Calvo & Wellisz 1979).

In Anlehnung an WEBER sieht STINCHCOMBE hierin die eigentliche Funktionsweise bürokratischer Organisationen, wobei drei wesentliche Eigenschaften von Belohnungssystemen die Effizienz sicherstellen: erstens besteht die Belohnung in der Beförderung auf höhere Positionen, zweitens erfolgt diese aufgrund der Leistungskapazität der Akteure, die hierdurch zur Leistung motiviert werden, und drittens muss diese Leistung nicht nur gemessen, sondern auch durch die Akteure wahrgenommen werden können (Stinchcombe 1974: 126). Indem die Karriere für den einzelnen hierdurch auch planbar wird, können zukünftige Erlöse besser kalkuliert und Unsicherheiten reduziert werden. Zudem reduziert ein solches System den Anreiz zur strategischen Auflösung des Arbeitsverhältnisses: "Restricting access to low level positions servers to protect the firm against exploitation by opportunistic types who would, if they could, change jobs strategically for the purpose of compounding errors between successive independent organizations" (Williamson et al. 1975: 274)

In ähnlicher Art und Weise kann die Organisation Anreize durch die Vergabe von Status setzen. Grundlage für alle Statusphänomene ist hierbei der Umstand, dass sich die Akteure in sozialen Systemen miteinander vergleichen (vgl. hierzu z.B. Frank 1985: 17-38). Die Ergebnisse sozialen Vergleichs manifestieren sich in der relativen Position der Akteure zueinander im Hinblick auf bestimmte Merkmale oder Ressourcen. Diese relative Position kann als der (soziale) Status eines Akteurs in einem sozialen System bezeichnet werden

und stellt damit die allgemeinste Definition des Statusbegriffes dar.[14]
Status kann damit bezeichnet werden als

* hinsichtlich eines individuellen Merkmals(bündels)
* von allen Akteuren wahrgenommene und akzeptierte Rangfolge,
* wobei die Akteure (ceteris paribus) eine höhere Position einer niedrigeren Position in dieser Rangfolge vorziehen (vgl. hierzu auch Frank 1985: 3-16).

In Organisationen kann sich Status auf eine Reihe verschiedenster Merkmalsbündel wie beispielsweise Alter, Produktivität, Einkommen, Zugehörigkeit zu ethischen oder nationalen Gruppen und vor allem offizieller Rang in der Organisationshierarchie beziehen. Damit besitzt die Organisation die Möglichkeit, durch die geeignete Gestaltung der Hierachiestruktur den Status bestimmter Positionsinhaber zu erhöhen und damit diese Position attraktiver zu machen (vgl. Abraham 1996: 106ff). So kann gezeigt werden, dass die Vergabe von Firmenwagen an das Führungspersonal in feuerverzinkenden Betrieben weniger durch die sachliche Notwendigkeit als vielmehr durch die Firmenstruktur bestimmt wird: In kleineren Betrieben wird häufiger eine derartige Leistung gewährt als in größeren Betrieben. Dies kann als der Versuch kleinerer Betriebe interpretiert werden, den Status ihres Führungspersonals sowohl innerhalb des Unternehmens als auch nach außen zu erhöhen (Abraham 1996: 189-191).

---

14 "Status relationships require ranking and comparison, so two or more persons are required to make a status relationship. One must be higher and the other lower. Individuals are bound together in status systems or status hierarchies, which define rank relative to others in the system" (Keith Davis 1972: 29, vgl. auch Hyman 1980[1942]: 5, Homans 1961: 149f). Speziellere Statusdefinitionen beschränken den Statusbegriff entweder auf bestimmte Merkmale oder Ressourcen (Einkommen, Wertschätzung, Berufsprestige) oder beziehen sich auf die Funktion, die mit der Einnahme einer (relativen) Position für das System verknüpft ist (vgl. hierzu Hyman 1980[1942]: 5). Die letzte Definition liegt vor allem funktionalistischen Modellen zugrunde, vgl. hierzu z.B. Znaniecki (1940: 17) oder Hughes (1944/45: 353).

Diese Beispiele für selektive Anreize stellen keinesfalls eine abschließende Aufzählung dar, vielmehr können diese Anreize verschiedene Formen annehmen. Darüber hinaus eignet sich nicht jeder Anreiz für jede Organisation. In Organisationen, die nicht der Sicherung des Lebensunterhaltes ihrer Mitglieder dienen wie z.B. Sportvereine, spielen in der Regel weder monetäre Anreize noch Beförderungen eine Rolle. Kennzeichnend für alle Organisationen ist jedoch eine gewisse Stabilität der Mitgliedschaft der individuellen Akteure. In der Regel werden die Organisationsmitglieder sowohl untereinander als auch mit der Organisationsleitung häufiger und über einen längeren Zeitraum interagieren. Diese *zeitliche Einbettung* von Interaktionsbeziehungen in Organisationen und der damit verbundenen Koordinations- und Kontrollproblemen eröffnet den Interaktionspartnern die Möglichkeit, langfristige Kontroll- und Kooperationsmechanismen zu nutzen. Akteure, die immer wieder miteinander zu tun bekommen, können auf das vergangene Verhalten der Partner belohnend oder bestrafend reagieren. Da die Akteure dies antizipieren, werden sie unter gewissen Umständen auf Shirking verzichten (vgl. hierzu Büschges et al. 1996: 128-140). Damit wird die Nutzung der zeitlichen Einbettung, wie sie auch in den oben angeführten internen Arbeitsmärkten wirksam wird, zu einer grundsätzlichen Voraussetzung jeglicher Lösung von Koordinations und Kontrollproblemen in Organisationen (Miller 1992: 182-198).

Charakteristisch für die funktionierende Lösung des Koordinations- und Kontrollproblems in Arbeitsorganisationen ist die Verwendung einer Kombination aller Typen von Kontroll-, Anreiz-, und Kooperationsmechanismen. Die Organisationstruktur als Träger dieser Mechanismen wird daher zwischen verschiedenen Organisationen stark variieren (Kieser 2001c). Die für eine Organisation sowie innerhalb einer Organisation für die verschiedenen Gruppen oder Bereiche jeweils charakteristischen Arten und Formen von Koordination und Kontrolle sind insbesondere abhängig von:

- dem jeweiligen Gesellschaftssystem, dem die Organisation angehört, seinen politischen und rechtlichen Regelungssystemen, den
  herrschenden Wertvorstellungen und kulturellen Mustern;
- den Organisationszwecken, die dominieren;
- den angewandten Organisationsprinzipien;
- den eingesetzten und verfügbaren Technologien;
- der zeitlichen und sachlichen Kontinuität der Organisations- und
  Arbeitsprogramme;
- Art und Inhalt der zu erbringenden Leistungen oder zu verrichtenden Aufgaben;
- den vorhandenen oder vermittelbaren Qualifikationen der
  Organisationsmitglieder;
- den Motivationen, Interessen und Orientierungen der Mitglieder,
  sowie nicht zuletzt
- den die Organisationspolitik bestimmenden Werthaltungen und
  den diesen entsprechenden oder widerstreitenden Wertorientierungen der verschiedenen Gruppen oder Klassen von Organisationsmitgliedern.

Wegen dieser Zusammenhänge lässt sich keine Aussage darüber
machen, welche Koordinations- und Kontrollsysteme für unsere
Gesellschaft generell charakteristisch sind. Auch ist es im Gegensatz
zu häufig geäußerten Überzeugungen beim gegenwärtigen Stand
unseres Wissens nicht möglich, hinreichend zuverlässige Prognosen
über die Wirkung verschiedener Koordinations- und Kontrollsysteme für Effektivität und Effizienz einer Organisation zu machen oder
hinreichend exakt in ihrer Wirkung abschätzbare technische
Empfehlungen über die zweckmäßigsten Organisationsstrukturen zu
geben.

Die für die meisten Organisationen im wirtschaftlichen und politischen Sektor
unserer Gesellschaft typische Tendenz nach einem Höchstmaß an Regelmäßigkeit und
Rationaliät in Planung, Steuerung, Ablauf und Kontrolle des "Organisationshandelns"
führte hinsichtlich des Zusammenhanges von organisationsspezifischer Arbeitsteilung, Koordination und Kontrolle in der Regel zu folgender Konsequenz: Je spezieller die Arbeitsaufgabe oder die Organisationsrolle, je begrenzter der Aufgaben-

inhalt und je größer der Anteil ausführender Funktionen, umso geringer ist der Dispositionsspielraum und damit die individuelle Gestaltungschance einer Organisations- oder Arbeitsrolle und umgekehrt. Auch bestand in komplexen Arbeitsorganisationen der Wirtschaft wie der öffentlichen Verwaltung bislang die Tendenz, Arbeitsaufgaben zu spezialisieren, Aufgabeninhalte zu begrenzen und/oder den Anteil ausführender Funktionen zu vergrößern, soweit dies die verfügbaren Technologien, die Beschaffungs- und Absatzmärkte, das Reservoir an Organisationspersonal und die Orientierungen der Organisationsmitglieder erlaubten. Allerdings deutet sich hier seit Jahren ein gewisser Wandel hin zu größeren Dispositionsmöglichkeiten und umfangreicheren Aufgabeninhalten an. Dies kann interpretiert werden als Abkehr von der direkten Überwachung hin zur Nutzung von selektiven Anreizen und zeitlicher Einbettung der problematischen Interaktionen.

Gelingt die Koordination und Kontrolle in einer Organisation nicht, entstehen Konflikte, die offen von organisierten Gruppen ausgetragen werden und auf grundlegenden Widersprüchen in den Interessen basieren. Dies ist z. B. bei Arbeits- und Lohnkonflikten durchweg der Fall. Konflikte dieser Art können aber auch als latente Konflikte lange Zeit verdeckt bleiben und nur in bestimmten Situationen manifest werden oder als umgelenkte Konflikte in individuellem Verhaltens ihren Ausdruck finden, die nicht direkt mit den auslösenden strukturellen Faktoren verbunden sind. Hinzu kommen Konflikte mannigfacher Art, die aus eher individuellen Faktoren herrühren oder die als Konflikte von informellen Gruppierungen der verschiedenen Art ausgehen. Eine besondere Bedeutung haben Intra- und Inter-Rollenkonflikte, die aus den abweichenden oder widersprüchlichen Verhaltenserwartungen der Interaktionspartner resultieren. Die ihnen zugrunde liegenden Organisationsrollen und deren Analyse werden daher im Anschluss an den folgenden Exkurs diskutiert.

4.3 Exkurs: Zur Bildung von Organisationen

Organisationen hat es nicht immer gegeben. Ihre Entstehung und Ausbreitung war eng verknüpft mit jener beispiellosen, tiefgreifenden und umfassenden Umwälzung der gesamten Gesellschafts- und

Wirtschaftsordnung, die mit dem Aufkommen der kapitalistischen Wirtschaftsweise einsetzte. Organisationen entwickelten sich als Produkt eines Doppelprozesses: "Die gleichen sozialen Veränderungen, die den Individualismus hervorbrachten - die Befreiung der Menschen aus den alles determinierenden sozialen Strukturen -, sind auch für die Entstehung von Organisationen verantwortlich - die Freisetzung von Ressourcen, Menschen eingeschlossen, die im Dienste spezieller Ziele und Zwecke mobilisiert werden können" (Scott 1986: 226). Nachdem Organisationen aber einmal "erfunden" und institutionell als mögliche Form kollektiven Handelns zugelassen waren, erhebt sich die Frage, unter welchen Bedingungen die Entscheidung für die Zusammenlegung von Ressourcen für spezielle Ziele oder Zwecke kollektiven Handelns Vorteile gegenüber anderen möglichen Formen kollektiver Austauschprozesse oder Zusammenschlüsse bietet, z. B. gegenüber Märkten, Verwandtschaftsgruppen oder informellen Gruppen, und welche spezifischen Probleme dabei zu lösen sind.[15]

Aus strukturell-individualistischer Sicht kommen mit Bezug auf die Bildung von Organisationen in erster Linie zwei - sich ergänzende -Sichtweisen in Frage:

• Eine eher "institutionelle Erklärung", die als institutionelle Arrangements zum Zwecke der Leistungserstellung und des Austauschs zwischen Akteuren Märkte und Organisationen miteinander vergleicht. Dahinter steht die sehr viel allgemeinere Frage "nach den Bedingungen, unter denen soziale Interaktion eher dazu tendiert, dem wechselseitigen Vorteil der Beteiligten zu dienen statt zu Ausbeutung und gegenseitiger Schädigung zu führen [...]. Dabei spielt der Gegensatz zwischen zwei Grundmustern kooperativer Ordnung, der dezentralen und spontanen Ordnung vom Typ 'Markt' einerseits und der zentral und bewusst

---

15 Vgl. hierzu ausführlicher Coleman (1992). Aus der Sicht des Property Rights-Ansatzes in der Nationalökonomie wird diese Problematik in Schüller (1983) eingehend diskutiert.

geplanten Ordnung vom Typ 'Organisation' andererseits, eine
wesentliche Rolle [...]"(Vanberg 1987: 263).

- Eine eher "individuelle Erklärung", die von der Ressourcenzusammenlegung von Akteuren zur Verwirklichung gemeinsamer Interessen ausgeht und nach dem Zustandekommen sowie
den institutionellen Arrangements von korporativen Akteuren als
Organisationen fragt. Auch dabei geht es um die allgemeinere
Frage, ob und unter welchen Bedingungen ein solches Arrangement für die beteiligten Akteure eher von wechselseitigem Vorteil ist oder eher die Gefahr besteht, dass es zur Ausbeutung oder
Schädigung eines Teils der beteiligten Akteure zugunsten anderer
führt. Ein solches Arrangement erfordert die Lösung von zwei
Problemen, nämlich einerseits eine Regelung darüber, wie und
von wem über den Einsatz der zusammengelegten Ressourcen im
Interesse eines Höchstmaßes an Effektivität entschieden wird,
und andererseits eine Regelung darüber, wie, von wem und nach
welchen Maßstäben der erzielte Ertrag auf die beteiligten Akteure
verteilt wird (Coleman 1992).

In beiden Erklärungsansätzen geht es darum, in welchem Ausmaß die Interaktionsbeziehungen der Akteure jeweils institutionellen Regelungen unterliegen, eine Vorhersage der individuellen wie
kollektiven Handlungsfolgen, insbesondere angesichts strategischer
Interdependenzen, hinreichend sicher zulassen und unbeabsichtigte
Folgen für die handelnden oder andere Personen oder Personengruppen erwarten lassen.

In seiner "Marktsoziologie und Entscheidungslogik" überschrie-
benen Aufsatzsammlung untersuchte ALBERT (1967) den "Markt-
mechanimus im sozialen Kräftefeld" am Beispiel von "Markt" und
"Organisation". Beide sind für ihn soziale Gebilde, verstanden als
"Netze mehr oder weniger stabiler Beziehungen der verschiedensten
Art zwischen den Inhabern sozialer Positionen, den Trägern sozialer
Rollen, die sich im gegenseitigen Verhalten dieser Personen, in
ihren Interaktionen, aufbauen, entwickeln und auflösen" (Albert

1967: 392). Sie unterscheiden sich jedoch ganz wesentlich durch die
Art und Weise, in der die Interaktionsprozesse sozialer Kontrolle
unterworfen sind: Zentrale Kontrolle durch eine Leitungsinstanz bei
den Organisationen oder dezentrale Kontrolle durch die wechselseitig miteinander verbundenen Akteure bei den Märkten. Dieser Unterschied wiederum kann - in Abhängigkeit von den jeweiligen
kulturellen Rahmenbedingungen, sonstigen institutionellen Regelungen und situativen Gegebenheiten - zur Folge haben, dass das
jeweilige Arrangement für die beteiligten Akteure eher von wechselseitigem Vorteil ist oder eher die Ausbeutung oder Schädigung
eines Teils der beteiligten Akteure nach sich zieht.

Dies führt zu dem generellen Problem, welches institutionelle
Arrangement für die jeweiligen Akteure auf längere Sicht vorteil-
hafter ist. Seine Lösung verbunden mit der Frage nach "Nutzen" und
"Kosten" des jeweiligen Arrangements steht im Zentrum des so
genannten Transaktionskostenansatzes. Er geht davon aus, dass
jeder Austausch, gleichgültig ob innerhalb von Organisationen oder
über Märkte, der Koordination bedarf. Dabei werden "marktliche
und hierarchische Transaktionen unterschieden, die unterschiedliche
Koordinationskosten, die so genannten Transaktionskosten verursachen. Diese werden üblicherweise als koordinationsspezifische
Such-, Informations-, Aushandlungs-, Wertsicherungs- oder Kon-
trollkosten aufgefasst" (Schüller 1983: IX).

Im zweiten Band seiner "Grundlagen der Sozialtheorie", der unter
anderem dem Handeln in und von Körperschaften gewidmet ist,
untersucht COLEMAN "Die Körperschaft als Handlungssystem"
(1992: 127-166), wobei er - wie ALBERT (1967) - "Marktorganisa-
tion" und "formale Organisationen" vergleichend kontrastiert. Für
ihn besteht jedoch der grundlegende Unterschied zwischen beiden
Transaktionsformen darin, dass es sich bei einem vollkommenen
Wettbewerbsmarkt um ein Handlungssystem handelt, "in dem jeder
Akteur ein möglicher Partner für eine Transaktion mit jedem der
anderen Akteure ist", während es sich bei formaler Organisation um
ein Handlungssystem handelt, "in dem die Beziehungen zwischen

den Akteuren durch die Sozialstruktur stark beschränkt werden".
Hier haben die Personen Positionen inne und stehen somit in spezifischen Beziehungen zueinander, die durch personenunabhängig
definierte Regeln festgelegt sind (Coleman 1992: 133).

Da es sich hierbei nicht um eine Struktur miteinander vernetzter
Personen handelt, sondern um eine Struktur miteinander verknüpfter
Positionen, die nicht dauernd mit bestimmten Personen besetzt sein
müssen, d. h. um Rollensysteme (vgl. Kap. 5.2), wird die "Körperschaft zu einer dritten Partei in den Beziehungen zwischen den
Positionen". Damit wird die Existenzfähigkeit dieser Struktur von
der wechselseitigen Existenzfähigkeit jeder einzelnen Beziehung
unabhängig (Coleman 1992: 136). Im Hinblick auf den wechselseitigen Vorteil der Akteure hängt die Existenzfähigkeit hier ab von
"einem Gleichgewicht von Leistungsanreizen und Beiträgen". Bezogen auf Unternehmen bedeutet dies: "Die Leistungsanreize müssen
für jeden Arbeitnehmer von größerem Wert sein als das, was er
aufgeben muss, um weiter angestellt zu bleiben, und die Beiträge
des Arbeitnehmers müssen für das Unternehmen von größerem
Wert sein als das, was das Unternehmen ihm als Leistungsanreize
bieten muss" (Coleman 1992: 137). Diese Art der Kompensation ist
jedoch nicht problemlos (vgl. Kap. 6.1). Zum einen beschränkt sich
die Kompensation in der Regel nicht allein auf geldliche Entlohnung, zum anderen ist es meist nicht möglich, die Beiträge der einzelnen Akteure genau zu bestimmen, und zum dritten sind Art und
Ausmaß der Kompensationen in der Regel externen institutionellen
Rahmenbedingungen (z. B. Arbeitsrecht, Tarifverträge) unterworfen
(Coleman 1992: 139).

In einer Struktur, die aus miteinander verknüpften Positionen
gebildet wird, ist es notwendig zwei Mengen von Rechten und
Pflichten mit Bezug auf die Beziehung zwischen Organisation und
Mitgliedern zu spezifizieren: Zum einen müssen vermittels einer
Verfassung positionale Rechte und Pflichten bestimmt werden, d.h.
es müssen die Rechte und Pflichten für die Inhaber der jeweiligen
Position benannt werden, und zwar sowohl in Relation zu Inhabern

anderer Positionen als auch in Relation zum Unternehmen selbst (vgl. Kap. 5.2 und 6.1). Zum anderen müssen die Beziehungen zwischen dem Unternehmen als Körperschaft und dem Arbeitsnehmer als natürliche Person in Form von vertragsmäßigen Rechten und Verpflichtungen zwischen zwei Vertragsparteien geregelt werden (vgl. Coleman 1992: 127-166 sowie Kap. 5.3 und 6.1).

5 Organisationen als Interaktionssysteme

In diesem Kapitel steht das Verhalten von Individuen in Organisationen im Mittelpunkt. Während bislang Form und Funktion von Organisationsstrukturen und -zielen betrachtet wurden, stellen diese im Folgenden nun Rahmenbedingungen für das Handeln individueller Akteure dar. Vor diesem Hintergrund sollen in einem ersten Schritt nach grundsätzlichen Möglichkeiten und Formen der Interaktion in Organisationen gefragt werden (Kap. 5.1). In einem zweiten Schritt wird dann das Rollenhandeln als wichtigste Form derartiger Interaktion ausführlich diskutiert (Kap. 5.2). Abschließend wird die Beziehung zwischen Organisationsrolle und Individualität anhand einiger ausgewählter Problembereiche beleuchtet (Kap. 5.3).

5.1 Interaktion und Interdependenz in Organisationen

In Organisationen interagieren eine Vielzahl von Individuen miteinander: der Verkäufer im Autohaus hat mit anderen Verkäufern, den Kollegen aus der Werkstatt, seinem Vorgesetzten oder mit Kunden zu tun. In diesen Interaktionen bezieht der Verkäufer sein Handeln auf den jeweiligen Interaktionspartner, indem er die Kommunikationsinhalte - z.B. Beratung, Terminabsprache, Gehaltsverhandlung - an diesem ausrichtet. Darüber hinaus hängt das Handlungsergebnis nicht nur von seinen eigenen Handlungen ab, sondern auch von den Entscheidungen des Interaktionspartners: Die Beratung hat erst Erfolg, wenn der Kunde sich für den Kauf des PKWs entscheidet; dies wird er aber unter Umständen auch von der Qualität der Werkstatt abhängig machen. Die Akteure in Organisationen sind also in unterschiedlichem Ausmaß voneinander abhängig oder *interdependent*. Sie stellen damit eine besondere Form von *Interaktionssyste-*

men dar, d.h. eine angebbare Menge von Individuen, deren Handeln und die dadurch erzielten Ergebnisse aufeinander bezogen und voneinander abhängig sind. Diese *Interdependenz* der Akteure in Organisationen, deren Ursache in der Arbeitsteilung zwischen den Organisationsmitglieder liegt, führt vor allem aufgrund mangelnder oder unvollständiger Information der Akteure zu Problemen. Dies soll im Folgenden anhand von zwei Beispielen erläutert werden: erstens der Überwindung gegensätzlicher Interessen, zweitens der Koordination der individuellen Handlungen.

Die aus der Interdependenz der Akteure resultierende Notwendigkeit der Abstimmung und Überwindung individueller Interessen wird besonders deutlich, wenn wir das sogenannte Problem der *Teamproduktion* betrachten. Organisationen wurden gemäß unserer Definition gerade dazu geschaffen, durch die Zusammenlegung von Ressourcen gemeinsame Ziele zu realisieren (vgl. Kap. 3.1). Abstrahiert man vorläufig von dem hierarchischen Aufbau einer Organisation und begreift diese als Team gleichberechtigter Organisationsmitglieder, so wird das Organisationsziel durch den Beitrag jedes einzelnen Akteurs zu einem Gesamtprodukt realisiert. Unterstellt man, die Akteure dieses Teams seien rational und eigeninteressiert in dem Sinne, dass sie ihren Beitrag und damit ihre Kosten zur Erstellung des Gesamtprodukts minimieren wollen, ergibt sich unter bestimmten Umständen das sogenannte Kollektivgutproblem. Können die Akteure nämlich den Beitrag des einzelnen am Gesamtprodukt - dem Kollektivgut - nicht messen, kann ein "Trittbrettfahrer", der die anderen arbeiten lässt und selbst seinen Produktionsbeitrag minimiert, nicht überführt und sanktioniert werden. Wenn alle dies wissen und sich eigeninteressiert verhalten, wird als paradoxer Effekt das gemeinsame Produkt nicht oder in zu geringem Ausmaß produziert (vgl. hierzu z.B. Olson 1968: 4-51, Alchian & Demsetz 1972, Wilkesmann 1994: 44-59). Dieses Problem entsteht im Zusammenhang mit innerbetrieblichen Arbeitsgruppen insbesondere dann, wenn die Entlohnung an eine Gruppenleistung geknüpft wird. Beispielsweise könnten die Löhne in der Feuerverzinkerei durch die Gewichtsmenge des verzinkten Stahls pro Stunde bestimmt werden. Diese Menge ist das Ergebnis einer Gruppenleistung, wobei die Belegschaft einer Schicht als Gruppe betrachtet wird. Jeder einzelne kann die verzinkte Menge nur minimal beeinflussen und besitzt so einen Anreiz, seine eigene Arbeitsleistung zu reduzieren. Da diese Kalkulation jedoch für alle gilt, sinkt das kollektive Gut der Gruppenleistung und damit auch die individuellen Löhne der Gruppenmitglieder (vgl. hierzu Holmstrom 1982, Miller 1992: 127-137, Wilkesmann 1994: 49-55).

Doch selbst wenn keine divergierenden individuellen Interessen im Spiel sind, kann die *Koordination des Handelns* einzelner Akteure durch unvollständige Information zum Problem werden. Dies wird besonders am Beispiel des Krankenhauses deutlich: Würden Chefarzt, Assistenzarzt und Krankenschwester jeweils eigenständig, ohne Absprache und Information über die Medikamentierung eines Patienten entscheiden, kann dies u.U. zu lebensbedrohlichen Überdosen führen. Notwendig wird hier ein Mechanismus, der die Informationen und Kompetenzen im Hinblick auf die korrekte Aufgabenerfüllung sicherstellt.

Die in den Beispielen deutlich gewordenen Kooperations- und Koordinationsprobleme können demnach zu unintendierten Effekten - nämlich der Verfehlung des gemeinsamen Ziels - führen, solange keine Mechanismen zur Vermeidung dieser Effekte existieren. Organisationen können nun als ein Typus von Interaktionssystemen verstanden werden, die durch die Kombination derartiger Mechanismen gewährleisten sollen, dass solche paradoxen Effekte vermieden oder wenigstens begrenzt werden. Nach BOUDON (1980) lassen sich im Hinblick auf die Lösung von Koordinationsproblemen und die Situationskontrolle der wechselseitig miteinander verbundenen Akteure zwei Typen von Interaktionssystemen unterscheiden: *Interdependenzsysteme* einerseits und *funktionale Systeme* andererseits. Sie unterscheiden sich in der Bedeutung, welche Rollen, d.h. normierte und von den Akteuren akzeptierte Verhaltensmuster, für die Akteure sowie für die Analyse des Interaktionssystems zukommen.[1] Während die Akteure eines funktionalen Systems in diesem Positionen innehaben und durch daran geknüpfte Rollen miteinander verbunden sind (z.b. im Krankenhaus Chefarzt, Assistenzarzt und Krankenschwester), wirken die Akteure in einem Interdependenzsystem zwar auch aufeinander ein, sind jedoch nicht durch Rollen im strengen Sinne miteinander verknüpft (z.b. verschiedene Kunden eines Autoverkäufers, die an demselben Gebrauchtwagen interessiert sind und so wechselseitig den möglichen Kaufpreis beeinflussen). Organisationen stellen somit geplante Interaktionssysteme dar, in denen Akteure durch die Einnahme von Positionen in einer Hierarchie auch konkrete, personenunabhängige Funktionen im Hinblick auf das Organisationsziel zu erfüllen haben. Hierarchische Organisationen können deswegen auch als geplantes und formelles Netzwerk von sozialen Beziehungen betrachtet werden, deren Analyse uns im folgenden Kapitel interessieren wird. Jedoch darf hierbei nicht übersehen werden, dass Organisationen auch immer Interdependenzsysteme, d.h. ungeplante Beziehungsgeflechte ohne Rollenbezug beinhalten. In jeder Organisation existieren neben den formellen, sich in Organigrammen widerspiegelnden Netzwerken *informelle Netzwerke*, die sich z.B. in privaten Kontakten mit Kollegen oder Gesprächen in der Kantine mit Mitarbeitern anderer Abteilungen äußern. Da derartige Netzwerke vor allem für die Übertragung von Informationen eine bedeutende Rolle spielen (vgl. z.B. Granovetter 1973), sind sie in der Analyse intraorganisationellen Handelns nicht zu vernachlässigen. Die Reputation von Vorgesetzten oder die Entstehung von Gerüchten im Unternehmen sind typische Phänomene, die auf die Existenz sozialer Netzwerke im Unternehmen zurückgehen. Da dieses Beziehungsgeflecht sich der Planung durch die Organisationsleitung entzieht, ist dies wie im Falle der Entstehung von Gerüchten immer auch eine potenzielle Quelle unintendierter Effekte im Unternehmen. Aber auch das formelle Netzwerk in funktionalen Systemen

---

1   Siehe hierzu ausführlich Büschges et al. (1996: 147 ff)

kann diese Effekte nicht vollständig vermeiden, wie der folgende Abschnitt zeigen wird.

5.2 Organisation als Rollensysteme

Organisationen sind Interaktionssysteme besonderer Art, die sich durch eine spezifische Zielsetzung und Zweckbestimmung auszeichnen. Sie sind mit einer Leitungsinstanz ausgestattet und besitzen eine hierarchische Gliederung. Für sie ist eine arbeitsteilige Differenzierung von Positionen charakteristisch, welche die einzelnen Organisationsangehörigen innehaben, und von Rollen, die den einzelnen Positionen zugeordnet sind. Im Folgenden betrachten wir Organisationen als derartige funktionale Systeme, deren zentrales Merkmal die Existenz von Rollen ist.[2] Hierzu soll der Begriff der Rolle umrissen und die Funktion von Rollen für die Koordination individuellen Handelns untersucht werden (Kap. 5.2.1). Dabei zeigt sich, dass auch Rollensysteme individuelles Verhalten keinesfalls vollständig determinieren, sondern Spielräume und Eigeninterpretationen der Akteure bestehen bleiben (Kap. 5.2.2), die Konsequenzen für die Analyse des individuellen Handelns besitzen (Kap. 5.2.3).

5.2.1 Definition und Funktion von Organisationsrollen

Wie ein Blick in verschiedene soziologische Lehrbücher zeigt, wird der Rollenbegriff im Rahmen verschiedener soziologischer Theorien und Ansätze verwendet. Dies hat zur Folge, dass man auf entsprechend viele und zugleich unterschiedliche Definitionsversuche und Konzeptionen stößt. Da sich diese Einführung auf Organisationen beschränkt, werden wir uns im Folgenden nur mit Organisations-

---

2   Siehe hierzu auch die Ausführungen bei Büschges et al. (1996: 163 - 194), insbesondere die über "Arbeitsorganisationen als funktionale Systeme".

rollen beschäftigen. Damit blenden wir die Frage aus, inwieweit das
Konzept der Rolle für die generelle Analyse individuellen Handelns
geeignet ist.[3] *Organisationsrollen* - im weiteren auch einfach als
Rollen bezeichnet - sollen in diesem Zusammenhang begriffen
werden als *die Summe aller Normen, Verhaltenserwartungen und
struktureller Restriktionen für eine gegebene Position in der Organisationshierarchie, mit denen Akteure als Positionsinhaber und
Rollenträger in einer Organisation konfrontiert werden*. Da sie in
der Regel zu stabilen Verhaltensmustern der Positionsinhabern
führen, stellen sie organisationsinterne Institutionen dar. Die mit der
Position des Meisters in einer Verzinkerei verknüpfte Rolle besteht
somit aus den Normen und Erwartungen, die sowohl von den untergebenen Mitarbeitern, den anderen Meistern als auch der Betriebs-
und Geschäftsleitung herangetragen werden, sowie spezifischen
strukturellen Rahmenbedingungen wie Kompetenzen und verfüg-
bare Informationen.

Organisationsrollen besitzen für die Akteure demnach zwei Konsequenzen. Zum einen werden die Handlungsmöglichkeiten eingeschränkt, indem Positionsinhabern bestimmte Handlungsalternativen
durch die Organisationsstruktur und die damit verbundene Information nicht zu Verfügung stehen. Beispielsweise kann der Meister der
Verzinkerei nicht den Lohn des Betriebsleiters oder anderer Meister
erhöhen oder das Unternehmen in geschäftlichen Belangen nach

---

3 Das Konzept der Rolle steht insbesondere im Mittelpunkt funktionalistischer
   Theorieansätze, die von einer generellen Rollensteuerung der Individuen in der
   Gesellschaft ausgehen, vgl. hierzu z.B. Linton (1964 [1936]), Hughes (1944/45).
   Siehe hierzu auch Bahrdt (1987: 66-85), der neben dem funktionalistischen
   Rollenkonzept auch das des symbolischen Interaktionismus knapp erläutert.
   Ebenfalls nicht weiter verfolgen wollen wir die von Luhmann (1964: 40 - 53)
   vorgenommene und von vielen Organisationswissenschaftlern übernommene
   Unterscheidung von Mitgliedsrolle und Arbeitsrolle. Für Luhmann macht diese
   Unterscheidung deswegen Sinn, weil er die Organisationsangehörigen nicht als
   Elemente der "Organisation als soziales System" begreift, sondern als "interne
   Umwelt des Systems". Da hier in den Personen, die als individuelle Akteure einer
   Organisation angehören, die Elemente des "Interaktionssystems Organisation"
   gesehen werden, ist diese Unterscheidung nicht von Belang.

außen vertreten. Zum Zweiten werden bestimmte Handlungen mit Kosten und andere mit Belohnungen belegt. Entspricht der Meister z.b. der Erwartung seines Betriebsleiters, wenn notwendig auch über die vereinbarte Arbeitszeit hinaus seinen Aufgaben im Betrieb nachzukommen, kann sich dieses rollenkonforme Verhalten in Anerkennung, monetären Gratifikationen oder erhöhter Selbstständigkeit niederschlagen. Umgekehrt kann der Rolle widersprechendes Verhalten zu entsprechenden Sanktionen führen. Rollen beinhalten stets auch spezifische Belohnungs- und Sanktionsmuster für definierte Situationen und Handlungsalternativen, die in der Regel die Menge der verfügbaren Reaktionen eines Positionsinhabers auf eine konkrete Handlungssituation stark einschränken.

Damit wird auch die *Funktion von Rollen* in Organisationen deutlich: Sie helfen, die Probleme der Koordination und Information zu lösen, indem den Akteuren auf bestimmten Positionen Routinen[4] an die Hand gegeben werden und deren Verwendung durch Sanktion und Gratifikation unterstützt wird. Damit entsteht für die Akteure Handlungssicherheit in den interdependenten Interaktionen, die Reaktionen von Interaktionspartnern werden berechenbar und die Notwendigkeit der Koordination von Handlungen wird auf ein Minimum reduziert. Beispielsweise muss in der Verzinkerei nicht mit jedem neuen Arbeitstag durch die Geschäftleitung oder sogar die gesamte Belegschaft festgelegt werden, wer die Organisation des Arbeitsablaufs übernimmt. Statt dessen enthält die Rollendefinition des Meisters eine entsprechende Anweisung zur Übernahme dieser Aufgabe. Notwendig ist jedoch, dass die entsprechenden Rollen-

---

4 Rollen werden in diesem Sinne zu Schemata, die Personen zur Reaktion auf bestimmte Situationen oder Abläufe heranziehen. Gioia und Poole (1984) sprechen in diesem Zusammenhang von "Skripten", die ein im Gedächtnis der Person gespeichertes Muster darstellen, *"das Ereignisse oder Verhaltensweisen [...] enthält, die von dieser Person als relevant für bestimmte Situationen angesehen werden"* (Kieser & Kubicek 1992: 463). Dies entspricht dem auch in der Rational-Choice Theorie verwendeten Konzept der Frames, die spezifische Handlungsmuster für bestimmte Situationen zur Reduktion von Unsicherheit darstellen (vgl. Tversky & Kahnemann 1986, Kreps 1990: 117, Esser 1991).

inhalte nicht nur dem Rolleninhaber, sondern auch den anderen
Organisationsmitgliedern bekannt sind. Um die Funktion der Kom-
plexitätsreduktion des Alltagshandelns durch Rollen zur Vermeidung von Kooperations- und Koordinationsproblemen sicherstellen
zu können, müssen demnach folgende Voraussetzungen erfüllt sein:

- Die angestrebten stabilen Verhaltensmuster müssen mit ausreichend hohen Belohnungs- und Sanktionsstrukturen verknüpft
  sein, und
- die Inhalte dieser Verhaltensmuster müssen sowohl dem Rolleninhaber als auch seiner Umwelt bekannt sein.

Da sich jedoch sowohl die Funktionen der Positionen in der
Organisation als auch die personelle Besetzung der Positionen verändern können, sind Rollen mit ständigen Lern- und Definitions-
prozessen verknüpft. Dies gilt nicht nur für neue Organisationsmitglieder, sondern auch für Rolleninhaber, für die sich die Bedeutung
ihrer Position im Rahmen des Organisationsablaufs ändert. Dies ist
z.B. im Krankenhaus bei den Krankenschwestern dann der Fall,
wenn von der bislang vorherrschenden Funktionalpflege zur Be-
reichs- oder Gruppenpflege übergegangen wird.[5] Diese Definition
von Organisationsrollen ist stets Ergebnis eines interaktiven Prozesses und somit "ein dynamischer Vorgang, in dessen Gefolge die
generellen und die spezifischen, die formellen und die informellen
Erwartungen je nach den implementativen Bedingungen der Organisation (Medien und Individuen), den Durchsetzungsfähigkeiten des
jeweiligen Bewerbers und der Veränderbarkeit der jeweiligen Arbeitsaufgabe modifiziert werden" (Büschges & Lütke-Bornefeld
1977: 61). Analytisch lässt sich dieser vielschichtige und wechselseitige Prozess der Rollendefinition betrachten als die Vermittlung

---

5   Unter Funktionalpflege versteht man die Zuordnung des Pflegepersonals aufgrund
     spezifischer Arbeitsteilung, wobei für jeden Patienten mehrere Pflegekräfte
     eingesetzt werden. In der Bereichs- oder Gruppenpflege wird dagegen ein weit-
     gehend teilautonomes Pflegeteam zu bestimmten Patientengruppen zugeordnet
     (vgl Robisch 1992: 87).

- der Definition der Organisationsrolle aus der Sicht der *Organisationsleitung* und ihrer Repräsentanten oder Agenten sowie des *Organisationspersonals*;
- der *Eigendefinition* der Organisationsrolle durch die jeweilige Person als individuellem Akteur mit eigenen Zielen und Interessen sowie
- der Definition der Organisationsrolle durch *organisationsexterne Akteure* (Kunden, Klienten, Publikum, Lieferanten, Abnehmer, Organisationsträger etc.), mit denen der Positionsinhaber kraft seiner Aufgaben zu interagieren hat (vgl. Abb. 5.1).

Die Organisationsrolle als Resultat der genannten Rollendefinitionen kommt empirisch fassbar zum Ausdruck im *Rollenverhalten*. Dies aber ist nicht nur bedingt durch relevante Normen der Organisationsrolle, sondern auch durch die jeweilige konkrete Situation, in der eine Person handelt sowie deren Präferenzen. Insbesondere besitzt jeder Akteur die Möglichkeit, durch eine geeignete Eigendefinition seiner Rolle seinen Verhaltensspielraum zu erweitern. Auf der anderen Seite wird jedoch die Organisationsleitung bemüht sein, die individuellen Handlungsspielräume im Interesse der Handlungskontrolle möglichst klein zu halten. Wer sich in diesem Interessenkonflikt in welchem Ausmaß durchsetzt, hängt u.a. ab von

- der "Verfügbarkeit der Rolle", d.h. der aufgrund der vorliegenden Organisationsprogramme und geltenden Organisationsvorschriften gegebenen Spielräume und Gestaltungschancen sowie der Varianz, der Ambivalenz, der Segmentierung und der Interferenz mit anderen Rollen (vgl. Kap. 5.2.2),
- der organisationsspezifischen Sozialisation sowie
- der Kontrolle des Rollenverhaltens durch die Organisationsleitung und die Organisationsangehörigen, aber auch durch die relevanten Agenten der Umweltsektoren.

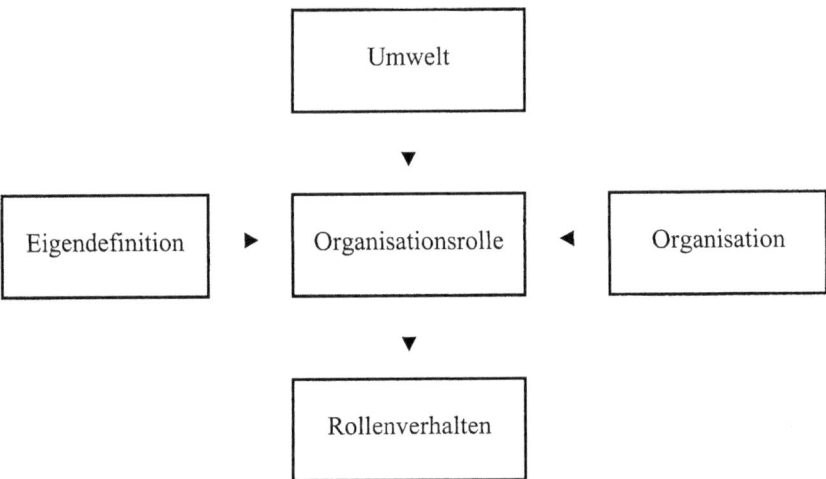

Abbildung 5.1: Modell der Rollendefinition und -übernahme

Die dem vorstehenden Modell zugrunde liegende analytische Unterscheidung von Rollendefinition und Rollenvermittlung lässt sich
aufgrund der gegenseitigen Beeinflussung von Eigendefinitionen,
Definitionen durch die Organisation und Definitionen durch die
Umwelt empirisch kaum fassen. Rollendefinition und Rollenvermittlung vollziehen sich in stetigen, dynamisch miteinander ver-
schränkten Prozessen, die bereits mit dem Eintritt in eine Organisation beginnen. Für die Rollenvermittlung und -definition sind daher
verschiedene Dimensionen relevant, die neben der bereits genannten
Sozialisation und Auswahl der Organisationsmitglieder auch die
Schulung, die Ausbildung informeller Kontakte sowie die ebenfalls
bereits diskutierten Aspekte der Kontrolle und Belohnung umfassen.
Für jede Dimension kommen verschiedene Instrumente zum Einsatz, die von einem bestimmten Personenkreis herangezogen werden
können, um organisationelle und individuelle Ziele zu erreichen.
Diese Diskussion des Begriffs und der Funktion der Organisationsrolle zeigt bereits, dass Rollen kcinesfalls zu einem vollkommen
determinierten und vorhersagbaren Verhalten der Rollenträger führen.

Zwar wird der Verhaltensspielraum mitunter stark eingeschränkt, jedoch bleibt aufgrund spezifischer Eigenschaften von Rollen immer Raum für abweichendes und individuelles Verhalten. Diese spezifischen Eigenschaften - die Varianz, Ambivalenz, Segementierung und Interferenz - werden im folgenden Abschnitt beleuchtet.

5.2.2 Spielräume und Widersprüche in Rollensystemen

Die Spielräume und die Widersprüche in Rollensystemen, also auch in Organisationen, sind darin begründet, dass die den sozialen Positionen zugeschriebenen oder mit ihnen verknüpften Rollen nicht eindeutig und keiner Interpretation bedürftig sind, sondern durchweg mehr oder minder variieren, ambivalent in den sie definierenden Normen sind, sich durch segmentäre Eigenschaften auszeichnen können und dazu noch mit anderen Rollen interferieren. Hieraus ergeben sich für die Organisationsangehörigen Handlungs- und Gestaltungschancen, die es zu erkennen gilt. Allerdings sind diese keineswegs immer in allen Organisationen für alle Personen in den verschiedenen Positionen gleich. Sie weisen vielmehr beträchtliche Schwankungsbreiten auf. Ihr Ausmaß ist - neben anderen Faktoren - insbesondere abhängig

- vom Typus der jeweiligen Organisation;
- von der Bedeutung, die die Organisation, die Position und auch die Zugehörigkeit zur Organisation für die einzelnen Personen hat;
- von der Autoritätsstruktur und der hierarchischen Position;
- von den spezifischen Qualifikationen der einzelnen Personen und ihrer Bedeutung für die Organisationsprogramme wie für die Organisationsleistungen sowie
- von der Verfügung über oder dem Zugang zu knappen, aber für die Organisation wichtigen oder von anderen begehrten Ressourcen.

Dieser Sachverhalt hat zur Folge, dass die Thematik in den folgenden Abschnitten nur exemplarisch erörtert werden kann. Inwieweit die einzelnen Aussagen und Schlussfolgerungen für den konkreten Organisationsalltag handelnder Personen unmittelbar gelten, lässt sich nur im Einzelfall, nicht aber generell entscheiden. Vielleicht aber hilft die hier gegebene Skizze, um den Organisationsalltag entsprechend zu analysieren und daraus dann angemessenere Schlussfolgerungen für das eigene Handeln zu ziehen.

Die *Varianz von Organisationsrollen* ergibt sich aus der Komplexität des Definitionsprozesses hinsichtlich der verschiedenen Restriktionen und der Vielzahl der beteiligten Akteure. Organisationsrollen werden u.a. definiert durch geschriebene und nicht-geschriebene Normen, durch ausgesprochene und nicht-ausgesprochene Erwartungen. In die Definition der einzelnen Organisationsrollen geht nicht nur die Vorstellung der Organisationsleitung, sondern vieler Akteure innerhalb wie außerhalb der Organisation ein. Da nicht nur in den Organisationsvorschriften schriftlich fixierte Normen die Organisationsrollen definieren, sondern auch informelle Normen, die sich nur in den Reaktionen der an einzelnen Handlungssituationen beteiligten Akteure finden lassen, können wesentliche Normen oft nur über einen langfristigen Lernprozess entdeckt und in ihrer Relevanz erfahren werden. Der Anteil solcher Normen steigt in dem Maße, wie sich der zu regelnde Sachverhalt einer sprachlichen und formalen Bestimmung und Vermittlung verschließt. Bruchstückhafte und mehrdeutige Informationen im Verein mit der Tatsache, dass "die Informationen über die die Rolle definierenden Normen (die eigene Rolle und die seiner Partner) für den Akteur häufig schwer zugänglich sind" (Boudon 1980: 81), schaffen Unsicherheit und lassen die handlungsrelevanten Normen nur undeutlich hervortreten.

Die hier angesprochene Problematik gilt allerdings nicht nur für Normen, die Organisationsrollen definieren, sondern auch für Normen anderer Art. So ist sie ebenfalls charakteristisch für die Rechtsnormen unseres Rechtssystems. Ermessensbegriffe (Rechtsvorschriften, welche die Rechtsfolgen in das Ermessen der jeweils zuständigen Instanzen stellen) und unbestimmte Rechtsbegriffe (jeweils der Interpretation bedürftige allgemeinere Begriffe) machen es z.b. im Bereich der Sozialleistungen den jeweiligen Helfern oder ihren Organisationen schwer, Rechtsnormen zu finden, die zu den jeweils vorliegenden oder eigens erhobenen Lebenslagenmerkmalen passen und die in Verbindung mit diesen die jeweils gewünschte oder erforderliche soziale Hilfeleistung als Rechtsfolge auszulösen vermögen.

Unterstellt man nun, dass jede Person, die in ein Rollensystem eingebunden ist, danach trachtet, den aus der fehlenden Eindeutigkeit wie aus der mangelnden Erkennbarkeit resultierenden Spielraum der Interpretation als Dispositionsspielraum zu nutzen, und versucht, diesen Spielraum durch eine ihren jeweiligen Zielen und Interessen entsprechende Eigendefinition auszufüllen, so empfiehlt es sich, auch für Zwecke der Organisationsanalyse die Rollensysteme der jeweiligen Organisation als "strategisches Interaktionsfeld" zu verstehen (Boudon 1980: 78). Tut man dies, dann geht es auch bei Organisationsanalysen darum, nach den Interessen und Zielen der handelnden Personen, ihren Nutzenschätzungen und der Struktur des Interaktionsfeldes zu fragen, wenn man zu einer einigermaßen angemessenen Deutung von Spannungszuständen und Konflikten und zu einer zutreffenden Beschreibung der Organisationsstrukturen gelangen will.[6] Bei einer solchen Analyse gewinnen zugleich die durch die Akteure gemachten Erfahrungen und Lernprozesse an Bedeutung, weil davon mit abhängt, ob ein vorhandener Interpretationsspielraum als solcher erkannt und im eigenen Interesse genutzt wird. Gerade in Arbeitsorganisationen sind Gestaltungsspielräume der hier erörterten Art umso größer und zahlreicher, je größer der Rollenanteil von leitenden, planenden und organisierenden Funktionen geprägt ist. Andererseits sind die Spielräume umso kleiner, je mehr administrative und vor allem ausführende Funktionen in einer Organisationsrolle gebündelt sind. Erfolgt die Gewährleistung von Koordination und Kontrolle durch Standardisierung, dürften in der Regel die Spielräume ebenso eingeschränkt und der Kontrolle der

---

6 Ein gutes und instruktives Beispiel für die Erklärungskraft dieses Ansatzes liefert
   Boudon (1980: 92 ff) in der Rekonstruktion und Reinterpretation einer Studie von
   Crozier über das "bürokratische Phänomen".

Organisationsleitung unterworfen sein, wie wenn Koordination und Kontrolle mit Hilfe technischer Anlagen geschehen. Am größten sind die Spielräume wohl dann, wenn Koordination und Kontrolle durch wechselseitige Abstimmung der jeweils interagierenden Personen oder Personengruppen vollzogen werden, sowie dann, wenn lediglich die zu erbringenden Organisationsleistungen vorgegeben werden, Verfahrensvorschriften jedoch fehlen.

Bezogen auf die Beispielorganisation Krankenhaus dürfte der größte Spielraum den Chefärzten zukommen, der geringste den Verwaltungssachbearbeitern, die durch Rechtsnormen und Verfahrensvorschriften sowie durch interne Dienstanweisungen stärker gebunden sind; auch dürfte der Spielraum für die Krankenschwestern bei Bereichs- oder Gruppenpflege größer sein als bei Funktionalpflege. Im Autohaus lässt sich diese Frage nicht so eindeutig entscheiden, doch dürfte der Spielraum für die Autoverkäufer größer sein als für die Mechaniker. In der Verzinkerei kommt dem Meister mehr Spielraum zu als den Auf- oder Abrüstern.

Die *Ambivalenz von Organisationsrollen* bezieht sich auf jene Normen, welche die Organisationsrolle definieren. Es geht darum, dass *die definierenden Normen und Erwartungen in sich widersprüchlich sind und verschiedene, z.T. einander ausschließende Interpretationen zulassen.* So gilt z.B. für die Ärzte im Krankenhaus, dass sie jene diagnostischen und therapeutischen Mittel einsetzen sollen, die zu einem raschen Heilungsprozess führen. Sie haben aber zugleich der Wirtschaftlichkeit des Krankenhauses und der Amortisation seiner Investitionen Rechnung zu tragen und außerdem darauf zu achten, dass die Kosten die vereinbarten Fallpauschalen nicht überschreiten und alle Betten möglichst durchgängig belegt sind.

Bei ambivalenten Normen besteht für den jeweiligen Positionsinhaber ein Spielraum mit Dispositionschancen, der zu widersprüchlichen Handlungskonsequenzen führen kann. Ist dies der Fall, kann die jeweils handelnde Person den durch die widersprüchliche Definition gegebenen Spielraum durch eigene Interpretation und den eigenen Interessen gemäß ausfüllen - vorausgesetzt, die anderen Interaktionspartner akzeptieren dies. Nicht selten bleibt ein solcher

Widerspruch deswegen verborgen, weil nicht jeweils die vorliegende Norm interpretiert wird, sondern so gehandelt wird, "wie dies in diesem Falle bislang üblich war". Grundsätzlich liegt auch in solchen Rollennormen eine Quelle möglicher innerorganisatorischer Konflikte und Spannungen, die strategisch genutzt und auch zu Änderungen bisher üblicher Verfahrensweisen führen können und damit einen Ansatzpunkt für Wandlungsprozesse bieten (vgl. Kap. 7.2).

Widersprüchliche Normen und Verhaltenserwartungen sind für viele Positionen in Arbeitsorganisationen charakteristisch: Ein geradezu klassisches Beispiel ist die Position des Arbeitsdirektors im Vorstand mitbestimmter Unternehmen, der zum einen als Vorstandsmitglied die in erster Linie ökonomisch definierten Organisationsziele zu vertreten und durchzusetzen hat. Zum anderen ist er - in der Regel von den Gewerkschaften herkommend und sich in seinem Organisationshandeln an den Gewerkschaften und Arbeitnehmervertretern orientierend - an das Vertrauen der Arbeitnehmervertreter gebunden, soweit dies mit den Rollennormen seiner Position vereinbar ist. Angesichts der gegebenen Widersprüchlichkeit und Ambivalenz liegt in der Interpretation von "vereinbar" die strategische Möglichkeit zu unterschiedlichen Verhaltensweisen.

Wie in der Diskussion der Organisationsstrukturen (vgl. Kap. 4.2) bereits erörtert, führt die organisationsspezifische Arbeitsteilung in aller Regel zu einer Aufteilung in unterschiedliche Arbeits- oder Organisationsrollen und deren Bündelung zu Organisationspositionen. Die Folge dieser, im allgemeinen nicht nur planmäßig, sondern auch "naturwüchsig" sich vollziehenden Verteilung von Aufgaben ist u.a. die *Segmentierung von Organisationsrollen*: Diese setzen sich - teils mehr, teils weniger - *aus mehreren Teilrollen* zusammen. In der Alltagswirklichkeit von Organisationen haben wir es durchweg nicht mit eindeutig definierten, widerspruchsfrei normierten und klar umrissenen Teilrollen zu tun. Dies ist lediglich der Fall bei starrer Fließfertigung, dem Prototyp "taylorisierter Arbeit", der gekennzeichnet ist durch die zwangsläufig gesteuerte, lückenlo-

se Folge von Arbeitsvorgängen bei vorgeschriebener Arbeitsmetho-
de und vorgegebenem Arbeitstempo.[7] Die Segmentierung von Organisationsrollen in Teilrollen bietet den Organisationsangehörigen ein
Instrument für die individuelle Definition und Ausgestaltung ihrer
Organisationsrolle. Gestaltungschancen und Handlungsspielräume
sind dann am größten, wenn die unterschiedlichen Teilrollen nur
schwer miteinander vereinbar sind. Ein Paradebeispiel für diesen
Sachverhalt ist die Position der Hochschullehrer an deutschen Universitäten: Sie sind Lehrer, Forscher, Selbstverwalter und Studienberater in einer Person.

So bestimmt z.B. das Bayerische Hochschullehrergesetz vom 27. Juni 1989 in
Artikel 9 die Dienstaufgaben der Professoren wie folgt: "(1) Die Professoren nehmen
die ihrer Hochschule jeweils obliegenden Aufgaben in Wissenschaft und Kunst,
Forschung und Lehre in ihren Fächern nach näherer Ausgestaltung ihres Dienst-
verhältnisses in eigener Verantwortung wahr; sie haben ihre Fächer angemessen zu
vertreten... (2) Die Professoren sind im Rahmen der für ihr Dienstverhältnis geltenden
Regelungen verpflichtet, Lehrveranstaltungen ihrer Fächer in allen Studiengängen
abzuhalten. ... (3) Zu den hauptberuflichen Aufgaben der Professoren gehören auch 1.
die Beteiligung an Aufgaben der Studienreform und Studienberatung , 2. die Mitwirkung an der Verwaltung der Hochschule, 3. die Mitwirkung an Prüfungen... 5. die
Erstattung von Dienstgutachten aus ihren Fächern einschließlich der hierfür erforderlichen Untersuchungen ohne besondere Vergütung...". Eine solche Organisationsrolle,
wie sie hier den Professoren bayerischer Hochschulen per Gesetz vorgegeben ist, setzt
den Positionsinhaber in die Lage, das Gewicht der einzelnen Teilrollen und ihr
Verhältnis zueinander sowie die Vermittlung zwischen ihnen so zu bestimmen, dass
es *seiner* beruflichen Orientierung am besten entspricht. Es bietet aber auch den
anderen Positionsinhabern in der Organisation die Möglichkeit, Einfluss auf die
Ausgestaltung der verschiedenen Teilrollen unter Berücksichtigung ihrer privaten
Interessen und Ziele wie ihrer Definition der Organisationsleistungen und der
Organisationsprogramme zu nehmen.
Ein Hochschullehrer kann sich in erster Linie als Forscher definieren, weil das
seinen beruflichen Orientierungen am nächsten kommt und weil es ihm, wenn er
dabei erfolgreich ist, am meisten Gratifikationen von den Fachkollegen, aber auch
von anderen zu bieten verspricht, jedenfalls derzeit an deutschen Universitäten. Tut er
dies, so wird er sich darum bemühen, als Lehrer, als Studienberater und als Selbstverwalter nur so wenig Zeit wie eben möglich einzusetzen, um einen möglichst großen
Teil seiner Dienstzeit der Forschung widmen zu können. Die anderen Aufgaben

---

7   Zum tayloristischen Arbeitskonzept vgl. z.B. Vossbein (1989: 132-137).

überlässt er seinen Kollegen oder anderen Gruppen des Organisationspersonals, z.B. den wissenschaftlichen Mitarbeitern, den nichtwissenschaftlichen Mitarbeitern oder den Studenten. Hinsichtlich der Entwicklung des Hochschulrechtes und der Hochschuladministration kann dies zur fatalen Folge haben, dass der aus dem Forschungsauftrag resultierende Anspruch nur noch untergewichtig in Entscheidungsgremien vertreten wird; eine Konsequenz, die der Hochschullehrer bei der Eigendefinition seiner Organisationsrolle sicher nicht beabsichtigte: ein widersprüchlicher, unbeabsichtigter oder paradoxer Effekt (vgl. hierzu auch Boudon 1980: 81-92).

Aus der Sicht des Studenten hat die Vernachlässigung von Lehre und Studienberatung durch den Hochschullehrer die Konsequenz, dass seinen Interessen und Zielen nur unangemessen Rechnung getragen wird. Er wird sich folglich dafür einsetzen, dass mit den Mitteln der Selbstverwaltung und anderer Institutionen, auf die er Einfluss nehmen kann, der Lehre ein größeres Gewicht verschafft und dieses durch entsprechende Rollennormen mit Hilfe von Organisationsvorschriften durchgesetzt wird. Nachteile für die Forschung sind aus seiner Sicht uninteressant, solange nur eine angemessene Ausgestaltung der Lehre gesichert ist und der "Ruf" der Hochschule und die daran gebundenen Berufschancen nicht beeinträchtigt werden. Aber auch hier können widersprüchliche und unbeabsichtigte, ja auch unerwünschte Konsequenzen eintreten.

Kompliziert ist eine Prognose der Konsequenzen aus solchen segmentären Rollen und den verschiedenen möglichen Eigendefinitionen der Positionsinhaber, weil sie nicht allein, ja oft nicht einmal ausschlaggebend von den Entscheidungen der einzelnen Positionsinhaber abhängen, sondern von der spezifischen Struktur des jeweiligen Interaktionssystems und den verketteten Handlungen relevanter Akteure. Wichtig ist in diesem Zusammenhang, wenn wir das Beispiel des oben geschilderten, primär forschungsorientierten Hochschullehrers zugrunde legen, u.a.

- die "Orientierung" der Hochschullehrer des Instituts oder der gesamten Fakultät: die Ziele, die sie verfolgen, die Mittel, die sie einsetzen, die Motivationen, die sie ins Spiel bringen, die Werte, die sie anerkennen, und die Normen, die sie beachten;
- die "Orientierung" der übrigen relevanten Gruppen von Hochschulangehörigen (wissenschaftliche und nichtwissenschaftliche Mitarbeiter, Studenten);

- die Bewertung von Forschung, Lehre, Studienberatung und Selbstverwaltung im Rahmen der verschiedenen Belohnungs- oder Sanktionssysteme innerhalb wie außerhalb der Hochschule;
- die den verschiedenen Personen und Personengruppen zur Durchsetzung ihrer Vorstellungen zur Verfügung stehenden Mittel und Einflusspotenziale innerhalb wie außerhalb der Hochschule;
- die der Organisationsleitung (Direktor, Dekan, Fachbereichsrat, Rektor, Rektorat, Senat, Kanzler und Verwaltung) rechtlich wie faktisch mögliche Kontrolle des Handelns wie der Handlungsergebnisse der Hochschulangehörigen;
- die Außenwirkungen der Strukturentscheidungen wie der tatsächlich erbrachten Organisationsleistungen.

Erschwerend für Prognose wie Kontrolle kommt in diesem Beispielfall hinzu, dass wegen der Art der zu erbringenden Leistungen und der ihm zugestandenen Selbstständigkeit der Hochschullehrer sich in allen Teilrollen nur mit einem Minimum seines Leistungsvermögens engagieren kann. Wird ihm unzureichende Leistung in der Forschung vorgehalten, kann er sich mit den Verpflichtungen in Lehre, Studienberatung und Selbstverwaltung entschuldigen. Genügt dies zur Rechtfertigung nicht, kann er auf die mit Forschungsaufgaben zwangsläufig verbundenen intellektuellen Anstrengungen und die oftmals unvermeidlichen "produktiven Umwege" verweisen, um den bislang ausstehenden Leistungsnachweis im Bereich der Forschung zu "erklären". Wird die Leistung in der Lehre gerügt, kann er in ähnlicher Weise verfahren; ebenso hinsichtlich eventueller Vorwürfe von Leistungsdefiziten in Studienberatung oder Selbstverwaltung. Daher ist die tatsächliche Leistung eines Hochschullehrers durch Dritte mit hinreichender Beweiskraft nur schwer, häufig gar nicht zu beurteilen. Die Folge ist, dass man ersatzweise auf Kollegenkontrolle oder Kontrolle durch die Profession zurückgreift oder Ersatzkriterien wählt, um wenigstens "symbolisch" Kontrolle auszuüben. Dieses Beispiel dürfte genügen, um jenes Problem aufzuzeigen, dass mit der Segmentierung von Organisationsrollen angesprochen ist.

Wie wir am Anfang unserer Einführung sahen, gehören die meisten Mitglieder unserer Gesellschaft nicht nur einer, sondern einer größeren Zahl von Organisationen an, deren Bedeutung für ihr Leben allerdings recht verschieden sein kann. Als Folge hiervon kann eine *Interferenz von Organisationsrollen* entstehen: Einzelnen Organisationsangehörigen haben nicht nur eine, sondern *mehrere Positionen in verschiedenen Organisationen* inne und folglich auch nicht nur eine, sondern *mehrere Organisationsrollen* und außerdem noch Rollen in anderen sozialen Gebilden zu spielen. *Diese Rollen sind durchweg nicht völlig, sondern nur mehr oder minder miteinander vereinbar.* Auch haben sie in der Lebensorientierung der Individuen nicht alle die gleiche, sondern z.T. sehr unterschiedliche Bedeutung. In diesem Sachverhalt liegt wiederum eine Chance für die individuelle Ausprägung und Gestaltung von Organisationsrollen. Auch hat er zur Folge, dass Erfahrungen in der einen Organisation auf das Verhalten in den anderen Organisationen einwirken. Schließlich können die Rollennormen der einen Position nur schwer vereinbar sein mit jenen der anderen: Eine Gegebenheit, die wir im Fachjargon Inter-Rollen-Konflikt nennen: "So ist eine Familienmutter gleichzeitig Ehefrau, Bankangestellte, aktive Gewerkschaftlerin und Wählerin. Selbstverständlich können zwischen diesen Rollen Interferenzphänomene auftreten: die aktive Gewerkschaftlerin kann der Wählerin im Wege stehen; die Familienmutter kann in Situationen geraten, welche die Ehefrau in Schwierigkeiten bringt" (Boudon 1980: 60).

Das hier angesprochene Phänomen bedeutet, dass dann, wenn wir Organisationsangehörige als Elemente von sozialen Gebilden ansehen, davon auszugehen ist, dass die verschiedenen Rollen, die ein Individuum innehat, nicht unverbunden nebeneinander stehen, sondern durch die Person als Rollenträger miteinander verbunden sind und aufeinander einwirken. In diesem Prozess besteht die Möglichkeit, dass eine Rolle zu bestimmten Zeiten, an bestimmten

Orten, im Hinblick auf bestimmte Sachverhalte so stark dominiert,
dass alle anderen Rollen zurücktreten und nur die Normen der domi-
nanten Rolle handlungsrelevant werden. Es kann aber auch sein,
dass immer die anderen Rollen auf die Eigendefinition der jeweiligen Organisationsrolle einwirken und dass deswegen eine Abwand-
lung der Rollennormen und der Wirkung von Sanktionen erfolgt.

Es dürfte sicher plausibel sein, dass es schon einen Unterschied
macht, ob ein Chefarzt eines Krankenhauses auch noch Funktionär
des zuständigen Berufsverbandes, in der Leitung des Bezirksver-
bandes einer großen Partei und aktiv in seiner Kirchengemeinde wie
in der politischen Gemeinde ist oder ob er nur einem Skatclub,
einem Gesangverein und als beitragszahlendes Mitglied dem zuständigen Berufsverband angehört. Ähnliches gilt für einen Arbeits-
direktor, für einen Kfz-Mechaniker, für einen Betriebsleiter, für
einen Apotheker und selbst für die Etagendame oder den Hausmeis-
ter eines Wohnstiftes. Im folgenden Exkurs sollen die mit den besonderen Eigenschaften von Rollen verbundenen Steuerungs- und
Kontrollprobleme anhand eines exemplarischen, längst historisch
gewordenen, nach einem nur für den Dienstgebrauch bestimmten
Runderlass rekonstruierten Falles verdeutlicht werden.

5.2.3 Exkurs: Fallbeispiel zum Verhältnis von Rollenspielräumen und Rollendefinition durch die Organisationsleitung

Als in den siebziger Jahren der Rückgang der Zahl der Ausbildungsstellen dazu führte, dass es nicht mehr möglich war, alle Jugendlichen im Bereich der beruflichen Bildung unterzubringen,[8] stand die
Bundesanstalt für Arbeit[9] vor der Frage, wie diesem Problem zu
begegnen sei. Aufgrund des für diese Anstalt charakteristischen
Modells der zentralen Organisationsleitung (vgl. Gabriel 1975) sah

---

8   Empirische Daten hierzu in Büschges (1975: 61 - 64).

9   Zielsetzung und Entwicklung der Bundesanstalt für Arbeit wurde bereits in Kapitel 2.4 knapp erörtert.

man in einer detaillierten und ständig fortzuschreibenden Arbeitsplanung das entscheidende Mittel, um die vorhandenen Personal-
kapazitäten auszuschöpfen und für eine volle Nutzung der
berufsberaterischen Möglichkeiten im Interesse der Rat Suchenden
zu sorgen. Ferner war man davon überzeugt, dass nur eine Koordination aller am Planungsprozess beteiligten Instanzen auf der
Grundlage zentraler Weisungen die Wirksamkeit der Arbeitsplanung zu gewährleisten vermöge. Ein Runderlass mit konkreten
Planungshilfen richtete sich an die Dienststellen (d.h. die Arbeitsämter) sowie die Berufsberater für die Kapazitätsberechnung wie für
die Gestaltung des organisatorischen Handelns (d.h. die
Berufsberatung).

In diesem Erlass wurde zunächst die Gleichrangigkeit der drei
Aufgabenbereiche: Berufsorientierung, berufliche Beratung und
Ausbildungsvermittlung verordnet und die in einem früheren Erlass
geregelte Nachrangigkeit einzelner Aufgabengebiete aufgehoben.
Auch wurden die Inhalte der genannten Aufgabenbereiche näher
geregelt, indem z.B. Art und Umfang der Aufgaben vorgeschrieben
wurden. Schwerpunktsetzungen wurden nur innerhalb eines Auf-
gabenbereiches (Berufsorientierung, berufliche Beratung, Ausbildungsvermittlung, Förderung der beruflichen Ausbildung sowie
Eigeninformation und Fortbildung) erlaubt. Ferner wurden Sollnormen hinsichtlich des Umfanges vorgegeben, den die einzelnen
Aufgabenbereiche innerhalb eines Jahreszeitraumes ausmachen
müssen (Berufsorientierung 15 - 20%, berufliche Beratung 45 -
50%, Ausbildungsvermittlung und Förderung 20 - 25%, Eigeninformation, Informationsaustausch und Fortbildung 15 - 20%) und
bestimmt, dass in diesen Werten der erforderliche Wegeaufwand
eingeschlossen ist. Sofern eine den Sollnormen entsprechende
Aufgabendurchführung nicht möglich war, mußten die einzelnen
Aufgabenbereiche zu gleichen Teilen reduziert werden. Im Rahmen
dieser Vorgaben durften bei der regionalen und örtlichen Arbeitsplanung gewisse Besonderheiten berücksichtigt werden.

Damit aber nun auf diese Weise keine allzu starke Differenzierung eintrat, wurden zusätzlich noch detaillierte Mindestnormen für
die Aufgabendurchführung festgelegt, die im Falle längerfristiger
und überdurchschnittlicher Engpässe wirksam werden sollten. Diese
Vorschriften ließen dem Berufsberater aber selbst dann keinen
Handlungsspielraum, wenn terminierte Beratungsgespräche, deren
Terminierungszeit brutto 45 Minuten (Gespräch und Gesprächs-
protokoll) nicht unterschreiten durfte, unvorhersehbar nicht in Anspruch genommen wurden. Dann galt nämlich, dass die Zeit z.B. für
dringliche Beratungs- und Auskunftsfälle, die Beantwortung schriftlicher Anfragen, die Auswertung psychologischer bzw. ärztlicher
Begutachtungsergebnisse o.ä. zu nutzen war. Unterschritten werden
durften diese Mindestnormen nur mit Genehmigung des zuständigen
Landesarbeitsamtes.

Schließlich wurde auch noch die Arbeitsplanung verordnet. Sie
hatte, gemäß der zentralistischen Perspektive, nach den Vorstellungen der Hauptstelle zu erfolgen, die von den Landesarbeitsäm-
tern in einen Rahmenarbeitsplan umzusetzen waren, der auch Weisungen enthalten durfte für die anteilige Reduzierung der Aufgaben
bei unzureichenden personellen Kapazitäten in Kenntnis der regionalen Verhältnisse. Für die Arbeitsämter waren konkrete Anleitun-
gen zur Umsetzung des Rahmenplanes zu geben. Die Arbeitsämter
hatten unter Berücksichtigung des Landesarbeitsamts-Rahmenplans
ihren Arbeitsplan zu erstellen. Wie dies zu geschehen hatte, wurde
ebenso vorgeschrieben wie die Kontrolle der Einhaltung des Ar-
beitsplanes durch die Führungskräfte. Damit nichts ungeregelt blieb,
wurde schließlich noch festgelegt, welche Maßnahmen bei nicht
vorhersehbaren Engpässen zu erwägen waren. Dieser Erlass sollte
dazu dienen, den Grundsatz in die Tat umzusetzen: "im Vordergrund des Wirkens der Berufsberatung steht das Eingehen auf den
einzelnen Menschen, der sich beruflich bilden soll" (Bundesanstalt
für Arbeit 1977: 26). Mit seiner Hilfe sollte die Behauptung in
Organisationsleistungen umgesetzt werden: "Das moderne Verfahren der Berufsberatung gewährleistet rechtzeitige und umfassende

Berufsorientierung, gründliche individuelle Beratung, qualifizierte Vermittlung geeigneter Ausbildungsstellen und im Einzelfall erforderliche Förderung der beruflichen Ausbildung. Ein Jahresarbeitsplan ermöglicht es, die Aufgaben der Berufsberatung im Ablauf des Jahres zu koordinieren und zu den jeweils günstigsten Terminen zu erledigen" (Bundesanstalt für Arbeit 1977: 28 f.). Ein umfangreiches statistisches Berichtswesen, das sich der Möglichkeiten der EDV in vollem Umfange bediente, gab der Bundesanstalt die Möglichkeit, die Realisation des Erlasses zu überprüfen, vorausgesetzt, die erhobenen Daten stimmten mit dem tatsächlichen Handeln an der Basis überein und dienten nicht nur der formalen Legitimation des Handelns der einzelnen Berufsberater.

Dieser Erlass kann als Versuch betrachtet werden, die Organisationsrollen möglichst vollständig zentral durch die Organisationsleitung zu definieren. Die Wirksamkeit eines derartigen Versuches muss jedoch in Zweifel gezogen werden, da die Organisationsrollen der Berufsberater ambivalent, variabel und segmentär zugleich sind. Diese Eigenschaften eröffnen den beteiligten Akteuren erhebliche Dispositions- und Gestaltungsmöglichkeiten im Rahmen der Eigendefinition der Organisationsrolle. Sollen diese Spielräume durch zentrale Maßnahmen eingeschränkt werden, sind zunehmend differenziertere Vorschriften die Folge. Diese Ausdifferenzierung kann im vorliegenden Fall als der zum Scheitern verurteilte Versuch betrachtet werden, ein Zweckprogramm wie ein Konditionalprogramm zu gestalten.[10]

---

10 Die Unterscheidung von Zweck- und Konditionalprogrammen geht auf Luhmann zurück: "Im allgemeinen stehen für die Programmierung von Entscheidungen zwei Grundtypen zur Verfügung: Zweckprogrammierung und konditionelle Programmierung. Zweckprogramme knüpfen an erstrebte Wirkungen an und suchen von da her unter Berücksichtigung von Nebenbedingungen günstige Mittel zu finden [...] Bei Konditionalprogrammen haben die Entscheidungsprämissen dagegen die Form von Ursachen, von Informationen, die in der Lage sind, jedesmal wenn sie vorliegen, bestimmte Entscheidungen auszulösen. Es handelt sich also um 'Wenn-Dann'-Programme [...]" (Luhmann 1969: 130).

Ein Berufsberater, der die Beschreibung seiner Organisationsrolle wörtlich nimmt und der sich daran in seinem Handeln orientiert, wird es schwer haben, den Vorschriften des Erlasses zu entsprechen. Inwieweit eine "Organisationsphilosophie", die einen Erlass, wie den zuvor geschilderten, als Lösung eines "Mangelzustandes" begreift, den Beratern eine Hilfe ist, die nachfolgendem Leitbild des Beraters verpflichtet sind, ist mehr als eine offene Frage: "In jedem Fall aber wird der Berater versuchen, eine vertrauensvolle Gesprächsatmosphäre entstehen zu lassen und sich in seinem gesamten Gesprächsverhalten möglichst situationsgerecht auf den oder die Gesprächspartner einzustellen: insbesondere wenn es darum geht, emotional belastende Themen takt- und verständnisvoll anzusprechen; Pausen im Gespräch auszuhalten, um dem Rat Suchenden Zeit zum Nachdenken zu lassen und ihn nicht zu überfordern; eigene Überlegungen und Lösungsansätze des Rat Suchenden zu bekräftigen; den erreichten Grad an Selbständigkeit bzw. das Bemühen des Rat Suchenden um Unabhängigkeit zu berücksichtigen und zu unterstützen; im Blick auf etwaige Schwierigkeiten oder Rückschläge zu ermutigen und nötigenfalls entsprechende Auffangpositionen zu entwickeln; schließlich dem Rat Suchenden und seinen Begleitpersonen Gelegenheit einzuräumen, das Beratungsgespräch verantwortlich mitzugestalten, zu ergänzen und zu korrigieren" (Bisping & Müller-Kohlenberg 1979: 10).

Die zwischen dem "Führungsstil" des Erlasses und den hier beschriebenen Normen der Rolle des Beraters in der Beratungsinteraktion bestehenden Widersprüche geben den Berufsberatern die Chance, ihre Organisationsrolle nach ihren dominierenden beruflichen Orientierungen zu gestalten und dabei formal den Organisationsvorschriften zu entsprechen. Für die Rat Suchenden kann dies aber bedeuten, dass die ihnen zuteil werdende Organisationsleistung entscheidend davon abhängt, zu welchem Berufsberater mit welcher Eigendefinition seiner Organisationsrolle sie kommen. Wie GABRIEL (1975) in einer empirischen Studie gezeigt hat, ist es für einen Berufsberater unter den Restriktionen der Organisationsvorschriften sehr schwer, sich als Anwalt der Rat Suchenden zu definieren und eine solche Definition durchzuhalten. Er kann dies nur, wenn er sich primär als "Berater" definiert und nur sekundär als "Beamter" der Bundesanstalt für Arbeit. Dies aber wiederum setzt voraus, dass er auf gewisse Karriereorientierungen verzichtet und sein Handeln in der Organisation nicht in erster Linie an jenen Regeln und Erwartungen ausrichtet, die der Karriere förderlich sind.

Die Konsequenzen der damals hinter dem Erlass stehenden Vorstellungen sind nach dem Urteil des DGB-Arbeitsausschusses "Beratung im Bildungswesen" einer "arbeitnehmerorientierten Berufsberatung" insgesamt eher hinderlich als förderlich. So hieß es in der Stellungnahme dieses Ausschusses u.a.: "Der politische Auftrag, die Jugendlichen zu bewussten und verantwortungsvoll getroffenen Berufswahlentscheidungen zu befähigen, wird verkürzt auf die weit aktuellere (zeitlich begrenzte) Frage des Ausgleichs von Angebot und Nachfrage nach Ausbildungsstellen. Die Berufsberater erleben diese Veränderung des Auftrages an einer Vielzahl von einengenden, kapazitätsorientierten zentralen Vorgaben inhaltlicher und organisatorischer Art, die den erforderlichen Freiraum des Beraters einschränken, alles im Einzelfall für den Rat Suchenden Notwendige zu klären, zu entscheiden und gegebenenfalls zu veranlassen. Dem Berufsberater fehlt unter den gegenwärtigen Arbeitsbedingungen sogar die Zeit, sich die notwendigen Informationen zu erarbeiten, Zusammenhänge - auch im Erfahrungsaustausch mit den Arbeitskollegen - zu klären und sich an der Auswahl der Informationsschriften und Dokumentationssammlungen fachlich steuernd zu beteiligen. Die in den 70er Jahren intensivierte, aber zu wenig flexibel organisierte Arbeitsteilung zwischen Beratungsfachkräften, Vermittlungsfachkräften, Dokumentationssachbearbeitern und Mitarbeitern des Fachtechnischen Dienstes wirkte sich für den Rat Suchenden oft recht nachteilig aus: Der Rat Suchende der Berufsberatung wird je nach seinen verschiedenen Fragen und Wünschen auf die jeweils Zuständigen 'aufgeteilt'. Dies ist die Folge eines Rationalisierungsdrucks, der die angestrebten und gesellschaftspoli-

tisch erwünschten qualifizierten Dienstleistungen der Berufsberatung zur Zeit erheblich gefährdet" (DGB-Arbeitsausschuss "Beratung im Bildungswesen" 1979: 111).

Die hier angesprochene Trennung von verschiedenen Teilrollen
(Berufsorientierung, berufliche Beratung, Ausbildungsvermittlung
etc.) aus der umfassender definierten Organisationsrolle des Berufs-
beraters und ihre Verselbstständigung zu eigenständigen Organisationsrollen erleichtert sicher die in dem angesprochenen Erlass für
Zwecke der Planung erforderliche Differenzierung der einzelnen
Funktionen und ihrer zeitlichen, räumlichen und personellen Verteilung. Sie hat aber andererseits, wie jede den Verrichtungen und
nicht den zu bearbeitenden Objekten folgende organisatorische
Arbeitsteilung, eine "Aufteilung" des Rat Suchenden bewirkt. Als
paradoxer Effekt folgt hieraus die Notwendigkeit, eine weitere
Funktion zur Integration der einzelnen Teilbeiträge dann zu schaffen, wenn diese Integrationsleistung vom Rat Suchenden selbst nicht
erbracht werden kann. Die Nachteile dieser Lösung äußern sich vor
allem in dem Umstand, dass die Personen vergessen werden, derentwegen die Dienstleistungen erbracht werden. Daran wird auch deutlich, dass Arbeitsteilung nur dann funktionieren kann, wenn die
betroffenen Personen zusätzliche Leistungen, nämlich die der Integration, erbringen. Die analytisch vertretbare Unterscheidung von
Informationsberatung, Entscheidungsberatung und Realisierungs-
beratung wird zur Falle, wenn man nach diesem Prinzip Organisationsrollen schneidet und dabei vergisst, dass Berufswahlprozesse
keineswegs in der Reihenfolge: Information - Entscheidung - Beratung ablaufen, sondern sehr viel komplexere Prozesse sind.

Dieses Beispiel wurde so ausführlich vorgestellt, weil es zum
einen geeignet ist, die Spielräume und Widersprüche in Rollensystemen praktisch deutlich werden zu lassen, und weil zum anderen die
Grenzen der Vermeidung paradoxer Effekte durch Rollendefintio-
nen deutlich werden. So eindeutig dieses Beispiel sich auch darstellt, so darf man bei der Lektüre an keinem Punkte vergessen, dass
keiner der Beteiligten die Absicht hatte, jene Effekte herbeizufüh-

ren, die tatsächlich eingetreten sind. Allen Beteiligten ging es - allerdings unter je verschiedenen Zielvorstellungen und Orientierungen - um eine Verbesserung der Beratung für die Rat Suchenden, leider trat vielfach das Gegenteil ein. Diesen Sachverhalt den handelnden Personen als persönliches Unvermögen anzulasten und daraus ein moralisches Problem zu machen, trifft den Kern der Sache nicht, ja wäre geradezu geeignet, die eigentlich wirksamen Faktoren zu verschleiern. Die begrenzte Rationalität der Handelnden, der institutionelle Rahmen, zumal die bürokratische Organisationsstruktur, die individuellen Handlungen und ihre wechselseitige Verkettung produzierten miteinander dieses Ergebnis.

5.3 Organisationsrollen und Individualität

Wie die Betrachtung von Organisationsrollen als Bündel von strukturellen Rahmenbedingungen für die Positionsinhaber gezeigt hat, können den einzelnen Organisationsangehörigen keine strikten, sie in ihrem Handeln in der und für die Organisation ausschließlich bestimmenden Rollenzwänge auferlegt werden. Die Organisationsrollen können zum einen nicht eindeutig genug definiert werden, zum anderen reichen die Sanktionen nicht aus, um dem individuellen Akteur jede Chance zu nehmen, nicht nur den jeweiligen Rollenvorschriften gemäß zu handeln, sondern auch seine privaten Interessen und Zielsetzungen ins Spiel zu bringen. Damit rückt die Frage nach dem Verhalten von Individuen in den Mittelpunkt, die über ihre Rollen hinaus Handlungsspielräume besitzen und diese nutzen. Nachdem anhand einiger Thesen die hierfür relevanten Einflussfaktoren erörtert wurden (Kap. 5.3.1), werden wir uns anhand zweier Beispiele - der Arbeitszufriedenheit und der Personalführung - mit den Konsequenzen individueller Spielräume in Hierarchien beschäftigen (Kap. 5.3.2 und 5.3.3)

*5.3.1 Handlungsspielräume, Handlungschancen und Handlungs-
bereitschaft*

Das Handeln der Organisationsangehörigen als individuelle Akteure, wie wir sie nennen wollen, um die hier vorherrschende Perspektive zu betonen, ist u.a. abhängig

- von den Rollennormen, ihrer möglichen Varianz und Ambivalenz;
- von dem segmentären Charakter der Rolle oder, mit anderen
  Worten, von den gebündelten Teilrollen und deren Verträglich-
  keit miteinander;
- von der jeweiligen Definition der Organisationsrolle;
- von der Bereitschaft des individuellen Akteurs, in seinem Handeln den Rollennormen und der spezifischen Definition der Organisationsrolle zu folgen;
- von den positiven oder negativen Anreizen durch die Organisation, die direkt oder indirekt dazu dienen, die Bereitschaft des
  individuellen Akteurs zu sichern, den Rollennormen sowie der
  spezifischen Definition der Organisationsrolle zu entsprechen.

Für die Bereitschaft des individuellen Akteurs, in seinem Handeln den Organisationsrollen zu folgen und den Rollennormen zu
entsprechen, sind die Orientierungen der individuellen Akteure
besonders wichtig. Diese *individuellen Orientierungen* (im Falle von
Arbeitsorganisationen: Berufs- und Arbeitsorientierungen) umfassen
zum einen die vom individuellen Akteur jeweils angestrebten *Ziele*
- auch Präferenzen genannt -, die wiederum von den anerkannten
gesellschaftlichen Werten sowie von den für bedeutsam gehaltenen
Normen (Rollennormen und sonstige für den Akteur relevante soziale Normen) beeinflusst werden. Zum anderen beinhalten sie auch
die jeweiligen *Mittel* sachlicher, zeitlicher und sozialer Art, die der
individuelle Akteur einzusetzen bereit und in der Lage ist und die
wiederum mit bedingt sind durch die jeweils wahrgenommenen

Handlungsalternativen. In den individuellen Orientierungen kommt
die Lebensgeschichte der einzelnen Akteure, die zugleich ihre
Lerngeschichte ist, zusammen mit der Verarbeitung ihres Lebens-
schicksals zum Ausdruck. Die individuellen Orientierungen, insbesondere auch die Berufs- und Arbeitsorientierungen, sind ein
komplexes Produkt eines mehr oder minder langen Sozialisationsprozesses, der sich sowohl außerhalb der Organisation selbst (z.B. in
Familie und Bildungseinrichtungen) als auch innerhalb der
Organisation in Form organisationsspezifischer Sozialisation voll-
zieht (vgl. Kap. 2.3).

Die individuellen Orientierungen sind aber nicht nur bedeutsam
für die Bereitschaft der individuellen Akteure, ihre "Organisationsrollen zu spielen", sie beeinflussen auch die Wahrnehmung beruflicher oder organisatorischer Alternativen, welche den Akteuren
offenstehen. Sie beeinflussen ferner die Wahrnehmung von Widersprüchen und Spielräumen in Organisationsrollen und die Bereitschaft der individuellen Akteure, diese Widersprüche und Spielräume eigenen Interessen und Zielen dienstbar zu machen. Was der
individuelle Akteur aus den jeweiligen Gegebenheiten einer
Organisationsrolle macht, wie er diese definiert und wie er sie
schließlich "spielt", ist nicht nur von der jeweiligen Organisationsstruktur abhängig, sondern auch von der wechselseitigen Verschrän-
kung mit den anderen Akteuren in der Organisation.

Meist sind die dem individuellen Akteur zur Erledigung zugewie-
senen Aufgaben nicht durch Zweckprogramme und Normung sowie
durch die Organisationstechnologie festgelegt, wie z.B. bei starrer
Fließbandarbeit im Kraftfahrzeugbau. Daher hängt der an organisationsspezifischen und von der Organisationsleitung definierten
Kriterien gemessene Erfolg des Handelns individueller Akteure im
Rahmen der Organisation in erheblichem Maße ab

- von der *Handlungskompetenz* des individuellen Akteurs, nämlich von seinen organisationsrelevanten Kenntnissen, Fähigkeiten, Fertigkeiten und Erfahrungen;[11]
- von den *aktuellen*, auf die jeweilige Arbeits- oder Handlungssituation bezogenen *Handlungs- oder Arbeitsorientierungen* sowie
- von den jeweiligen *spezifischen Handlungsintentionen* des individuellen Akteurs.

In diesem Rahmen gewinnt eine, unmittelbar oder mittelbar auf die Organisationsleistungen ausgerichtete *Motivation* im Sinne einer *Handlungsbereitschaft* der individuellen Akteure an Gewicht. KATZ und KAHN haben in einer umfassenden Studie zahlreiche Möglichkeiten untersucht, die bei individuellen Akteuren als Organisationsangehörigen die Bereitschaft fördern, im Sinne der Organisationsrolle zu handeln. Sie fassen das Ergebnis ihrer Analyse zu vier Motivationsmustern (motive patterns) zusammen, wobei jedes dieser Muster genügen kann, die Kooperation in Organisationen zu gewährleisten (Katz & Kahn 1966: 388 f.):

- *arbeitsvertragsbedingte Bereitschaft* (legal compliance), beruhend auf dem Herrschaftsverhältnis und gesichert durch Strafandrohung;
- *instrumentelle Befriedigung* (instrumental satisfaction), beruhend auf den angebotenen Belohnungen und abhängig von diesen und deren Ausmaß im Verhältnis zu der geforderten Leistung;
- *Selbstverwirklichung* (self-expression), beruhend auf der Identifikation mit der Organisationsrolle, der Arbeitsaufgabe;

---

11 Diese umfassen insbesondere auch das von den Akteuren akkumulierte Humankapital, d.h. die durch den Einsatz von zeitlichen, monetären und sozialen Ressourcen erworbenen Fähigkeiten, die zur Ausübung einer Tätigkeit befähigen. Hierbei wir in der Regel zwischen *allgemeinem*, unabhängig von einem bestimmten Arbeitsplatz einsetzbaren, und *spezifischem*, an einen bestimmten Arbeitsplatz oder Betrieb gebundenem Humankapital unterschieden (vgl. z.B. Becker 1962: 13, 1993 sowie Robbers 1993).

- *Internalisierung der Organisationsziele*, beruhend auf der individuellen Identifikation mit der Organisation und ihren Zielen.

Entlang diesen vier Mustern nimmt die Einbindung in die Organisation und die Bindung an die Organisation für den individuellen Akteur zu und wächst damit zugleich die Bedeutung, die der Organisation im Lebenszusammenhang der Individuen zukommt (vgl. Kap. 2.2.6). Die Identifikation mit der Organisationsrolle und der Organisation selbst ist bei jenen Akteuren wohl am ausgeprägtesten, die die Organisationsziele internalisiert haben; sie ist geringer bei jenen individuellen Akteuren, die ihre Tätigkeit in der und für die Organisation im Rahmen der Organisationsrolle instrumentell definieren, und am geringsten wohl bei jenen, die nur unter Strafandrohung an die Organisationsrolle gebunden sind.

Zu bedenken ist allerdings, dass die hier vorgestellten Motivationsmuster selbst wiederum rückgebunden sind an die Organisationsstruktur und ihre Einwirkung auf den individuellen Akteur im Zuge des organisationsspezifischen Sozialisationsprozesses. Auch dürfen die Motivationsmuster nicht als realistische Beschreibung tatsächlich handlungsleitender Motivstrukturen konkreter individueller Akteure in realen Situationen missdeutet werden. Es handelt sich um theoretische Konstrukte, Gedankengebilde, die nicht zur Beschreibung konkreter Motivationsstrukturen einzelner Personen entworfen wurden, sondern vom Einzelfall abstrahierend Bündel denkbarer Motivstrukturen typisierend zusammenfassen. Darüber hinaus ist zu berücksichtigen, dass die diesen Motivationsmustern zugeschriebene "Erklärungskraft" abhängt von dem "Persönlichkeitsmodell", welches dem die Forschungen leitenden Forschungsdesign zugrunde gelegt wird.

Begreift man "Persönlichkeit" als Ausdruck stabiler, angeborener, zwar Reifungsprozessen unterliegender aber wenig wandelbarer Dispositionen des Verhaltens von Individuen, so ist man geneigt, in diesen Motivationsmustern personengebundene und über Situationen hinweg stabile Motivationsstrukturen zu sehen. In gleicher Weise wird man diese Motivationsmuster dann interpretieren, wenn man "Persönlichkeit" ansieht als lediglich in frühen Entwicklungsphasen beeinfluss- und gestaltbaren "Persönlichkeitskern". Begreift man Persönlichkeit als "individuelles", zwar durch Anlage bedingtes, aber vorrangig durch Entwicklung und Umwelteinflüsse geprägtes "Interpretationsschema" eigenen und fremden Verhaltens, so können diese Motivationsmuster sowohl situations- wie personengebunden sein. Ähnliches gilt, wenn man Persönlichkeit versteht als in aktiver Auseinandersetzung mit wechselnden Umwelten sich wandelnde Personen- und Verhaltensdispositionen und damit ein Konzept wählt, welches soziologischen Sozialisationstheorien zugrunde liegt (ausführlicher hierzu Büschges et al. 1996: 66 - 69, 86 - 88).

Vor diesem Hintergrund lassen sich zusammenfassend einige - allgemein gehaltene - *Thesen zum Zusammenhang von Organisationsrolle und Individualität* formulieren, die dazu beitragen sollen, die Handlungschancen und -restriktionen von Individuen in hierarchischen Interaktionssystemen abschätzen und analysieren zu können:

- Die *Gleichsetzung von Rollennormen* - wie sie durch die Organisationsvorschriften festgelegt und durch die Organisationsleitung bestimmt werden - und dem tatsächlichen Handeln der individuellen Akteure widerspricht allen empirischen Befunden; kein individueller Akteur handelt im Rahmen seiner Organisationsrolle immer genau entsprechend der definierten Organisationsrollen.
- Der *Anteil der Eigendefinition* an der Organisationsrolle wächst mit dem Anteil planender und leitender Funktionen, er sinkt mit steigendem Anteil ausführender Funktionen.
- Die *individuelle Interpretationschance* bezüglich der Organisationsrolle ist um so größer, je größer der mangels hinreichend genauer Definition einer Rolle gegebene Anteil an Eigendefinition ist. Auf diesen Zusammenhang ist es insbesondere zurückzuführen, dass der Anteil an Eigendefinitionen, wie in der vorhergehenden These behauptet, mit dem Anteil planender und leitender Funktionen wächst, weil sich diese Funktionen in aller Regel einer genauen Definition entziehen.
- Das Verhältnis von *Organisationsrolle und Individualität*, verstanden als dem individuellen Akteur jeweils zukommender Gestaltungsspielraum und mögliche Interpretationschance, variiert zum einen mit dem Organisationstypus, insbesondere mit den Organisationszielen und den Organisationsprogrammen, aber auch mit der Position des individuellen Akteurs in der Organisationsstruktur.

- Es besteht in aller Regel ein *Interdependenzverhältnis* zwischen *Organisationsrolle* und individuellem *Akteur* derart, dass zum einen der individuelle Akteur die Rolle unter den gegebenen und wahrgenommenen Möglichkeiten nach seinen Intentionen variiert, dass aber zum anderen die gespielte Rolle wiederum zur Veränderung der Persönlichkeit des individuellen Akteurs führt oder führen kann, insbesondere bezüglich seiner Wahrnehmungen, seiner Orientierungen, seiner Qualifikationen und seiner Situationsdefinitionen.

- In manchen Organisationen werden *organisationsspezifische Sozialisationsprozesse* seitens der Organisationsleitung gezielt eingesetzt, um die Differenz zwischen Rolle und Verhaltensdisposition der Mitglieder im Interesse der Steuerbarkeit der Organisation zu verringern. Die Möglichkeiten dieser organisationsinternen Sozialisation ist jedoch vor allem durch die organisationsexterne Werte- und Präferenzenbildung begrenzt.

- Die *Rückwirkung der Organisationsrolle* auf den individuellen Akteur dürfte umso größer sein, je mehr sich der individuelle Akteur mit der Organisation oder der Organisationsposition identifiziert.

- Die *Organisationsleitungen* privater wie öffentlich-rechtlicher Arbeitsorganisationen tendieren in der Regel dahin, die Gestaltungsspielräume und Interpretationschancen der individuellen Akteure durch entsprechende Verhaltenskontrolle seitens der Organisationsleitung soweit zu beschränken, wie dies ohne Folgen für die Umsetzung der Organisationsprogramme möglich ist.

- Das Ausmaß möglicher *Diskrepanzen zwischen Organisationsrolle und individuellen Dispositionen sowie Intentionen* der Akteure ist nicht unabhängig von der jeweiligen Herrschaftsverfassung einer Organisation und variiert insbesondere mit der Chance der individuellen Akteure, an der Organisationsleitung teilzunehmen oder auf diese im Hinblick auf ihre eigenen Intentionen Einfluss nehmen zu können.

5.3.2 Arbeitszufriedenheit und Arbeitsverhalten

Wie zuvor ausgeführt, ist das Handeln der Organisationsmitglieder als individuelle Akteure u.a. abhängig von der Bereitschaft, den Rollennormen und der spezifischen Definition der Organisationsrolle zu folgen, sowie von den der Sicherung der Motivation des individuellen Akteurs dienenden Anreize durch die Organisation. In diesem thematischen Zusammenhang wird in der Literatur wie in der empirischen Forschung bereits seit Jahrzehnten, insbesondere im Hinblick auf die Gegebenheiten in Arbeitsorganisationen, der wechselseitigen Beeinflussung von

• Arbeitssituation und daraus resultierender Arbeitsrolle,
• Arbeitszufriedenheit und daraus resultierender Arbeitsmotivation
• sowie Arbeitsverhalten und daraus resultierender Arbeitsleistung

nachgespürt. Die sogenannte Arbeitszufriedenheitsforschung, wie dieser sozialwissenschaftliche Forschungszweig auch genannt wird, hat seit den 30er Jahren unseres Jahrhunderts eine kaum noch überschaubare Fülle von Publikationen hervorgebracht. Systematische Untersuchungen im Hinblick auf die Erklärungskraft und den praktischen Nutzen dieser Forschungsrichtung und ihrer Resultate sind jedoch bis heute Desiderat. Dies war für GAWELLEK (1987) Anlass, im Rahmen einer umfangreichen Studie Erkenntnisstand, Probleme und praktischen Nutzen der Arbeitszufriedenheitsforschung systematisch zu erörtern. Dabei kam es ihm vor allem darauf an, zu ermitteln und zu klären, welche Entscheidungshilfe die Arbeitszufriedenheitsforschung der Praxis bei der Verfolgung des mittelbaren oder des unmittelbaren Zieles einer Erhöhung der Arbeitszufriedenheit zu leisten vermag. Im Zentrum der im Folgenden kurz referierten Studie[12] steht somit die Frage, ob empirisch bewährte Theorien

---

12 Auf diese Weise soll zugleich über Voraussetzungen, Möglichkeiten und Grenzen wissenschaftlicher Praxisberatung aufgeklärt werden.

über Ursachen der Arbeitszufriedenheit existieren und ob diese als fundierte Grundlage für die Ableitung von Handlungsempfehlungen dienen können. Damit wird versucht, allgemein gültige, für ein Verständnis des Verhältnisses von Individuum und Organisation wesentliche Einsichten zu vermitteln.

Berücksichtigt man, dass in allen modernen Industriegesellschaften der Beruf und die Berufsarbeit ein wesentlicher Faktor gesellschaftlicher Differenzierung sind[13] und berücksichtigt man ferner, dass Menschen durchweg nach Zufriedenheit und Glück streben[14], so erweist sich das Ziel einer Erhöhung der Arbeitszufriedenheit oder der Sicherung eines hohen Maßes an Arbeitszufriedenheit als im unmittelbaren Interesse der Organisationsangehörigen liegend. Auch als Organisationsziel wird Arbeitszufriedenheit dann zumindest mittelbar bedeutsam, wenn Arbeitszufriedenheit folgenreich ist für das Arbeitsverhalten und für die Arbeitsleistung und damit für die Organisationsleistung. Allerdings besteht keine Einmütigkeit darüber, was unter Arbeitszufriedenheit jeweils zu verstehen ist; dieser Begriff wird in der Literatur auf sehr verschiedene Weise verwandt. Im Hinblick auf den Zusammenhang von Arbeitssituation, Arbeitszufriedenheit und Arbeitsverhalten entwirft GAWELLEK ein Rahmenmodell, das auf einem begrifflichen Minimalkonsens, wie er sich in der Literatur finden lässt, beruht (vgl. Abb. 5.3). Ausgehend von der tatsächlich vorliegenden Arbeitssituation bewertet ein Akteur aufgrund seiner subjektiven Wahrnehmung diese Situation. Diese Bewertung schlägt sich in einem bestimmten Ausmaß an Arbeitszufriedenheit nieder. Ob sie allerdings zu tatsächlich beobachtbaren Verhaltenskonsequenzen - wie z.B. einen Arbeitsplatzwechsel oder erhöhte Fehlzeiten - führt, hängt von weiteren situativen, institutionellen und strukturellen Rahmenbedingungen ab.

---

13 Siehe hierzu auch die Ausführungen in Büschges (1975: 23f).

14 Siehe hierzu z. B. Büschges (1997: 19 - 35).

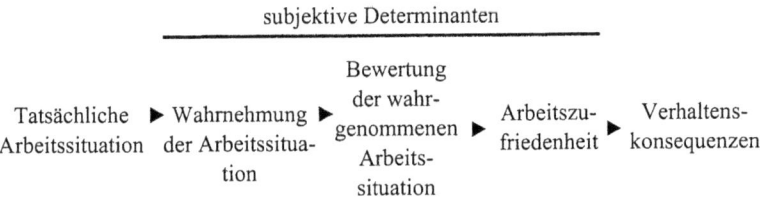

Abbildung 5.3: Idealtypisches Rahmenmodell der Arbeitszufriedenheit (in Anlehnung an Gawellek 1987: 22)

Hinsichtlich der *Messung der Arbeitszufriedenheit* und der hierbei Anwendung findenden theoretischen Konzeptionen und methodischen Vorgehensweisen gelangt GAWELLEK (1987: 104ff.) zu dem Ergebnis, dass die Validität der Arbeitszufriedenheits-Messverfahren, nicht zuletzt wegen der vagen begrifflichen Bestimmtheit des Konstrukts Arbeitszufriedenheit selbst, eher negativ zu beurteilen ist: Ein Urteil, das aber für andere sozialwissenschaftlich verwandte subjektive Indikatoren ebenso gilt. Daher kommt er letztendlich zu der Auffassung, dass sie sich durchaus als brauchbare Indikatoren betrachten lassen, um Unterschiede in der Arbeitszufriedenheit zwischen beschäftigten Gruppen und zwischen unterschiedlichen Arbeitssituationen sowie deren Veränderung erfassen zu können. Hinsichtlich des praktischen Nutzens solcher Erhebungsinstrumente sei jedoch zu bedenken, dass die eingesetzten Messinstrumente nur zu Daten führten, die über die relative Höhe der Arbeitszufriedenheit unterrichten. Dagegen geben sie kaum über organisationsbezogene Ursachen eventuell festgestellter Unzufriedenheit Aufschluss und können auf diese Weise dem Anspruch nicht gerecht werden, eine Hilfestellung bei Entscheidungen über Maßnahmen zur Veränderung von Arbeitssituationen und Arbeitsrollen zu leisten.

Dieser Mangel lässt sich anhand zweier in der Arbeitszufriedenheitsforschung zentraler Determinanten aufzeigen, die einen Zusammenhang mit der Arbeitszufriedenheit aufweisen sollen: zum einen die Arbeitssituation und zum anderen die Motivation und damit das tatsächliche Arbeitsverhalten. Hinsichtlich der ersten Determinante wird in der Regel davon ausgegangen, dass ein positiver Zusammenhang zwischen den Merkmalen der *Arbeitssituation*, speziell den Arbeitsinhalten, und der Arbeitszufriedenheit existiert: Je schlechter die Arbeitsbedingungen, desto geringer die Arbeitszufriedenheit und umgekehrt. Hinsichtlich der empirischen Bestätigung dieses Zusammenhangs kommt GAWELLEK zu dem Ergebnis, "dass die in den letzten 50 Jahren veröffentlichten Arbeiten zu den personalen und situationalen Determinanten der Arbeitszufriedenheit eine kaum überschaubare Menge von Einzelergebnissen geliefert haben, deren Erkenntniswert im Hinblick auf Ursachen und geeignete Maßnahmen zur Erhöhung der Arbeitszufriedenheit wegen der meist fehlenden theoretischen Basis und des Querschnittcharakters der Daten als gering anzusehen ist" (Gawellek 1987: 268).

Zu einem negativen Ergebnis gelangt der Verfasser auch hinsichtlich des, vornehmlich auf die Arbeitsmotivation ausgerichteten, der Arbeitsstukturierung dienenden "job characteristics model" (JCM), in das hinsichtlich einer Aufhellung des Zusammenhangs zwischen Arbeitsinhalten und Arbeitszufriedenheit beträchtliche Hoffnungen gesetzt wurden. Diese erfüllten sich jedoch in keiner Weise, denn "nach einem Jahrzehnt intensiver Forschung verbleiben mehr offene Fragen als klärende Antworten." Insgesamt ergibt sich für dieses Modell, dass tatsächliche Veränderungen der Kerndimensionen zu einem Anstieg der Arbeitszufriedenheit führen können. Möglicherweise bleibt die erwünschte Wirkung aber aus, wenn das Ausmaß der vorgenommenen Veränderungen zu gering ausfällt und/oder vom organisationalen Kontext 'Gegenkräfte' ausgehen. Da auch für andere potenzielle Arbeitszufriedenheitsdeterminanten wie Bezahlung, Vorgesetztenverhalten usw. kaum bessere Kenntnisse vorliegen als bezüglich des Arbeitsinhaltes, gelangt der Verfasser im Hinblick auf die Ursachen der Arbeitszufriedenheit zu der Feststellung eines "geringen Erkenntnisstandes der Arbeitszufriedenheits-Forschung" (Gawellek 1987: 271).

Hinsichtlich des *Zusammenhangs von Arbeitszufriedenheit und Arbeitsverhalten* wird meist unterstellt, dass eine höhere Zufriedenheit zu einer besseren Motivation und damit zu weniger Problemen im Arbeitsverhalten - wie z.B. Fluktuation, Absentismus und geringe Arbeitsleistungen - führt. Auch hier kommt GAWELLEK zu dem Schluss, dass sich die Situation nach Jahrzehnten intensiver Forschung kaum besser darstellt. Dies ist zum Teil darauf zurückzuführen, dass für die Verhaltenskonsequenzen der Arbeitszufriedenheit natürlich die zugrundeliegende Arbeitszufriedens-Konzeption bedeutsam ist, dass aber gerade über diesen Zusammenhang kaum detaillierte Überlegungen gefunden werden konnten. Bei den meisten Arbeitszufriedenheits-Definitionen unterstellt man, dass sie mit Verhaltensintentionen verbunden sind. Dabei übersieht man, dass Verhaltensintentionen alleine, selbst wenn sie, wie unterstellt, zutreffen sollten, keine hinreichende Bedingungen für das Arbeitsverhalten selbst darstellen. Insgesamt ergeben sich zwischen Arbeitszufriedenheit und Arbeitsverhalten nur schwache Zusammenhänge.[15] Deswegen weist der Verfasser warnend darauf hin: "Für die wohl nach wie vor in der betrieblichen Praxis anzutreffende Vorstellung, durch eine Erhöhung der Arbeitszufriedenheit sei eine deutliche Leistungssteigerung und Senkung der Absentismus- und Fluktuationsraten erreichbar, stellen die aufgezeigten Befunde keine Stütze dar. Eher drängt sich die Schlussfolgerung auf, eine erhöhte Arbeitszufriedenheit bewirke kaum merkbare Verhaltensänderungen. Hiernach käme Arbeitszufriedenheit als instrumenteller Zielgröße also keine große Bedeutung zu" (Gawellek 1987: 287). Daher stiftet somit "den größten praktischen Nutzen ... der gegenwärtige Forschungsstand wohl dann, wenn er zum Abbau naiver, insbesondere auf die Human-Relations-Bewegung zurückgehender Managervorstellungen vom Einfluss der Arbeitszufriedenheit auf das Arbeitsverhalten beiträgt" (Gawellek 1987: 287). Da "über konkrete

---

15 Erklären kann diesen Umstand u.a. die Betrachtung von Anreizen der Arbeitnehmer zum so genannten Shirking, vgl. hierzu Kap. 6.1.1.

Ursachen und Wirkung der Arbeitszufriedenheit kaum gesichertes Detailwissen vorliegt" (Gawellek 1987: 288), lässt der "Kenntnisstand der Arbeitszufriedenheits-Forschung eine fundierte Praxisberatung ... kaum zu" und trägt auch "die betriebliche Erhebung der Arbeitszufriedenheit mittels der gängigen Messverfahren ... mangels ... bewährter Interventionsstrategien" bzw. "Regeln" nicht zu einer wissenschaftlich begründeten Entscheidungsfindung bei" (Gawellek 1987: 291).[16]

Die Diskussion um die Aussagekraft des Arbeitszufriedenheitskonzeptes macht deutlich, dass die Ziele der individuellen Akteure in Organisationen komplexer Natur sind und sich nicht auf eine Dimension oder einen Indikator - eben die Zufriedenheit - reduzieren lassen. Für die Steuerung individuellen Verhaltens muss daher auf die komplexen Zielbündel der Akteure eingegangen werden, um die mit ihren Rollen verknüpften strukturellen Rahmenbedingungen entsprechend zu gestalten. Inwieweit die Individuen diese Gestaltung akzeptieren und ihr Handeln danach ausrichten, hängt jedoch auch von der Vermittlung des Sinns und der Funktion derartiger Rahmenbedingungen ab. Damit rückt die Frage nach der Führung in hierarchischen Strukturen in den Mittelpunkt, die im folgenden Abschnitt erörtert werden soll.

5.3.3 Führung und Menschenbilder

Da Organisationen herrschaftlich verfasste soziale Systeme sind, für deren Sozialstruktur die Dimensionen Autorität und Herrschaft

---

16 Wenn hier so ausführlich über die Ergebnisse der Untersuchung von GAWEL-LEK berichtet wird, so insbesondere deswegen, weil in der Praxisliteratur, in praktischen Handlungsempfehlungen, aber auch zum Teil in einschlägiger, der verhaltenswissenschaftlichen Betriebswirtschaftslehre verpflichteter Literatur immer noch der Eindruck vermittelt wird, es gäbe hinreichend gesichertes, in praktische Handlungsempfehlungen umsetzbares Detailwissen über Ursachen und Wirkungen der Arbeitszufriedenheit, das für Zwecke der Intervention eingesetzt werden könnte.

Gewicht haben, hängt die Bereitschaft des individuellen Akteurs, in seinem Handeln den Rollennormen und der spezifischen Definition der Organisationsrolle zu folgen, u. a. auch davon ab, welches Führungsverhalten die mit Autoritäts- oder Herrschaftsbefugnissen ausgestatteten Führungspersonen zeigen. *Führung* kann aus der bisher entwickelten theoretischen Sicht verstanden werden *als die Übermittlung von Informationen an eine hierarchieniedrigere Person*, wobei sich die *Informationsinhalte* beziehen können auf

- Aufgabeninhalte und deren Erledigung (was und wie ist etwas zu erledigen?);
- Sinn und die Funktion von übertragenen Aufgaben und damit der Position des Untergebenen (warum ist etwas zu erledigen?), sowie auf
- die Zielerreichung vergangener Aufgaben (wie gut wurde etwas erledigt?).

Aufgaben stellen hierbei nicht nur funktionale Arbeitsinhalte, sondern auch soziale Komponenten wie Umgang mit anderen Kollegen und Vorgesetzten dar. Beispielsweise kann im Rahmen des Führungsverhaltens vermittelt werden, dass hohe Arbeitsleistungen nicht auf Kosten von Kollegen erzielt werden dürfen. Die konkreten Inhalte der zu übermittelnden Informationen hängen von der jeweiligen Situation in der Organisation ab, insbesondere von der Position des Untergebenen und der Führungsperson, dem spezifischem Organisationsziel, zu dem beide einen Beitrag liefern sollen, sowie von den individuellen Eigenschaften der Akteure. Zudem ist zu unterscheiden zwischen dem empirisch beobachteten und dem angestrebten, von den Akteuren oder Dritten festgelegten normativen Führungsverhalten.[17]

---

17 Letzteres ist Gegenstand unzähliger Führungsgrundsätze und Führungslehren, die - wissenschafts- oder praxisorientiert - allgemeine Normen für "richtiges" Führungsverhalten vorschlagen. Da in dieser Einführung die Erklärung empirisch
(Fortsetzung...)

Welche Informationen übermittelt werden und auf welche Art und
Weise, hängt somit von den gegenseitigen Rollendefinitionen und
Interpretationen ab. Da diese - wie gezeigt - erhebliche Spielräume
offenlassen, werden in diesem Prozess nicht nur die Persönlich-
keitseigenschaften der interagierenden Akteure, hier der Vorgesetzten und Untergebenen, sondern auch das "Urteil der Führungsperson
über die Kompetenzen, die Erfahrung, die Fachkenntnisse, das
Engagement, die Verpflichtung und freiwillige Einbindung, die
Motivation und Zuverlässigkeit der Mitarbeiter und Untergebenen"
relevant (Weinert 1987: 1427). Die diesem Urteil zugrunde liegenden Wahrnehmungen, Diagnosen und Urteile von Führungskräften
über ihre Mitarbeiter und Untergebenen beruhen nicht nur auf
Erfahrungen, die sie mit ihnen in der Vergangenheit machen konnten, und allgemeinen Einstellungen, die sie zu Mitarbeitern und
Untergebenen haben, sondern zu einem nicht unwesentlichen Teil
auch auf einem groben "Verständnis über die menschliche Natur.
Bei diesen so genannten "*Menschenbildern*" handelt es sich somit
also um allgemeine Einstellungen über die sozialen Qualitäten des
Menschen, über seine Intentionen, Ziele und Motive, die allgemein
als Erklärungskonzepte für das menschliche Verhalten, in der Welt
der Arbeit und in Arbeitssituationen dienen (Weinert 1987: 1428).
Diese Menschenbilder stellen Typologisierungen des Menschen dar,
dazu entworfen, "durch Abstraktion und Verallgemeinerung die
Vielfalt von real existierenden Wesensmerkmalen, Wesensinhalten
und Verhaltensmustern für die jeweilige Person überschaubarer zu
machen, zu vereinfachen und zu ordnen. Es sind gleichzeitig
Zielvorstellungen und Leitbilder menschlicher Existenz" (Weinert

---

17 (...Fortsetzung)
beobachtbaren Verhaltens im Vordergrund steht, wird auf die Diskussion derartiger Ansätze verzichtet. Im Hinblick auf die Organisationsanalyse muss jedoch
betont werden, dass die Existenz eines solchen normativen Ansatzes in einer
Organisation sich keinesfalls mit dem tatsächlichen Verhalten der Beteiligten
decken muss. Da die Akteure die Entscheidung über das eigene Führungsverhalten wiederum vor dem Hintergrund eines komplexen individuellen Zielbündels
treffen, wird es stets auch zu abweichendem Führungsverhalten kommen.

1987: 1429). Allen klassischen Organisations- und Führungstheorien liegen ebenso wie den modernen Organisationstheorien Menschenbilder zugrunde.[18]

Diese Ergebnisse zeigen, dass die Akteure im Hinblick auf das Führungsverhalten vor dem Problem stehen, auf eine komplexe Realität reagieren zu müssen. Um diese Komplexität zu reduzieren, tendieren die Akteure zur Ausbildung derartiger Menschenbilder. Diese ersetzen und vereinheitlichen die tatsächlichen Ziele und Verhaltensweise der Untergebenen und verringern die mit einer differenzierten Erhebung dieser Faktoren verbundenen Kosten. Eine Differenzierung findet dabei meistens durch die Veränderung der Menschenbilder mit den betrachteten Positionen statt: Der Betriebsleiter der Verzinkerei wird den in der Produktion Tätigen ein höhere Maß Unselbständigkeit zusprechen als seinem Meister. Für Organisationsanalysen, die sich mit hierarchischen Beziehungen beschäftigen, kann es somit relevant sein, nach dem Ausmaß der Abstraktion und der Handlungsrelevanz derartiger Menschenbilder zu fragen.

---

18 Siehe hierzu als Überblick die Ausführungen von Scholz (1993: 402 - 418) über Menschenbilder als Grundlage der Personalführung.

6 Organisationen als Interaktionspartner

Wie in den vorhergehenden Kapiteln deutlich wurde, können Organisationen je nach Fragestellung als soziale Systeme und damit als Rahmenbedingung für individuelles Handeln einerseits oder als handelnde Gebilde, eben korporative Akteure, andererseits betrachtet werden. In diesem Abschnitt steht nun die Organisation als korporativer Akteur im Mittelpunkt der Betrachtung, wobei zuerst dessen Interaktionsbeziehung mit seinen Mitgliedern (Kap. 6.1) und dann die Beziehungen zu anderen externen Akteuren diskutiert wird (Kap. 6.2 und 6.3).

6.1 Mitglieder und Organisation

Organisationen entstehen, indem individuelle Akteure ihre Ressourcen zusammenlegen und ihre individuelle Verfügungsgewalt damit an eine Leitungsinstanz abgeben (vgl. Kap. 4.3). Für diesen Verzicht erwarten die Akteure jedoch eine Gegenleistung, die in der Regel den Hauptgrund ihrer Mitgliedschaft darstellt: Lohn oder Gehalt in Arbeitsorganisationen wie dem Autohaus oder der Verzinkerei, Dienstleistungen wie z.B. im Falle des Wohnstiftes, soziale Kontakte und Infrastruktur wie z.B. in einem Tennisverein. Diese Gegenleistung erwarten sie nicht von einem oder mehreren anderen individuellen Mitgliedern, sondern von der Organisation selbst, die je nach Art der Gegenleistung von Agenten wie z.B. dem Sachbearbeiter im Lohnbüro vertreten wird. *Organisationsmitgliedschaften* können daher als *Tauschbeziehungen zwischen einem individuellen und einem korporativen Akteur* betrachtet werden. Man kann hierbei unterscheiden zwischen Zwangsmitgliedschaften - wie z.B. die von Unternehmen in der IHK - und freiwilligen Mitgliedschaften. Freiwillig ist eine Beziehung dann, wenn das Mitglied zumindest zwischen verschiedenen Organisationen wählen und damit die Mitgliedschaft in einer bestimmten Einrichtung verweigern kann. Da die meisten Organisationsmitgliedschaften in modernen Gesellschaften sogar auf einem Wahlrecht durch beide Seiten - Mitglied und Organisation wie z.b. im Falle der unten analysierten Arbeitsverhältnisse - basieren, wollen wir uns im weiteren auf diesen Typus beschränken (vgl. hierzu auch Raub & Weesie 1992, 1996).

Derartige Tauschbeziehungen besitzen verschiedene Funktionen und Folgen für die individuellen Akteure. Mit der Zugehörigkeit zu einer Organisation ist der einzelne Akteur Einflüssen und Wirkungen ausgesetzt, die bestimmt sind von charakteristischen Eigenschaften der jeweiligen Organisation und der in ihr verbundenen Akteure. Eine zentrale Eigenschaft stellt hierbei der Grund der Organisationsmitgliedschaft dar, da dieser nicht nur für die Beziehung zwischen Organisation und Mitglied, sondern auch für die Beziehung der Mitglieder untereinander erhebliche Konsequenzen besitzt. Im Folgenden sollen zwei Typen von Mitgliedschaften im Mittelpunkt stehen, die in modernen Gesellschaften wohl am häufigsten anzutreffen sind:

- die Mitgliedschaft zur Sicherung des Lebensunterhaltes[1] durch abhängige Beschäftigung in einer *Arbeitsorganisation* wie sie z.B. im Falle aller Arbeitnehmer unserer Beispielorganisationen vorliegt, und
- die Mitgliedschaft zur Nachfrage von Dienstleistungen in einer *Dienstleistungsorganisation* wie z.B. die Mitglieder eines Wohnstifts.

Beide Typen von Mitgliedschaften können in einer einzigen Organisation verwirklicht sein, wie wir am Beispiel des Wohnstifts

---

1 Obwohl die Sicherung des Lebensunterhaltes meist das Hauptmotiv derartiger Mitgliedschaften darstellt, sind in diesem Zusammenhang oft auch intrinsische Motive wie z.B. Selbstverwirklichung und die Verwertung der erzielten Qualifikation wirksam.

sehen werden. Dort gehen bestimmte Mitglieder, das Personal, einer bezahlten Arbeit nach, während andere Mitglieder für diese Dienstleistung bezahlen. Zudem ist oft nicht eindeutig zu entscheiden, ob ein bestimmter Typus vorliegt: Im Krankenhaus - zweifelsohne eine Dienstleistungsorganisation - ist zumindest zweifelhaft, ob die Patienten als Nachfrager der Dienstleistung Mitglieder der Organisation sind.

Unabhängig von diesen Grenzfällen sind in modernen Gesellschaften für den berufstätigen erwachsenen Bürger jene Organisationen besonders wichtig, in denen er seinem Beruf nachgeht und seinen Lebensunterhalt erwirbt. Zusammen mit dem Beruf und der Organisationsposition, die ein individueller Akteur einnimmt, bestimmt die Arbeitsorganisation entscheidend den Platz sowohl in seinem direkten sozialen Umfeld als auch in der Gesellschaft. So sind von der Position in einer Arbeitsorganisation in Verbindung mit dem ausgeübten Beruf in erheblichem Umfange abhängig: Art, Höhe und Sicherheit des Einkommens, gesellschaftlicher Status und soziales Prestige, Lebenslage und Lebensstil, Bildungs-, Berufs- und Lebenschancen der Kinder. Die Berufsposition beeinflusst somit das Ausmaß des möglichen Einflusses und Zugriffs auf Menschen, Ressourcen und Institutionen sowie andere Organisationen. Sie ist zudem von Bedeutung für den Grad an Autonomie, an Freiheit von Fremdbestimmung und an Chancen zur Selbstverwirklichung in Arbeit und Freizeit und damit für die Lebenszufriedenheit. Die berufliche Tätigkeit in einer Arbeitsorganisation wirkt ein auf Umfang, Art und Inhalt möglicher Kontakte und Interaktionen mit anderen Akteuren und anderen Gruppen der Gesellschaft. Von der Arbeitsorganisation und der Position in ihr werden die Karrierechancen ebenso mit bedingt wie Richtung und Ausmaß gesellschaftlichen Aufstiegs und der Grad der sozialen Integration und Isolation. Daher werden in dem folgenden Abschnitt Arbeitsbeziehungen als besonders bedeutender Typ von Interaktionen zwischen Individuum und Organisation näher beleuchtet.

Zunehmend an Bedeutung gewinnen jedoch auch Organisationsmitgliedschaften, die auf die Bereitstellung von Dienstleistungen für
die Mitglieder basieren. Wie wir dies am Beispiel des Wohnstifts
zeigen werden, können sie je nach Bedeutung und Wert der Dienstleistung für den Einzelnen eine ähnlich zentrale Rolle spielen wie
Arbeitsorganisationen. Generell lässt sich sagen, dass die Zugehörigkeit zu einer Organisation für den einzelnen Akteur umso bedeut-
samer ist, je mehr er auf die Zugehörigkeit zu der Organisation
angewiesen ist - sei es wegen der Leistungen, die sie für ihn erbringt, der Möglichkeiten, die sie ihm eröffnet oder der Sicherheit,
die sie ihm bietet.

6.1.1 Mitgliedschaft zur Sicherung des Lebensunterhaltes: Arbeitnehmer-Arbeitgeber-Beziehungen

Arbeitsverhältnisse stellen in modernen Gesellschaften einen wichtige Form von Organisationsmitgliedschaften dar: 1991 sicherten fast
90% der Erwerbstätigen ihren Lebensunterhalt durch abhängige
Beschäftigung (vgl. Abraham 1996: 19). Die Vorteile langfristiger
Beschäftigung liegen für den Arbeitnehmer vornehmlich in der
Möglichkeit, die marktabhängigen Risiken der Selbstständigkeit zu
vermeiden und ein vergleichsweise sicheres und stabiles Einkommen zu erzielen. Der Arbeitgeber hingegen besitzt die Möglichkeit,
auf eingearbeitete, gut ausgebildete und spezialisierte Arbeitkräfte
zurückgreifen zu können. Obwohl somit beide Seiten von langfristigen Arbeitsverhältnissen profitieren können, sind derartige
Organisationsmitgliedschaften nicht problemlos zu realisieren. Im
Rahmen dieses Abschnittes wollen wir daher einen Blick auf die
grundsätzlichen Probleme der Mitgliedschaft in Arbeitsorganisationen sowie die hierfür einsetzbaren Lösungsmöglichkeiten werfen.[2]

---

2 Für eine ausführlichere Diskussion dieser Problematik sowie empirischen Anwen-
   dungen dieser theoretischen Überlegungen vgl. Abraham (1996).

Ein Arbeitsverhältnis wird begründet, wenn im Rahmen der Organisationsmitgliedschaft ein Akteur - *der Arbeitnehmer* - einem *Arbeitgeber* gegen einen entsprechenden Ausgleich - den *Lohn* - das Recht einräumt, seine Arbeitskraft zu verwerten. Kennzeichen moderner Arbeitsgesellschaften ist hierbei, dass es sich bei dem Arbeitgeber meist nicht mehr um einen individuellen Akteur handelt, sondern um eine Organisation: Der Arzt wird von dem Krankenhaus bzw. der Kommune, der Meister in der Verzinkerei von der als GmbH organisierten Verzinkerei für seine Tätigkeit entlohnt. Damit werden Arbeitsverhältnisse zu Interaktionen, deren Partner auf der einen Seite aus einem individuellen, auf der anderen Seite aus einem korporativen Akteur bestehen. Die damit einhergehende Ungleichheit von Ressourcen führt aufgrund der bereits diskutierten Eigenschaften von korporativen Akteuren - insbesondere der Ressourcenzusammenlegung - leicht zu dem Eindruck, dass Arbeitgeber-Arbeitnehmer-Beziehungen asymmetrische Machtverhältnisse sind, in denen der Arbeitgeber die Bedingungen der Beschäftigung weitgehend diktieren könne. Im folgenden soll gezeigt werden, dass diese Sichtweise nur eine extreme Ausprägung dieses Verhältnisses beschreibt. Der unbestritten problematische Charakter von Arbeitsverhältnissen resultiert vielmehr aus zwei speziellen Eigenschaften des zugrunde liegenden Tauschverhältnisses, nämlich

- der mangelhaften Spezifizierbarkeit der Tauschbedingungen und
- der Untrennbarkeit des Humankapitals von der Person des Arbeitnehmers.

Um diese beiden besonderen Eigenschaften verdeutlichen zu können, ist eine genauere Betrachtung der Inhalte von Arbeitsverhältnissen notwendig. Nach SIMON (1951) erstreckt sich der Inhalt von Arbeitsverträgen vor allem auf die Anerkennung der Autorität des Arbeitgebers durch den Arbeitnehmer. Autorität bedeutet hierbei, innerhalb eines gewissen Akzeptanzbereiches das Verhalten eines Akteurs bestimmen zu können. Ein Arbeitnehmer wird dem-

nach einen Arbeitsvertrag eingehen, wenn er damit einverstanden
ist, diese Autorität des Arbeitgebers zu akzeptieren und der Arbeitgeber im Gegenzug bereit ist, einen ausreichenden Lohn hierfür zu
transferieren (Simon 1951: 293f). Getauscht wird demnach nicht die
Arbeitskraft des Arbeitnehmers gegen monetären Lohn, sondern die
Nutzungs- bzw. Verfügungsrechte (Edwards 1981: 21) über eine
gewisse Arbeitszeit oder Arbeitsleistung des Arbeitnehmers gegen
ein "Bündel" an Kompensation (Oi 1991: 25), das neben dem monetären Lohn eine Vielzahl weiterer Transfers (wie z.B. Arbeitsbedingungen, Fortbildungsmöglichkeiten etc.) enthält.[3] Diese Kompensation wird umso höher sein, je weiter die Grenzen dieser Verfügungsrechte gesteckt sind und je besser die Möglichkeit der Nutzung der
Arbeitsleistung ist. Es stellt sich nun die Frage, wie die Kompensation auf der einen sowie der Wert der Verfügungsrechte auf der anderen Seite in individuellen Arbeitsverhältnissen beschaffen sind.

Welchen Wert die Verfügungsrechte für den *Arbeitgeber* besitzen, hängt im wesentlichen von den Fähigkeiten des betreffenden
Arbeitnehmers ab. Diese sind jedoch weniger angeborene Eigenschaften, sondern müssen vor allem durch Investitionen in Form von
Zeit, Mühe und weiteren Ressourcen[4] erworben werden. Das Ergebnis dieser Investitionen wird als *Humankapital*[5] (Schultz 1961,
Becker 1975) bezeichnet. So genanntes allgemeines oder unspezi-

---

3   Vgl. hierzu auch die Diskussion in Schrüfer (1988: 40ff).

4   Derartige Ressourcen können z.B Geld oder durch solches zu erwerbende Gegen-
    stände (Bücher, Hard- und Software, etc.), aber auch nicht-materielle Hilfestellung
    wie psychische Unterstützung im Rahmen sozialer Kontakte sein. Dass soziale
    Unterstützung (oder auch soziales Kapital) für die Bildung des Humankapitales
    von besonderer Bedeutung ist, konnte Coleman anhand des Erwerbs formaler
    Schulabschlüsse zeigen (Coleman 1988). Unterschiedliche Investitionen in Hum-
    ankapital resultieren somit sowohl aus unterschiedlichen Präferenzen hinsichtlich
    der Verwendung der zur Verfügung stehenden Ressourcen als auch aus unter-
    schiedlichen Ausgangsvoraussetzungen.

5   Da hiermit die Summe der einsetzbaren Fähigkeiten eines Akteurs beschrieben
    werden, schlägt Krüsselberg (1977: 240) auch den Begriff des Humanvermögens
    vor.

fisches Humankapital liegt vor, wenn die zugrunde liegenden Fähigkeiten die Produktivität eines Arbeitnehmers unabhängig vom Einsatz in einer bestimmten Firma erhöhen (Becker 1962: 13). Betriebsspezifisches Humankapital führt dagegen nur zur Produktivitätssteigerung eines Arbeitnehmers in einem bestimmten Betrieb. Das unterschiedliche Ausmaß an Investitionen der Individuen in ihr Humankapital ist unter anderem dafür verantwortlich, dass sich die Arbeitnehmer hinsichtlich ihrer zukünftigen Produktivität voneinander unterscheiden werden (Salop 1979: 118). Die Bedeutung des Humankapitals für moderne Industriegesellschaften wie der Bundesrepublik Deutschland zeigt sowohl die Zunahme qualifizierter Schulabschlüsse als auch die Verzehnfachung der Investition der privaten Wirtschaft in berufliche Weiterbildung von 1972 bis 1987 (Franz 1991: 90). Auf der anderen Seite ergibt sich der Wert des Tauschverhältnisses für den *Arbeitnehmer* im wesentlichen aus der Kompensation, die aus dem Entgelt[6] sowie einer Vielzahl weiterer Faktoren besteht. So spielt es z.B. eine Rolle, welche Arbeitsbedingungen in Hinsicht auf Arbeitsplatzsicherheit, Ausstattung oder auch Betriebsklima der Arbeitgeber zur Verfügung stellt. Neben den direkten Transfers des Arbeitgebers bewertet der Arbeitnehmer seinen Arbeitsplatz jedoch auch im Hinblick auf Faktoren, die der Arbeitgeber nur indirekt beeinflussen kann. Dies trifft insbesondere für seine soziale Stellung zu, die z.B. durch das Berufsprestige[7] oder den Status in der Organisation beeinflusst wird.

Diese in Arbeitsverhältnissen getauschten Güterbündel bringen nun mehrere besondere Eigenschaften mit sich, die verschiedene Probleme in individuellen Arbeitsverhältnissen verursachen können. Erstens können die Leistungen beider Akteure des Tauschverhältnisses in einem Vertrag nur unvollständig festgehalten werden. Durch die Übertragung von Rechten wird zwar eine mögliche Men-

---

6 Da die folgenden Überlegungen tendenziell für alle Arbeitsverhältnisse gelten, wird im weiteren das Entgelt synonym auch als Lohn, Gehalt oder Einkommen bezeichnet.

7 Vgl. hierzu z.B. die Diskussion bei Daheim (1967: 195) und Wegener (1988).

ge von Handlungen definiert, die der Arbeitgeber dem Arbeitnehmer
abverlangen kann. Welche konkreten Handlungen zu welchem
Zeitpunkt jedoch tatsächlich erbracht werden müssen, ist damit nicht
mehr explizit Gegenstand des Tauschvertrages und muss im Einzelfall durch den Arbeitgeber erst bestimmt werden (Simon 1951,
Williamson et al. 1975). Ein Arbeitnehmer in der Verzinkerei kann
so z.b. in den verschiedenen Produktionsbereichen eingesetzt werden, ohne dass eine Änderung des Arbeitsvertrages notwendig würde. Statt dessen kann der Meister als Agent des korporativen Akteurs "Arbeitgeber" dem ihm untergebenen Arbeitnehmer Weisungen erteilen und ihn täglich neu für bestimmte Aufgabenbereiche
einteilen. Ein Vertrag, der dagegen die zu erbringenden Handlungen
vorab für einen längeren Zeitraum möglichst vollständig festlegt,
wäre sowohl sehr aufwendig auszuhandeln, als auch sehr anfällig
für unvorhergesehene Ereignisse. Aber auch die Leistungen des
Arbeitgebers sind nur unvollständig spezifizierbar. Dies wird z.B.
im Hinblick auf seine Pflichten im Rahmen der Arbeitsplatzsicherheit deutlich, die Vorrichtungen zum Schutz von Leben und Gesundheit des Arbeitnehmers vorschreiben, soweit die Natur der
Dienstleistung dies gestattet (vgl. § 618 I BGB, Söllner 1987: 263).
Inwieweit jedoch die Art der zu verrichtenden Tätigkeit dem Schutz
des Arbeitnehmers Grenzen setzt, ist häufig strittig und unterliegt
zudem im voraus nur schwer erfaßbaren technischen Veränderungen
der Arbeitswelt.

Neben der Unbestimmtheit von Arbeitsverträgen ergibt sich zum
zweiten das Problem, dass Humankapital untrennbar mit der Person
des Arbeitnehmers verbunden ist. Dies hat zur Folge, dass der Arbeitnehmer ein wesentliches Interesse an der zukünftigen Verwendung des verkauften Gutes besitzt (Simon 1951: 294). Während dem
Verkäufer eines Autos in der Regel die weitere Verwendung nach
dem Eigentumsübertrag gleichgültig ist, ist für den Arbeitnehmer
die Art der Verwendung der übertragenen Verfügungsrechte von
großem Interesse. Deren Nutzung durch den Arbeitgeber schlägt
sich beispielsweise in spezifischen Arbeitsinhalten und Arbeits-

belastungen nieder, die durch den Arbeitnehmer als konkrete Ausgestaltung der Kosten des Tauschverhältnisses bewertet werden. Sind diese Kosten zu hoch, wird der Arbeitnehmer entweder mit der Auflösung des Arbeitsverhältnisses oder mit der Beeinflussung der Arbeitsinhalte darauf reagieren.[8]

Die *Unbestimmtheit zukünftiger Inhalte des Arbeitsverhältnisses* sowie die *Untrennbarkeit des Humankapitals von der Person des Arbeitnehmers* führt nun zu Verhaltensspielräumen für die Akteure, die zur Durchsetzung eigener Interessen genutzt werden können. Wie in jedem Tauschverhältnis werden eigeninteressierte Akteure bestrebt sein, die Tauschkonditionen aus ihrer individuellen Sicht so günstig wie möglich zu gestalten: Der Arbeitnehmer wird die von ihm geforderte Arbeitsleistung - z. B. gemessen in Wochenarbeitsstunden - bei gleicher Bezahlung möglichst gering halten wollen, während der Arbeitgeber bestrebt sein wird, für eine gegebene Leistung einen möglichst geringen Lohn zu zahlen. Damit wird deutlich, dass den Vorteilen von Arbeitgeber-Arbeitnehmer-Beziehungen durch die arbeitsteilige Organisation auch Nachteile gegenüberstehen, die sich vor allem aus einem prinzipiellen Interessengegensatz zwischen den beiden Akteuren ergeben. Diese Probleme können mit WILLIAMSON (et al. 1975, 1990) als durch "opportunistisches Verhalten" verursachte Phänomene begriffen werden. *Opportunismus* kann dabei definiert werden als *"effort to realize individual gains through a lack of candor or honesty in transactions. It is a somewhat deeper variety of self-interest seeking assumption than is ordinarily employed in economics; opportunism is self-interest seeking with guile"* (Williamson et al. 1975: 258f). Opportunismus stellt somit eine besondere Form strategischen Verhaltens zielgerichtet handelnder, eigeninteressierter Akteure dar und schlägt sich entweder in selektiver oder verzerrter Informations-

---

8   Dies entspricht einer klassischen Unterscheidung Hirschmans, die zwei grundsätzliche Optionen von Organisationsmitgliedern zur Durchsetzung ihrer Interessen beschreibt: den Austritt ("exit") auf der einen und internen Widerspruch ("voice") auf der anderen Seite (vgl. Hirschman 1974).

weitergabe, falschen Versprechungen (Williamson et al. 1975: 259) oder der Nutzung vertraglich unspezifizierter Bereiche (Klein 1985) nieder. Die Verlängerung eines Krankheitsfalles über den medizinisch notwendigen Zeitpunkt hinaus beruht beispielsweise auf der Zurückhaltung von Information über das tatsächliche Befinden, die Verweigerung einer implizit zugesagten Beförderung kann dagegen als falsches Versprechen des Arbeitgebers betrachtet werden. Charakteristisch für Opportunismusprobleme ist der Umstand, dass die Akteure durch das Streben nach zusätzlichen Gewinnen auf Kosten des Partners beiderseitige Vorteile gefährden. Derartige problematische Situationen zwischen Arbeitgeber und Arbeitnehmer lassen sich heuristisch in zwei Klassen einteilen (Raub & Weesie 1992: 7f): einerseits Verteilungsprobleme hinsichtlich der aus der Arbeitsbeziehung resultierenden Erträge und andererseits Kooperationsprobleme, die auf der Nutzung von Verhaltensspielräumen der Akteure bei der Erfüllung ihrer Pflichten aus dem Arbeitsvertrag basieren.[9]

Die Frage, wie die im Rahmen der Arbeitsbeziehung realisierten Gewinne verteilt werden sollen, begründet einen Interessenkonflikt zwischen Arbeitgeber und Arbeitnehmer. Derartige *Verteilungsprobleme* rufen typischerweise Verhandlungssituationen hervor, in denen die Akteure versuchen, sich einen möglichst hohen Anteil des zu verteilenden Betrages zu sichern (Schelling 1960: 21ff). Am deutlichsten wird der Streit um die Kooperationsrente in Arbeitsbeziehungen bei der Lohnaushandlung, die eben die Aufteilung des im Unternehmen Erwirtschafteten zwischen Arbeitgeber und Arbeitnehmer zum Inhalt hat. Üblicherweise werden die hierfür eingesetzten Verhandlungen nicht von individuellen Akteuren, sondern kollektiv durch Gewerkschaften und Arbeitgeberverbände durchgeführt (vgl. z.B. Adamy & Steffen 1985, Chamberlain & Kuhn 1986,

---

9 Obwohl diese beiden Probleme im folgenden getrennt betrachtet werden, sollte stets berücksichtigt werden, dass Kooperations- und Verteilungsfragen meist eng miteinander verknüpft sind: Beispielsweise wird die Kooperationsbereitschaft des Arbeitnehmers in hohem Maße davon abhängen, ob er sich gerecht entlohnt fühlt.

Müller-Jentsch 1986). Jedoch lassen sich derartige Verhandlungen auch auf individueller Ebene beobachten: Beispielsweise müssen höhergestellte Führungskräfte, die in der Regel außertariflich bezahlt werden, die Höhe ihres Gehaltes individuell mit dem Arbeitgeber aushandeln. Opportunistisches Verhalten äußert sich in solchen Situationen, indem sich Akteure durch falsche Versprechungen oder die gezielte Nutzung von Informationsasymmetrien Vorteile im Verhandlungsprozess sichern wollen. Ein Unternehmer, der seinen Gewinn gegenüber der Arbeitnehmervertretung zu niedrig ausweist, reduziert den zu verteilenden Betrag durch fehlerhafte Informationsweitergabe und hält die Lohnforderungen auf einem niedrigeren Niveau.

Neben derartigen Verteilungsproblemen treten in individuellen Arbeitsverhältnissen auch *Kooperationsprobleme* auf. Dabei handelt es sich um Situationen, in denen die Akteure Gefahr laufen, von zwei (oder mehr) möglichen Ergebnissen das für beide ungünstigere Resultat zu realisieren, weil sich ihre Präferenzen hinsichtlich weiterer möglicher Handlungsergebnisse widersprechen. Dies tritt z.B. auf, wenn der Arbeitgeber im Rahmen der Einführung einer neuen Produktionstechnik Gruppenarbeit im Betrieb einführen möchte. Er kann hierbei entweder die Interessen der Arbeitnehmer berücksichtigen oder versuchen, mit der Umstrukturierung Maßnahmen zuungunsten der Arbeitnehmer zu verknüpfen. Eine derartige Maßnahme kann z.B. eine neue Lohnstruktur sein, die zu geringeren Löhnen führt. Da die Arbeitnehmer noch keine Erfahrung mit der neuen Organisationsstruktur besitzen, besteht Unsicherheit hinsichtlich der Auswirkungen der angestrebten Veränderungen: Sie können vorab nicht entscheiden, ob sie selbst durch die Maßnahmen benachteiligt werden oder nicht. Im Gegenzug ist der Arbeitgeber jedoch auf die Mitwirkung der Belegschaft bei der Umstrukturierung angewiesen, da deren praxisnahen Erfahrungen für den Erfolg notwendig sind. Diese Unterstützung kann der Arbeitgeber jedoch nicht erzwingen, da es sich um Informationen handelt, die auch falsch oder unvollständig weitergegeben werden können, ohne daß dies nachprüfbar

wäre. Obwohl die erfolgreiche Einführung der neuen Arbeitsorganisation für beide Seiten vorteilhaft wäre, führt die Möglichkeit des
opportunistischen Verhaltens häufig zu Problemen im Rahmen
derartiger Umstrukturierungen. Kennzeichnend für Kooperationsprobleme sind demnach ein lediglich partieller Interessengegensatz,
der jedoch trotz gemeinsamer Präferenzen zu einem unerwünschten
Ergebnis führt.[10]

Kooperationsprobleme lassen sich wiederum unterscheiden in
Situationen, die sich einerseits aus der Nicht- oder Schlechterfüllung
der aus dem Arbeitsverhältnis resultierenden Pflichten ergeben und
andererseits mit der Auflösung des Arbeitsverhältnisses verbunden
sind. Letztere können als *Stabilitätsprobleme* in Arbeitsverhältnissen bezeichnet werden und äußern sich vorwiegend in unerwünschter Fluktuation. Grundlegend hierfür ist der Umstand, dass
die Auflösung von Arbeitsverhältnissen unter bestimmten Umständen ineffizient und sowohl für den Arbeitnehmer als auch für den
Arbeitgeber nachteilig sein kann. So wird der Arbeitnehmer insbesondere bei Unsicherheit über die Arbeitsplatzsicherheit oder
innerbetriebliche Aufstiegschancen den Arbeitgeber wechseln,
sobald er ein besseres Angebot durch ein anderes Unternehmen
erhält. Dabei nimmt er unter Umständen auch in Kauf, im Laufe der
Zeit erworbene spezielle Fähigkeiten und spezifisches Wissen in der
neuen Firma nicht mehr anwenden zu können. Dies stellt nicht nur
für ihn, sondern insbesondere für den ehemaligen Arbeitgeber verlo-
renes Know-How dar, das in einer längerfristigen Arbeitsbeziehung
unter Umständen zum Vorteil beider Seiten einsetzbar gewesen
wäre. Aufgrund derartiger unerwünschter Fluktuation entstehen dem
Arbeitgeber zum Teil erhebliche Kosten durch die Suche und Ein-
arbeitung neuer Arbeitskräfte (vgl. z.B. Roseman 1981: 65ff, Nieder

---

10 Den klassischen Fall eines derartigen Kooperationsproblemes stellt die sogenannte
   Gefangenendilemmasituation dar (Axelrod 1987, Taylor 1987), die immer wieder
   zur Modellierung von Arbeitsbeziehungen herangezogen wird (vgl. beispielsweise
   Leibenstein 1982, Schrüfer 1988: 63, Büschges et al. 1995: 129-133, Abraham
   1996).

1991: 1055). Doch nicht nur der Arbeitnehmer, sondern auch der Arbeitgeber kann versuchen, sich einseitig Vorteile in der Arbeitsbeziehung zu verschaffen. Personalfluktuation kann z.B. durch den Umstand hervorgerufen werden, dass auch der Arbeitgeber im Falle eines Absatzrückganges einen Anreiz besitzt, Arbeitskräfte zumindest vorübergehend freizusetzen, um die als Fixkosten anfallenden Löhne zu reduzieren. Insbesondere in Zeiten der Rezession ist dies trotz des prinzipiellen Kündigungsschutzes unter Verweis auf betriebliche und wirtschaftliche Gründe durchaus möglich (vgl. z.B. Hanau & Adomeit 1987: 234).

Die Betrachtung von Massenentlassungen in einem deutschen Automobilwerk Mitte der 70er Jahre zeigt, dass ein Arbeitgeber, der die Reduzierung seines Arbeitskräfteeinsatzes anstrebt, derartige institutionelle Regelungen unter Umständen umgehen kann. Während einer Absatzkrise trennte sich das Unternehmen von rund 32000 Arbeitnehmern, etwa einem Viertel aller Beschäftigten, ohne dass es zu formellen, anmeldungspflichtigen Massenentlassungen und damit verbundenen Sozialplänen kam. Dies wurde durch den gezielten Einsatz punktueller Entlassungen und vor allem durch Aufhebungsverträge, die mit Abfindungen verknüpft waren, erreicht (Dombois 1976). Dabei nutzte das Unternehmen offensichtlich die unzureichende Information der Arbeitnehmer, um tarifrechtlich verankerte Zahlungen als freiwillige Abfindungen darzustellen (Dombois 1976: 440). In einem solchen Fall stellt sich der Arbeitgeber zum Nachteil des Arbeitnehmers besser, der zumindestens die Suchkosten, eventuell aber auch einen schlechter bezahlten Job oder sogar eine Phase der Arbeitslosigkeit hinnehmen muss.

Als zweiter Typ von Kooperationsproblemen kann die Nicht- oder Schlechterfüllung der sich aus dem Arbeitsverhältnis ergebenden Pflichten (Adamy & Steffen 1985: 47-52) betrachtet werden, wenn dem Partner hierdurch ein Nachteil entsteht. Da sich für das opportunistische Verhalten der Arbeitnehmer im Hinblick auf deren Leistungserbringung der Terminus "Shirking" auch in der deutschen Literatur durchgesetzt hat (vgl. z.B. Franz 1991: 301, Bellmann 1986), wird diese Klasse von Kooperationsproblemen im Folgenden als *Shirking-Problem* bezeichnet.[11] Die implizite Voraussetzung, die dem Shirking des Arbeitnehmers zugrunde liegt, kann folgenderma-ßen umschrieben werden: "Each worker undoubtedly has some maximum level of productivity that he can bring to the work place, but depending on motivation, he can also provide his employer any productivity between his maximum and nothing" (Thurow 1983: 201). Dieser Verhaltensspielraum von Arbeitnehmern, auch weniger als die von ihnen erwartete Leistung zu erbringen, wird vor allem dann problematisch, wenn das Arbeitsergebnis durch den Arbeit-geber nur ungenau oder zu spät gemessen werden kann. Ist eine derartige Messung möglich, kann der Lohn direkt an das Arbeits-ergebnis gekoppelt - wie z.B. in Akkordlohnsystemen - und so mit einem direkten Lohnanreiz das Shirking-Problem überwunden wer-den (z.B. Lazear 1995: 13-24). Ein Blick in die Praxis zeigt uns jedoch, dass diese Möglichkeit nur selten gegeben ist: z.B. eben nur in einer fließbandähnlichen Stückproduktion oder bei Verkaufstätig-keiten, in denen die Produktivität durch den erzielten Verkaufserlös gemessen werden kann. Zudem kann empirisch beobachtet werden, dass auch in solchen Fällen keineswegs immer einer reiner Stück-oder Akkordlohn, sondern in der Regel ein fixer, leistungsunabhän-giger Grundlohn gezahlt wird. Daher können wir davon ausgehen, dass Shirking-Probleme prinzipiell in jedem Arbeitsverhältnis auf-treten können.

Auf der Seite des *Arbeitnehmers* äußert sich problematisches Verhalten z.B. durch die mangelhafte oder fehlende Erfüllung der abverlangten Arbeitsleistung. Ein bekanntes Beispiel stellt hier die Ausnutzung von Handlungs- und Interpretationsspielräumen bei der Krankmeldung dar. Dies liegt in dem Umstand begründet, dass Krankheit oft keinen objektiv feststellbaren Zustand darstellt, son-dern sich insbesondere für die Frage der Beendigung der Krankheit Handlungsspielräume des Betroffenen eröffnen. So kommt NIEDER

---

11 Der Begriff des Shirkings kann übersetzt werden mit Bummeln, Blaumachen, Drückebergerei, vgl. Franz (1991: 301).

zu dem Schluss, dass ein Mitarbeiter umso eher fehlen wird, "*je unangenehmer die Arbeit ist*; je weniger er negative Konsequenzen seines Fehlens erwartet (Lohnausfall bei Akkordarbeit, Vorhaltungen seines Vorgesetzten und Arbeitskollegen, Kündigung); je mehr er negative Konsequenzen bei Nichtfehlen erwartet (Krankheitsverschlimmerung); je angenehmer andere Beschäftigungen sind; je mehr er negative Konsequenzen erwartet, wenn er andere Verpflichtungen nicht erfüllt (Hausarbeit, kranke Kinder hüten)" (Nieder 1991: 1057). Shirking ist jedoch keinesfalls auf ungerechtfertigte Krankmeldungen beschränkt:

> Ebenfalls problematisch gestaltet sich oft die aufgrund des Arbeitsinhaltes eigentlich notwendige Zusammenarbeit mit anderen Arbeitnehmern. Hier kann beobachtet werden, dass einzelne Arbeitnehmer oder sogar ganze Abteilungen Konflikte austragen, die der Erfüllung ihrer Arbeitsaufgaben eher abträglich sind. Dies tritt vor allem in Situationen auf, in denen die beteiligten Akteure um knappe Ressourcen in der Organisation konkurrieren müssen. Mittel dieser Konfliktaustragung ist häufig die Zurückhaltung von Informationen, um den Entscheidungsprozess im Unternehmen zu beeinflussen (Miller 1992: 78). So wird die Arbeitsauslastung der eigenen Abteilung meist zu hoch angegeben, um die Zuweisung zusätzlicher Mittel und Personalstellen zu erreichen. Dies führt jedoch zu falschen Prognosen für das Unternehmen, die mit hohen Kosten verbunden sein können. Als weiteres Beispiel kann die ablehnende Reaktion auf Reorganisierungsmaßnahmen dienen. Derartige Prozesse resultieren häufig in grundlegenden Veränderungen der Arbeitsbedingungen: Beispielsweise können sich durch technische Veränderungen die Qualifikationsstandards im hierarchischen Gefüge eines Betriebes verschieben. Der damit einhergehende oder befürchtete Kompetenzverlust kann zu der Weigerung bestimmter Arbeitnehmergruppen führen, die technische oder organisatorische Veränderung zu unterstützen. Ein in den letzten Jahren häufig zu beobachtender Fall stellt hier die bereits erwähnte Einführung von Gruppenarbeit dar, die oft auch mit der Implementation neuer Techniken einhergeht. So schildert WILKESMANN (1994: 172) im Rahmen einer Fallstudie, dass die Einführung von Gruppenarbeit in einem deutschen Automobilwerk mit Widerständen bestimmter Arbeitnehmergruppen verbunden war. Zum einen befürchteten die Meister einen durch die Auflösung traditioneller Hierarchien verbundenen Kompetenzverlust, der ihre Position im Produktionsprozess langfristig überflüssig machen könnte. Zum anderen verweigerte die Fachgruppe Instandhaltung die Integration in die Gruppe, da mit der Veränderung von Arbeitsinhalten auch ein Verlust an Status verbunden gewesen wäre. Derartige Konflikte sind besonders problematisch, da gerade die Arbeitnehmer mit den höheren Kompetenzen und Fähigkeiten ihre Mitwirkung an der organisationellen Umstrukturierung verweigern und so den Erfolg der Maßnahme gefährden können.

Obwohl der Begriff des Shirkings meist auf das opportunistische Verhalten des Arbeitnehmers angewandt wird, soll im Folgenden auch die Nicht- oder Schlechterfüllung der Pflichten des Arbeitgebers darunter gefasst werden. *Shirking des Arbeitgebers* liegt z.B. vor, wenn er die geltenden Arbeitsschutzbestimmungen unterläuft, um Investitionen in Unfallverhütungsmaßnahmen zu sparen. So gehört es zur Fürsorgepflicht des Arbeitgebers, geeignete Arbeitssicherheitsmaßnahmen an Maschinen und anderen Gefahrenquellen anbringen zu lassen (Pfützner 1988: 160), die jedoch unter Umständen erhebliche Kosten verursachen können. Insbesondere bei einem statistisch geringen Unfallrisiko besitzt ein eigeninteressierter Arbeitgeber Anreize, diese Kosten einzusparen. Zwar versucht der Gesetzgeber, durch detaillierte Bestimmungen und regelmäßige Überwachung die Einhaltung dieser Fürsorgepflicht zu gewährleisten (Mertens 1978), jedoch entziehen sich die sicherheitsrelevanten Arbeitsplatzbedingungen aufgrund ihrer Komplexität meist einer vollständigen Erfassung und Regelung.

Ein weiteres Beispiel stellen die häufig zu Beginn eines Arbeitsverhältnisses durch den Arbeitgeber getätigten impliziten Zusagen dar, die sich beispielsweise auf Karriere- oder Weiterbildungsmöglichkeiten erstrecken. Eine Befragung unter Nachwuchsführungskräften zeigte, dass informelle Versprechungen vom Arbeitgeber häufig nicht eingehalten werden. Dies betrifft sowohl die in der Einarbeitungsphase notwendigen Investitionen in Humankapital, als auch angemessene Arbeitsbedingungen oder in Aussicht gestellte Gehaltserhöhungen (Schatz 1991). Auch hier kann sich der Arbeitgeber unter Umständen Vorteile verschaffen, wenn er diese Versprechen nicht oder nur ungenügend einlöst.

Allen Typen von Opportunismusproblemen ist gemeinsam, dass sie nur durch geeignete *Regulierungen* überwunden werden können, die Mechanismen zur "Disziplinierung"[12] der Akteure (Raub &

---

12 Der Begriff "Disziplinierung" wird in diesem Kontext nicht im Sinne einer moralisch begründeten Strafe, sondern neutral im Sinne einer Verhaltensbeeinflussung
(Fortsetzung...)

Weesie 1992: 50) beinhalten. Gelingt die Regulierung nicht, schlägt
sich dies in Form von verschiedenen Problemen wie z.b. Krankenstand, Personalfluktuation, arbeitsgerichtliche Streitigkeiten oder
niedrige Produktivität nieder. Jedoch zeigen empirische Daten wie
die Entwicklung von Arbeitsgerichtsverfahren (Abraham 1996:
18ff) oder die hohe Beschäftigungsstabilität (Schasse 1991: 150),
dass es offensichtlich unter bestimmten Umständen gelingt, langfristige Arbeitsverhältnisse trotz der gegensätzlichen Interessen der
Beteiligten zu realisieren. Damit stellt sich die Frage nach den dafür
verantwortlichen Regulierungsmechanismen, die hierfür eingesetzt
werden können (vgl. hierzu auch Abraham 1996: 48-53). Hierbei
lassen sich unterscheiden

- externe Regulierungsmechanismen, die den Partner des Arbeitsverhältnisses durch eine dritte Partei vorgeschrieben werden,
  sowie
- endogene Mechanismen, über deren Inhalt und Einsatz die Partner selbst entscheiden.

Externe Regulierungsmechanismen stellen hierbei vor allem
durch den Staat und seine Institutionen erlassene Rechtsnormen wie
z.B. das Kündigungsschutzgesetz dar. Darin wird die Möglichkeit
des Arbeitgebers, seinen Arbeitnehmer zu entlassen, eingeschränkt
und letzterem ein gerichtliches Durchsetzungsrecht eingeräumt.
Verstößt der Arbeitgeber gegen die Norm, kann er durch eine Klage
vor Gericht zur Wiedereinstellung oder Entschädigung gezwungen
werden. Die Nachteile einer derartigen Lösung liegen jedoch auf der
Hand: Gerichtliche Schlichtungen sind nicht nur besonders kostenintensiv und langwierig (Brandt 1983: 121), sondern können auch
zu Ergebnissen führen, die für beide Seiten nicht sehr attraktiv sind.
So führt die erfolgreiche Klage gegen eine unzulässige Entlassung

---

12 (...Fortsetzung)
     zur Vermeidung opportunistischen Verhaltens verwendet (vgl. etwa Franz 1991:
     301, Raub & Weesie 1992).

meist nicht zur Wiedereinstellung, sondern zu einer finanziellen
Entschädigung des Arbeitnehmers. Dies ändert einerseits jedoch
nichts an dem Verlust des Arbeitsplatzes und führt andererseits zu
hohen Streit- und Abfindungskosten für den Arbeitgeber.

Ein anderer Typ von externen Regulierungsmechanismen stellen
sogenannte Reputationseffekte dar (Klein 1985). Ein Arbeitgeber,
der seine Arbeitnehmer nicht korrekt behandelt, muss fürchten, dass
sein Verhalten auf dem Arbeitsmarkt publik wird. Dies führt dazu,
dass die besser qualifizierten Arbeitskräfte solche Unternehmen
vorziehen werden, die diesbezüglich eine gute Reputation besitzen.
Die Sanktionshöhe wird hier erst festgelegt, nachdem das opportunistische Verhalten durch außenstehende Arbeitsmarktteilnehmer
beobachtet worden ist. Diese entscheiden dann über das Ausmaß der
Sanktion, indem sie sich durch das Unternehmen mit dem schlechten Ruf z.B. nur zu einem erhöhten Lohnsatz anwerben lassen.
Voraussetzung für eine derartige Regulierung ist jedoch, dass die
Drohung mit Sanktionen in zukünftigen Tauschsituationen mit
Dritten glaubhaft ist (Kreps 1990a, Williamson 1990). Dies bedeutet, dass das Verhalten der Akteure durch Dritte gut beobachtbar
sein muss, mit dem Beobachter später Tauschbeziehungen eingegangen werden können und die mit der Reputation verbundenen
Gewinne oder Verluste ausreichend hoch sind (Raub & Weesie
1990). Die Erzeugung von Reputation geschieht somit im Rahmen
von sozialen und organisationellen Netzwerken (Granovetter 1985),
innerhalb derer Informationen über andere Akteure weitergegeben
werden müssen (vgl. hierzu auch Kap. 6.3) Dies wird nur dann der
Fall sein, wenn die Sanktionierung eines schlechten Rufes keine zu
hohen Kosten von den Netzwerkmitgliedern fordert. Ist der Arbeitgeber das einzige Unternehmen in einer ländlichen Region, wäre
dessen Sanktionierung mit dem Preis der Arbeitslosigkeit verbunden.

Wie diese Beispiele deutlich machen, gehen mit dem Einsatz
externer Regulierungsmechanismen immer zwei grundsätzliche
Probleme einher: Zum einen besitzen die Partner des Arbeitsverhält-

nisses keinen Einfluss auf den Inhalt dieser Regelungen und können diese daher nicht an besondere Situationen anpassen, zum anderen bringt der Einsatz dritter Akteure immer erhöhte Kosten mit sich, die sich aus dem Informationsbedarf der außenstehenden Akteure über die Interaktion ergeben. Damit rücken sogenannte *endogene Mechanismen* in den Mittelpunkt, deren Einsatz und Inhalt durch die Akteure beeinflusst werden können.

In erster Linie können Arbeitnehmer und Arbeitgeber ihre Beziehung durch Verträge absichern, in denen beiderseitige Vereinbarungen mit Sanktionen für den Fall des Vertragsbruches verknüpft werden. Beispielsweise wird der Auslandseinsatz von Mitarbeitern durch einen Entsendungsvertrag abgesichert, indem sowohl die Rahmenbedingungen des Auslandsaufenthaltes - wie z.B. die Bereitstellung von Wohnung, Dolmetscher oder Dienstwagen im Gastland - als auch Bedingungen der Rückkehr und der sozialen Absicherung vereinbart werden (Wirth 1992). Derartige Verträge gestatten den Akteuren, sowohl den Inhalt als auch gegebenenfalls die Höhe der Sanktionen bei einem Vertragsverstoß selbst festzulegen. Werden derartige Regelungen nicht nur für einen konkreten Einzelfall, sondern für eine Reihe von zu erwartenden ähnlichen Situationen geschaffen, so können sie als private Institutionen (Weesie & Raub 1996) bezeichnet werden. So dienen z.B. betriebliche Sozialleistungen als Vereinbarungen zwischen einer Gruppe von Arbeitnehmern und dem Arbeitgeber dazu, sowohl die Stabilität als auch die Produktivität der Arbeitsverhältnisse in einem Unternehmen zu erhöhen und stellen damit ein Beispiel für private Institutionen dar (vgl. Abraham 1996). Verträge und einklagbare Vereinbarungen müssen jedoch auch weiterhin im Konfliktfall durch dritte Akteure wie z.B. Gerichte überprüft und evtl. durchgesetzt werden.

Schließlich existiert ein endogener Regulierungsmechanismus, der gänzlich ohne weitere Akteure auskommt. In Beziehungen, in denen die Akteure nicht nur einmal, sondern häufig miteinander agieren, besitzen die Interaktionspartner die Möglichkeit, eine Kooperationsverweigerung des Partners in der Zukunft durch eigenes opportunistisches Verhalten zu bestrafen (vgl. hierzu Büschges et al. 1996: 128-140). Da Arbeitsverhältnisse typischerweise langfristige Beziehungen darstellen, kann in dieser zeitlichen Einbettung das grundlegende Prinzip der Kooperation zwischen Arbeitgeber und Arbeitnehmer gesehen werden (Miller 1992: 182-198). Ein Arbeitgeber wird beispielsweise von einer Verschlechterung der Arbeitsbedingungen oder der Kürzung einer Prämie absehen, wenn er im Gegenzug mit einem niedrigeren Arbeitsleistung seiner Belegschaft rechnen muss.[13] Jedoch besitzt auch dieses Prinzip der Kooperation durch zeitlichen Einbettung seine Grenzen. Zum einen müssen die Akteure ihre Beziehung als hinreichend stabil einschätzen, um zukünftigen Sanktionen durch den Partner Bedeutung beizumessen. Ein Arbeitnehmer, der seine Kündigung bereits plant, wird der zu befürchtenden Kürzung seines Weihnachtsgeldes als Reaktion auf niedrige Arbeitsleistung keine Bedeutung beimessen. Zum anderen dürfen die Vorteile durch eigenes opportunistisches Verhalten die zu erwarteten negativen Konsequenzen durch entsprechendes Verhalten des Partners nicht wesentlich übersteigen. Aus diesen Gründen wird zur Vermeidung von Shirking-Problemen in Arbeitsverhältnissen in der Regel eine Kombination verschiedener Mechanismen zum Einsatz kommen (Miller 1992: 214f, Abraham 1996: 53).

6.1.2 Mitgliedschaft als Nachfrage von Dienstleistungen: Das Wohnstift als soziale Organisation

Als zweiter Typus von Organisationsmitgliedschaften steht in diesem Kapitel die Mitgliedschaft zu Erlangung einer Dienstleistung im

---

13 Dieser endogene Kooperationsmechanismus kann durch die Drohung gegenseitiger zukünftiger Bestrafungen beruht auf spieltheoretischen Erkenntnissen. Insbesondere die Analyse des sogenannten Gefangenendilemmas zeigt, dass vollständig rationale Akteure unter bestimmten Bedingungen miteinander Kooperieren werden, wenn sie häufiger miteinander interagieren werden (vgl. hierzu Büschges et al. 1996: Kap. 6, Miller 1992, Axelrod 1987).

Mittelpunkt. Derartige Mitgliedschaften nehmen an Bedeutung in modernen Gesellschaften stetig zu: Wir werden Mitglied in Sportvereinen, um unter anderem Leistungen wie die Bereitstellung sportlicher Einrichtungen oder die Beratung durch einen Trainer in Anspruch zu nehmen, oder wir treten in Vereinigungen und Verbände ein, um für unseren Beruf wichtige Informationen zu erhalten. Wir bezahlen diese Dienstleistungen durch Vereinsbeiträge und ermöglichen durch den Zusammenschluss mit anderen Akteuren die Nutzung von "Skalenvorteilen": Der Unterhalt eines Tennisplatzes wird umso günstiger für jeden Einzelnen, je mehr sich an den Unkosten durch Beiträge beteiligen. Opportunistisches Verhalten ist durch diese Interessengemeinsamkeit und die Möglichkeit, nur Beitragszahlern die Dienstleistung zukommen zu lassen, für Dienstleistungsmitgliedschaften ein wesentlich geringeres Problem als in Arbeitsverhältnissen. Es rückt jedoch in dem Maße in den Mittelpunkt, als die Erbringung dieser Dienstleistung einen hohen Aufwand erfordert, der nur durch den Einsatz vollberuflicher Arbeitskräfte sichergestellt werden kann. Am Beispiel eines Wohnstifts, in dem ältere Menschen als Nachfrager einer Dienstleistung ("betreutes Wohnen") mit den Anbietern dieser Leistungen im Rahmen einer Organisation interagieren, soll dieser Fall analysiert werden.[14] Das hierfür betrachtete Wohnstift des Collegium Augustinum[15] ist eine besondere Organisation, deren spezifischer Zweck die Beherbergung, Versorgung und Pflege älterer Menschen ist. Als weitere typische Merkmale kommen hinzu

• formalisierte Mitgliedschaftsbedingungen unter Einschluss der Ein- und Austrittsregelungen, hier: Hausordnung, Beherbergungsvertrag, Arbeitsvertrag;

---

14 vgl. hierzu insbesondere auch Büschges (1979).

15 Unter dem Namen "Collegium Augustinum" werden von dem 1957 gegründeten Trägerverein "Wohnstifte" für Senioren betrieben. Als erstes wurde das Wohnstift Neufriedenheim in München errichtet, 1962 bezogen und 1963 eingeweiht. Heute betreibt der Trägerverein über 20 Wohnstifte in ganz Deutschland.

- festliegende Arbeitsprogramme, hier: Beherbergung, Verpflegung, soziale, pflegerische, therapeutische und medizinische
  Versorgung, kulturelle und seelsorgerische Betreuung der Stiftsbewohner;
- arbeitsteilig differenzierte, gegeneinander abgegrenzte und zugleich aufeinander bezogene Positionen und Aufgaben der Mitglieder, hier: Stiftsbewohner auf der einen Seite, Stiftspersonal -
  wie z.b. das Küchen- und Servicepersonal, die Hausdame und
  die Etagendamen, den Stiftsarzt und die Stiftsschwestern, das
  Wäscherei- und Reinigungspersonal, und die Administration -
  auf der anderen;
- spezialisierter, Integration und Kooperation der Mitglieder si-
  chernder Verwaltungsstab, hier: Stiftsleitung und Stiftsbeirat.

Diese Merkmale prägen die Sozialstruktur des Wohnstifts, die
sich in einem relativ beständigen, Regelmäßigkeiten des sozialen
Handelns widerspiegelnden Geflecht sozialer Beziehungen niederschlägt. Hierbei können drei Typen von Akteuren in der Organisation unterschieden werden: die Stiftsleitung, das Stiftspersonal und
die Stiftsbewohner. Von besonderer Bedeutung für die Situation
dieser Organisationsmitglieder, für ihre Handlungsspielräume und
Einflusschancen sowie für ihre Zufriedenheit sind neben den baulichen und technischen Gegebenheiten die Organisationsvorschriften,
die Organisationsprogramme, die Personalstruktur sowie, nicht
zuletzt, die Autoritäts- und Kontrollstruktur. Sie bestimmen entscheidend den Charakter, der dem Wohnstift als Lebensraum der
Stiftsbewohner zukommt, sowie die Chancen, die das Wohnstift
dem Stiftsbewohner zur Verwirklichung seiner Lebensziele, zur
Befriedigung seiner Lebensbedürfnisse sowie zur Bewältigung
seiner Altersprobleme bietet.

Von erwerbswirtschaftlichen Organisationen, auch solchen, die
sich der Altenhilfe widmen, unterscheiden sich die Wohnstifte durch
ihren gemeinnützigen Charakter. Von anderen Dienstleistungsorganisationen auf dem sozialpolitischen Sektor heben sie sich

durch ihren spezifischen Organisationszweck ab: den Bau und den Betrieb von Appartement-Wohnanlagen nebst dazugehöriger Gemeinschaftseinrichtungen für ältere Menschen und die damit verknüpfte Bereitstellung eines umfangreichen Angebotes an Dienstleistungen verschiedener Art. Von vielen Institutionen der stationären Altenhilfe unterscheidet sie ihre Ausrichtung auf "ältere Menschen, die im Ruhestand sicher, ungebunden, individuell und aktiv leben wollen"[16] und die in der Regel selbst oder mit Hilfe von Familienangehörigen ihren Unterhalt finanzieren, ihre besondere architektonische Gestaltung und ihre auf die Lebensbedürfnisse älterer Menschen abgestimmte technische Einrichtung. Damit einher geht die Zusage lebenslanger Beherbergung, Versorgung und Pflege auch bei Verschlechterung des Gesundheitszustandes sowie die vom jeweiligen Bedarf oder von den jeweiligen Wünschen der Stiftsbewohner bestimmte Kombination angebotener Dienstleistungen.[17]

In ihren *Organisationsvorschriften* folgen die Wohnstifte weitgehend dem Leitbild des aktiven, lediglich für die altersbedingten gesundheitlichen Defizite und körperlichen Beschwerden Entlastung suchenden Senioren, der finanziell fremder Hilfe nicht bedarf. Wesentliches Merkmal dieses Personenkreises ist das Ziel der Versorgung für den Fall, dass ihn Krankheiten und altersbedingte Veränderungen der psychophysischen Leistungsfähigkeit auf fremde Hilfe oder gar ständige Pflege angewiesen sein lassen oder dass er durch den Verlust relevanter Interaktionspartner und Bezugspersonen sozial vereinsamen könnte. Demgemäß zeichnen sich die Hausordnungen der Wohnstifte durch das Bemühen aus, die individuelle Gestaltungsfreiheit der Stiftsbewohner möglichst wenig zu beschneiden, die Privatsphäre zu schützen sowie die gegenseitigen Rechte und Pflichten und das Dienstleistungsangebot möglichst

---

16 Presse-Information des Wohnstift Augustinum Dortmund anlässlich des Richtfestes am 10. Juni 1977.

17 Im Falle unseres konkreten Beispiels kommt als Spezifikum die zwar überkonfessionelle, doch betont christliche und in der Bezugnahme auf Aurelius Augustinus zum Ausdruck gebrachte Orientierung hinzu.

eindeutig zu bestimmen. Da das Zusammenleben einer großen Zahl von Menschen jedoch typischerweise erhebliche Koordinations- und Kollektivgutprobleme - wie z.B. der Erhalt einer angenehmen Wohnatmosphäre - mit sich bringt, ist die Einführung eines Mindestmaßes an festen Regeln jedoch unerlässlich. Diese werden umso umfangreicher sein, je größer die Interessengegensätze sind und je umfassender der davon betroffene gemeinsame Lebensraum der Organisationsmitglieder ist. Am Beispiel der recht umfangreichen Hausordnung des Wohnstiftes zeigt sich, dass hier aufgrund des ständig geteilten Lebensraumes ein hoher Regulierungsbedarf besteht. Die durch die Gründung von Organisationen oft überhaupt erst mögliche Bereitstellung eines Dienstleistungsangebotes zu noch finanzierbaren Kosten hat somit auch ihren Preis, der in der damit nahezu zwangsläufig verknüpften Zunahme von Reglementierung besteht. Diese Konsequenz der Problemlösung in und durch Organisationen trifft die Stiftsbewohner ungleich mehr als das Stiftspersonal, weil für sie das Wohnstift jenen Lebensraum darstellt, in dem sie, wenn nicht die meiste, so doch einen großen Teil ihrer noch verbliebenen Lebenszeit verbringen.

Auch das *Organisationsprogramm* der Wohnstifte folgt dem zuvor umrissenen Leitbild. Ihm entspricht das Angebot einer Anzahl verschieden großer, den Bedürfnissen älterer Menschen entsprechend ausgestatteter, individuell zu möblierender Appartements, die Bereitstellung eines nur zum Teil verbindlichen Angebotes an Dienstleistungen zur "Entlastung von den Mühen der Haushaltsführung" sowie zur Sicherung der "medizinischen Betreuung und Pflege im Krankheitsfall". Damit verbunden ist das "Angebot einer geistigen, geistlichen und geselligen Gemeinschaft"[18] und die Zusage lebenslanger Pflege und Versorgung. Da der einzelne Stiftsbewohner nach seinen Wünschen oder Bedürfnissen unter dem Dienstleistungsangebot wählen kann, sind die Wohnstifte für den

---

18 So Georg Rückert in seinem Vortrag an der Ruhr-Universität Bochum am 14. 1. 1974 über "Neue Wege der Wohnungsversorgung alter Menschen, dargestellt am Beispiel des Collegium Augustinum" (Manuskript: 13).

einen Altenwohnheim mit Serviceleistungen, für den anderen Altenheim für rüstige Bewohner, für den dritten Altenheim mit Leichtpflege, für den vierten Pflegeheim mit Versorgungspflege und für den fünften gar zeitweise Krankenheim (Dieck 1978). Diese breite Angebotspalette gibt dem einzelnen Stiftsbewohner die Gewähr für den Verbleib im Wohnstift auch dann, wenn altersbedingt seine Gebrechen zunehmen, seine Hilfsbedürftigkeit wächst, seine Aktivität abnimmt oder chronische Krankheiten ständige Pflege notwendig machen. Damit ist zugleich für viele die Gewissheit verbunden, dass mit dem Einzug ins Wohnstift geknüpfte soziale Kontakte und freundschaftliche Beziehungen auch dann erhalten bleiben, wenn sich der eigene Gesundheitszustand verschlechtert und das Aktivitätspotenzial nachlässt.

Die *Personalstruktur* ist ein getreues Spiegelbild des Organisationsprogramms. Drei Gruppen von Mitgliedern gehören zur Organisation Wohnstift, die sich hinsichtlich der Bedeutung der Organisation für ihr Leben, ihre Position in der Organisation und ihre Aufgaben grundlegend unterscheiden: die *Stiftsbewohner*, denen die Dienstleistungen des Wohnstiftes gelten und die insofern Kunden, Klienten oder "Objekte" der Organisation sind und die die Kosten der Organisation und ihrer Leistungen zu tragen haben, das *Stiftspersonal*, dem die Dienstleistungen sowie deren Bereitstellung und Sicherung obliegen, und die *Stiftsleitung*, die für die Durchsetzung der Organisationsziele und die Sicherung des Bestandes und der Entwicklung der Organisation verantwortlich ist. Für das Leben der *Stiftsbewohner* ist das Wohnstift von zentraler Bedeutung. Hier verbringen sie ihren Lebensabend, hier haben sie ihren Wohnsitz und ihren privaten Bereich. Je geringer ihre Kontakte und Beziehungen nach außen sind, je mehr sie der Betreuung, Versorgung und Pflege bedürfen, je knapper ihre verfügbaren Mittel sind und je eingeschränkter ihre Mobilität und ihr Aktionspotenzial sind, um so mehr sind sie für die Verwirklichung ihrer Lebensziele und für die Befriedigung ihrer Bedürfnisse auf das Wohnstift und auf die Dienstleistungen des Stiftspersonals angewiesen. Die mit der Dauer des Wohnens im Wohnstift wachsende Bindung an dieses und die daraus resultierende soziale Abhängigkeit sind um so geringer, je größer die finanziellen und sozialen Ressourcen des Stiftsbewohners sind, je fester er in ein Netzwerk sozialer Beziehungen außerhalb des Wohnstiftes integriert ist und je besser sein Gesundheitszustand ist. Die Interessen der Stiftsbewohner sind außerdem häufig widersprüchlich. Auf der einen Seite legen sie Wert auf einen individuellen Lebensstil, auf möglichst wenig standardisierte und individuelle Verpflegung, Versorgung, Pflege, Betreuung und Beratung, auf der anderen Seite führen aber begrenzte finanzielle Mittel zu einem Interesse an möglichst niedrigen Kosten und nicht zu hohen Pensionspreisen. Setzt ersteres eine entsprechende Ausweitung des Dienstleistungsangebotes und zugleich des Personals voraus, so verlangt letzteres eine möglichst rationelle und ökonomisch, wenig und vorwiegend geringer qualifiziertes Personal erfordernde Gestaltung der Dienstleistungen. Dieser Zielwiderspruch kann somit Quelle potenzieller und tatsächlicher Konflikte zwischen den Stiftsbewohnern und dem Personal bzw. der Stiftsleitung in der Organisation sein.

Für das *Stiftspersonal* ist das Wohnstift keineswegs von so zentraler Bedeutung wie für die Stiftsbewohner. Sie gehen hier ihrer Berufsarbeit nach und befinden sich damit in Arbeitgeber-Arbeitnehmer-Verhältnissen, wie sie in dem vorhergehenden Kapitel analysiert wurden. Sie sind darüber hinaus aber außerhalb des Wohnstiftes in mannigfache soziale Bezüge eingebunden und für die Verwirklichung ihrer Lebensziele wie für die Befriedigung ihrer zahlreichen Bedürfnisse nicht ausschließlich oder primär auf die Tätigkeit im Wohnstift angewiesen. Welche Bedeutung dem Wohnstift und ihrer Arbeit im Wohnstift für ihre Lebensorientierung und ihre Arbeitszufriedenheit zukommt, hängt u.a. davon ab, aus welchen Gründen sie berufstätig sind, welche Erwartungen sie mit ihrer Tätigkeit im Wohnstift verbinden, wie stark sie sich mit ihrer Berufsaufgabe sowie mit dem Wohnstift und seinen Zielen identifizieren, welches Gewicht die Dienstleistungsaufgaben für sie haben und welche Befriedigung ihnen die Betreuung von und die Sorge für ältere Menschen gibt. Auch spielen hierbei die Art der Tätigkeit und die Gestaltung der Arbeitsbedingungen, das Verhältnis zu den jeweiligen Vorgesetzten und zu den Arbeitskollegen sowie zu den zu betreuenden Stiftsbewohnern, die Bezahlung und die Sozialleistungen, die beruflichen Qualifikationen, die bisherige Arbeits- und Berufserfahrung und schließlich die vorhandenen beruflichen Alternativen eine wichtige Rolle.[19]

Für die *Stiftsleitung*, die dritte Mitgliedergruppe, stellt sich die Bedeutung des Wohnstiftes aufgrund ihrer herausgehobenen Position und der damit verbundenen Leitungsfunktionen wiederum anders dar. Sie leitet im Auftrag des Trägervereins und des Generalrats des Collegium Augustinum das Wohnstift. Sie ist dem Träger gegenüber verantwortlich für die Verwirklichung der Organisationsziele, für die Sicherung des Bestandes und der Entwicklung des Wohnstiftes. Sie hat für die sachgerechte Abwicklung des Organisationsprogramms Sorge zu tragen und auf die Beachtung der Organisationsvorschriften hinzuwirken. Zudem besitzt sie die Aufgabe, den Ausgleich von Ausgaben und Einnahmen sowie die Entwicklung der Kosten zu kontrollieren. Durch ihre Entscheidungskompetenzen übt die Stiftsleitung großen Einfluss auf die Zusammenarbeit des Stiftspersonals sowie auf das Zusammenleben und die Zufriedenheit der Stiftsbewohner aus. Die Stiftsleitung besitzt somit die Möglichkeit, Regulierungsmaßnahmen für potenzielle Interessenkonflikte sowohl zwischen den Bewohnern (z.B. mittels einer Hausordnung) als auch zwischen diesen und dem Personal (z.B. auf der Basis eines Organisationsprogramms) durchsetzen zu können.

---

19 Mangels entsprechender empirischer Daten lassen sich hinreichend treffsichere Aussagen über diese Zusammenhänge und deren Folgen für die Wahrnehmung der Arbeitsaufgaben sowie für den Umgang mit den Stiftsbewohnern nicht machen. Vorliegende Daten aus Untersuchungen in Einrichtungen der stationären Altershilfe sprechen aber dafür, dass für die Zufriedenheit der Bewohner mit ihrer Lebenssituation die fachliche Qualifikation des Personals und seine Einstellung zum alten Menschen von besonderem Gewicht sind.

Dabei ist es für die Stiftsbewohner wie für das Stiftspersonal besonders wichtig zu wissen, an welchen Personen und Institutionen innerhalb und außerhalb des Wohnstiftes sich die Stiftsleitung in ihrem Handeln in erster Linie orientiert und welchen im Konfliktsfall das jeweils größere Gewicht zukommt: dem Vorstand des Generalrats des Collegium Augustinum oder einzelnen seiner Mitglieder, den Direktoren der Gesamtverwaltung, den Mitgliedern des Stiftsbeirats, den Vorstellungen der Sozial- und Kulturadministration, der Wirtschaftsadministration, des Stiftsarztes, des Pflegedienstes oder des Stiftsseelsorgers oder ausgewählten Gruppen von Stiftsbewohnern. Von dieser Orientierung dürften Art und Richtung der Regelung oder Behandlung von Konflikten, die jeweils zur Wahl stehenden Lösungsalternativen sowie Möglichkeiten und Grenzen des Ausgleichs von Interessenunterschieden entscheidend beeinflusst werden.

Wie jede Organisation verfügen somit auch die Wohnstifte über eine *Autoritäts- und Kontrollstruktur.* Sie soll dazu dienen, die kontinuierliche, den Zielen und Aufgaben des Wohnstiftes entsprechende, mit den Organisationsvorschriften übereinstimmende Kooperation des Stiftspersonals zur Verwirklichung des Organisationsprogramms zu gewährleisten, sie zu steuern und gegebenenfalls veränderten Bedingungen anzupassen. Sie stellt ein Koordinations- und Kontrollsystem dar, das Über-, Neben- und Unterordnungsbeziehungen zwischen den Mitarbeitern des Wohnstiftes begründet, Aufgabenbereiche und Weisungsbefugnisse sowie Berichts- und Rechenschaftspflichten zuteilt, Kompetenzen abgrenzt und Vollmachten abstuft. Sie verwandelt die an den Dienstleistungsaufgaben des Wohnstiftes ausgerichtete arbeitsteilige Zusammenarbeit des Stiftspersonals in eine solche von rangmäßig geschiedenen, durch Unterschiede in der Autorität voneinander abgehobenen Trägern von Herrschaftsrollen mit den Mitgliedern der Stiftsleitung an der Spitze der Hierarchie und den nur ausführend tätigen Mitarbeitern an der Basis der hierarchischen Pyramide.

Dabei ist es für die Art der Zusammenarbeit nicht unerheblich, ob die den Mitarbeitern in den verschiedenen Positionen zukommende Autorität (vgl. Kap. 4.2.3) lediglich auf dem übertragenen Amte beruht (Amts- oder positionale Autorität) oder auch oder nur auf der zuerkannten oder erwiesenen Sachverständigkeit (sach- oder funktionale Autorität) oder gar auf besonderen persönlichen Eigenschaften (charismatische oder personale Autorität). Während die Amtsautorität ihre Rechtfertigung lediglich aus der Amtsübertragung durch die oberste Leitungsinstanz der Wohnstifte bezieht und deswegen in ihrer Wirkung davon abhängt, ob und inwieweit die Autoritätsunterworfenen diese auch anerkennen, speisen sich die beiden anderen Autoritätsformen aus anderen Quellen. Sie können deswegen auch Mitarbeitern zukommen, denen von der Stiftsleitung keine "Autoritätsposition" übertragen wurde oder zuerkannt wird sowie Stiftsbewohnern. Auf diese Weise kann neben der in den Organisationsvorschriften vorgesehenen Autoritäts- und Kontrollstruktur eine informelle und mit der formellen möglicherweise konfligierende Autoritätshierarchie entstehen, welche die Zusammenarbeit und die Erfüllung der Dienstleistungen beeinflusst, und zwar sowohl im positiven wie im negativen Sinne.

Charakteristisch für die Autoritäts- und Kontrollstruktur des Wohnstiftes ist es ferner, dass den Stiftsbewohnern, also denjenigen, derentwegen das Wohnstift gegründet wurde und denen sein Dienstleistungsangebot gilt, kein Platz in der Autoritätshierarchie zukommt. Wie in allen Einrichtungen der stationären Altenhilfe besitzen sie in der Institution des Stiftsbeirats ein Mitwirkungsorgan mit beschränkten offiziellen Einflusschancen und Mitwirkungsmöglichkeiten. Dies hat zur Folge, dass sie bei allen für das Wohnstift und damit für ihren Lebensraum relevanten Entscheidungen und Regelungen nur indirekt beteiligt sind. Deswegen hängt die Berücksichtigung ihrer Wünsche und Interessen entscheidend davon ab, wer von jenen Personen und Institutionen - den Stiftsbeirat eingeschlossen -, die an den relevanten Planungs-, Entscheidungs-, Informations- und Kontrollprozessen beteiligt sind, sich zum Sachwalter ihrer Wünsche und Interessen macht und inwieweit dieser jeweils bereit und angemessen in der Lage ist, diese Wünsche und Interessen zu erkennen, zu bewerten, zu artikulieren und durchzusetzen. Diese Situation dürfte von jenen Stiftsbewohnern als besonders problematisch empfunden werden, die in ihrem Lebensbereich vor Einzug in das Wohnstift selbst Positionen mit einem großen Maß an positionaler, funktionaler oder personaler Autorität innehatten, die glauben, deswegen auch in dem neuen Lebensbereich hinreichend kompetent zu sein, und die sich noch gesund genug fühlen, neue Aufgaben übernehmen zu können.

Mit der Frage nach der Einbindung der Stiftsbewohner in die Autoritäts- und Kontrollstruktur und ihren Einflussmöglichkeiten ist eine Problematik angesprochen, die für alle Dienstleistungsorganisationen gilt. Generell ist für sie charakteristisch, dass den "Kunden", "Klienten" oder "Betreuten" nur begrenzte Mitwirkungsmöglichkeiten eingeräumt werden (vgl. hierzu auch Kap. 6.2). Dies ist deswegen problematisch, weil mit der zunehmenden Größe einer Organisation die Überschaubarkeit und Kontrollierbarkeit der Interaktions-, Kommunikations- und Entscheidungsprozesse abnimmt, die Möglichkeit zur Manipulation von Informationen und Menschen wächst, der Konformitätsdruck sich erhöht und die Bürokratisierungstendenzen sich vermehren. Im Falle unseres Wohnstiftes existieren daher angesichts der heterogenen, nur partiell übereinstimmenden Interessen von Stiftsleitung, Stiftspersonal und Bewohnern - die hier die Klienten darstellen - und der ebenfalls nur partiellen Interessenübereinstimmung zwischen den verschiedenen Mitarbeitergruppen wie zwischen den Bewohnern erhebliche *Konfliktpotenziale*.

In welchem Ausmaß tatsächlich Konflikte auftreten, hängt jedoch von der Wirksamkeit der eingesetzten Kontroll- und Regulierungsmechanismen ab. Wie unsere kurze Analyse der Akteure, ihrer Interessen und Handlungsspielräume im Falle des Wohnstiftes gezeigt haben, besteht hier ein besonders hoher Bedarf an derartigen Strukturen. Neben den im vorhergehenden Kapitel diskutierten Problemen in Arbeitgeber-Arbeitnehmer-Beziehungen treten Probleme in der Interaktion zwischen den Stiftsbewohnern auf der einen und den anderen Organisationsmitgliedern auf der anderen Seite. Konfliktpotentiale solcher Art liegen besipielsweise vor, wenn Bestimmungen der Hausordnung auszulegen und auf strittige Fälle anzuwenden sind, wenn die Pensionpreise geändert und der Kostenentwicklung angepasst werden müssen oder wenn sich die Wünsche der Bewohner hinsichtlich der Tischordnung und der persönlichen Tischzeiten nur schwer zur Deckung bringen lassen. Hierbei stellt sich aus der Sicht der Bewohner das grundsätzliche

Problem, im Falle der Unzufriedenheit nur schwer in eine andere vergleichbare Dienstleistungsorganisation wechseln zu können. Dies verhindern nicht nur finanzielle Investitionen in das eigene Appartement oder Wartezeiten, sondern auch der drohende Verlust der sozialen Netzwerke. Entfällt diese Exit-Option, kommt der Möglichkeit, durch Mitsprache und "Widerspruch" seine Interessen durchzusetzen, umso größere Bedeutung zu. Jedoch ist auch dieser Regulierungsart enge Grenzen gesetzt, da nur wenige Personen dieses Alters bereit und in der Lage sind, die mit erweiterten Mitwirkungsmöglichkeiten zwangsläufig verbundenen Belastungen zu tragen und hierfür einen Teil ihres Zeitbudgets zur Verfügung zu stellen. Können die Interessenkonflikte nicht in der Organisation entschärft werden, wird der Einsatz dritter, externer Parteien wahrscheinlich. Dies lässt sich im Falle der Seniorenwohnheime an der Bedeutung ihrer Reputation auf dem entsprechenden externen Markt beobachten. Ein Anbieter, der auf Kosten seiner Bewohner eigene Ziele durchzusetzen versucht und dabei Konflikte eingeht, riskiert einen schlechten Ruf und damit den Verlust einer zahlungskräftigen Kundschaft. Wie der Organisationsalltag - sei es im Wohnstift oder einer anderen Einrichtung - jedoch zeigt, können derartige Regulierungsmechanismen Interessenkonflikte nie ganz beseitigen und den Ausbruch von Konflikten verhindern.

6.2 Publikum und Organisation

In diesem Abschnitt steht die Beziehung zwischen Organisationen auf der einen und externen individuellen Akteuren auf der anderen Seite im Mittelpunkt der Betrachtung. Derartige externe Akteure, die wir im Folgenden als *Publikum* im weitesten Sinne bezeichnen wollen, spielen für fast alle Organisationen eine bedeutende Rolle als "Schnittstelle" zur Organisationsumwelt. Ein wichtiges Beispiel für einen externen Akteur stellt der *individuelle Kunde* dar, der eine Organisationsleistung gegen Bezahlung nachfragen will und zu diesem Zweck mit Agenten der Organisation interagiert. In unserer Apotheke ist dies der Kunde, der ein Rezept einlöst, in der Verzinkerei beispielsweise ein Schlosser, der ein Gartentor verzinkt haben möchte, im Krankenhaus der einer Behandlung bedürftige Privatpatient. Charakteristisch für diese Beziehungen ist die Einbettung in einen Markt oder marktähnlichen Kontext, der durch ein Mindestmaß an Wettbewerb und eine freiwillige Partnerauswahl gekennzeichnet ist. Wie wir später sehen werden, lassen sich auch eine Reihe von Beispielen finden, die einen Kontakt individueller Akteure mit Organisationen in Monopol- oder monopolähnlichen Situationen beinhalten. Dies trifft nicht nur auf "klassische" Monopolbetriebe wie beispielsweise die Deutsche Bahn AG zu, sondern insbesondere auch auf staatliche oder kommunale Verwaltungen und ihre "Nutzer". Ein zweiter wesentlicher Typus stellen individuelle Akteure dar, durch die die Organisation Ressourcen beliebiger Art bezieht. Häufig handelt es sich dabei um Agenten einer anderen Organisation, die als *Zulieferer* ihre Produkte verkaufen. Da dieser Typus in Kapitel 6.3 eingehender diskutiert werden wird, beschränken wir uns in diesem Kapitel auf individuelle Nachfrager von Organisationsleistungen.

Die Beziehung zwischen individuellem Kunden und Organisation birgt ein grundsätzliches Problem: Häufig kann ein außerhalb der Organisation stehender individueller Akteur vorab nur schwer einschätzen, ob die Organisationsleistung die von ihm erwarteten und bezahlten Eigenschaften besitzt. Der Krankenhauspatient wird beispielsweise nur schwer beurteilen können, welche Qualität die ihm angebotene Behandlung haben wird: Welche Qualifikation besitzen die Ärzte? Wie ist der Service auf der Station? Welche Einrichtungen besitzt die Klinik für unerwartete Notfälle? Der Apothekenkunde wird z.B. bei rezeptfreien Medikamenten häufig auf den Rat des Apothekers vertrauen müssen, da ihm die Fachkenntnis fehlt. Der Schlosser weiß schließlich nicht, ob die Terminzusage der Verzinkerei eingehalten und welche Qualität die Verzinkung besitzen wird. Diese Probleme werden in erster Linie durch eine grundle-

gende Informationsasymmetrie gekennzeichnet, die jedem Tausch-
geschäft prinzipiell zu eigen ist: der jeweilige Eigentümer besitzt
aufgrund seiner Erfahrung häufig ein spezielles Wissen über das
Tauschgut. Dieses Wissen wird er nur dann weitergeben, wenn er
damit die Bereitschaft des Partners zum Tausch erhöhen kann, negative Eigenschaften wird er jedoch verschweigen.[20] Diese Tendenz
wird in den von uns betrachteten Fällen dadurch verstärkt, dass die
Organisation ihrem jeweiligen Publikum nicht unmittelbar gegen-
übertritt, sondern mittelbar durch den jeweiligen Agenten oder
Repräsentanten, der die Organisation vertritt. In dem individuellen
Kontakt "Organisation - Klient" kann der Agent somit sämtliche
Ressourcen und Informationsquellen der Organisation nutzen, wäh-
rend der externe Kunde diese Informationen nur sehr selektiv erhält.
Dies wird z.B. in Situationen relevant, in denen komplexe Güter
gekauft werden sollen oder umfangreiche Verträge ausgehandelt
werden müssen. Gelingt es dem Kunden nicht, sich über andere
Quellen Informationen zu beschaffen, entsteht ein grundlegendes
Vertrauensproblem: der Treugeber - hier der individuelle Kunde -
willigt in einen Tausch ein und übergibt die Kontrolle über sein
Tauschgut an einen Treuhänder, ohne sich einer bestimmten Gegenleistung sicher sein zu können (Coleman 1991: 123-137, Snijders
1996: 10). Dieses Problem tritt nicht nur in Interaktionen mit Organisationen, sondern prinzipiell in allen sozialen Interaktionen auf, in
denen ein Tausch zeitverzögert oder mit ungleich verteilter Information über die Tauschgüter vollzogen werden muss Jedoch lässt es
sich in Beziehungen zwischen individuellen Akteuren und den
Agenten von Organisationen aufgrund der dargelegten Informa-
tionsungleichheit zugunsten des letzteren besonders häufig beobachten.

---

20 Der Gebrauchtwagenmarkt stellt ein besonders einleuchtendes Beispiel für derartige Situationen dar (Akerlof 1970): Da jeder Käufer prinzipiell davon ausgeht,
dass schlechte Eigenschaften eines Wagens verschwiegen werden, wird er eine
geringere Zahlungsbereitschaftbereitschaft besitzen. Als Konsequenz werden
Autos in gutem Zustand unter Wert gehandelt.

Eine mögliche Lösung derartiger Vertrauensprobleme kann die
geeignete Einbettung einer derartigen Beziehung bereitstellen. Eine
sehr wirksame Möglichkeit stellt beispielsweise die Einbettung der
Beziehung in einen funktionierenden Markt dar: Wird das Vertrauen
des Kunden einmal missbraucht, kann er die Beziehung zu der
Organisation abbrechen und sich einen anderen Interaktionspartner
suchen. So wird der Apothekenkunde, der auf Empfehlung ein
teures und offensichtlich unwirksames Medikament kaufte, wahrscheinlich das nächste Mal eine andere Apotheke aufsuchen. Voraussetzung ist jedoch, dass genügend Anbieter für die entsprechende
Organisationsleistung auf dem Markt existieren. In derartigen Situationen wird der Ruf bzw. die *Reputation*, die sich ein Anbieter durch
gute bzw. schlechte Leistungen erwerben kann, zur Regulierung des
Verhaltens beitragen. Dies kann durch die Existenz sozialer Netzwerke, also die Einbettung der Tauschbeziehung in einen sozialen
Kontext begünstigt werden: Muss der Anbieter damit rechnen, dass
sich ein Vertrauensmissbrauch herumspricht, wird er einen weiteren
Verlust an Kundschaft befürchten und sich daher redlich verhalten
(z.B. Kreps 1990: 764-767, vgl. auch die Übersicht in Tirole 1995:
246).

Existieren keine Konkurrenten, aber kann der Kunde auf einen
Tausch auch verzichten - wie beispielsweise der Schlosser, der sein
Gartentor mit Rostschutzfarbe statt einer Verzinkung versieht - , so
entsteht aus Sicht des Anbieters trotzdem die Notwendigkeit, seine
Vertrauenswürdigkeit nachzuweisen. Dies kann unter anderem
durch *freiwillige Verpflichtungen* (H. Becker 1960, North 1993)
geschehen, die sich z.B. in einer Garantie äußern können, den
Tausch im Falle unerwünschter Eigenschaften der Organisationsleistung rückgängig zu machen oder Schadensersatz zu erhalten.[21]
Derartige Verpflichtungen müssen jedoch glaubwürdig sein, d.h. die
mit der Garantie verbundenen Zahlungen müssen den zu erwarteten

---

21 Für eine empirische und theoretische Analyse derartiger Verpflichtungen vgl.
   insbesondere Abraham & Prosch (1991), Raub & Keren (1993) sowie Snijders
   (1996).

Schaden eines Vertrauensbruches abdecken. Hier besitzen Organisationen jedoch aufgrund ihrer Stabilität und der Ressourcenzusammenlegung wiederum Vorteile, da sie bestimmte Verpflichtungen glaubwürdiger eingehen können als individuelle Akteure. Beispielsweise wird eine zehnjährige Garantie auf ein Produkt eines großen Unternehmens für uns glaubwürdiger sein als die einer Privatperson, da wir über deren Zahlungskraft in zehn Jahren kaum eine Prognose abgeben können.

Besonders problematisch gestaltet sich jedoch die Beziehungen zwischen individuellen Akteuren und Organisationen, die als *einzige* eine unabdingbare Leistung anbieten. In derartigen *Monopolsituationen* kann sich der individuelle Akteur weder durch einen Abbruch der Beziehung der Informations- und Ressourcenungleichheit entziehen, noch besitzt die Organisation einen Anreiz zum Einsatz freiwilliger Verpflichtungen. Typische Beispiele für derartige Organisationen stellen öffentliche Verwaltungen dar, deren Organisationsleistung durch Gesetz oder Notwendigkeit von den Bürgern nachgefragt werden müssen: das für die Ausstellung von Ausweisen zuständige Einwohnermeldeamt, die für die Schlichtung von Rechtskonflikten zuständigen örtlichen Gerichte oder das Sozialwohnungen zuteilende Wohnungsamt. Auch unser Krankenhaus kann eine derartige monopolähnliche Stellung erlangen, indem Kassenpatienten einer Region bestimmte Leistungen nur dort erhalten können.

Vor diesem Hintergrund kann auch die Diskussion der mangelnden "Bürgernähe" öffentlicher Verwaltungen betrachtet werden, in der Kritik an bürokratischen Erscheinungsformen der öffentlichen Verwaltung und den damit einhergehenden Unzufriedenheit des Publikums mit den Organisationsleistung formuliert wurde. Die Ergebnisse der Untersuchungen eines großen Forschungsverbundes (vgl. Kaufmann 1979: 531 ff.) legen nahe, dass der Vorwurf zunehmender Bürgerferne der öffentlichen Verwaltung zum einen aus der wachsenden Betroffenheit von Bürgern durch staatliche Maßnahmen im Zuge der permanenten Ausweitung der Staatstätigkeit resultiert. Zum anderen ist die Bürgerferne mit bedingt durch das mit der Ausweitung der Staatstätigkeit einhergehende Anwachsen der Größe, der Zentralisierung, der Spezialisierung und der Verfahrensförmigkeit des Verwaltungshandelns. Da gerade diese Faktoren die Informations- und Ressourcenasymmetrie zwischen der Verwaltung und seinem Publikum vergrößern, wächst das Vertrauensproblem zwischen diesen Interaktionspartnern. Mit der zunehmenden Schematisierung der Bearbeitung und der damit einhergehenden Vernachlässigung situationsspezifischer Gegebenheiten sinken zudem Möglichkeiten, individuelle Lösungen wie beispielsweise den Einsatz von Verpflichtungen zu implementieren: die Mitwirkung der Bürger selbst erscheint somit als wenig sachdienlich und ineffektiv.

Aufgrund der fehlenden Möglichkeit der Regulierung des dem Vertrauensproblem zugrundeliegenden Interessengegensatzes kann eine Lösungsstrategie in der Vermeidung bzw. dem Abbau derartiger Interaktionen liegen. So kommt z.B. KAUFMANN zu dem Schluss:"Wo tatsächlich 'unbürokratische Hilfe' erforderlich ist, kann das Postulat der Bürgernähe eine bewusste Begrenzung des öffentlichen Kontrollanspruchs erforderlich machen, um nicht durch verwaltungsmäßige Kontrollmaßnahmen Initiativen sozialer Aktion und der Hilfe zur Selbsthilfe zu ersticken" (Kaufmann 1979: 539). Die Reduktion öffentlichen Verwaltungshandelns und damit einhergehend der Interaktionen zwischen Bürger und Verwaltung sollte dort durchgesetzt werden, wo die "Selbstorganisation von Betroffenen" und "Formen der Selbsthilfe" wirksamer zu sein scheinen als unmittelbare staatliche Leistungen und Eingriffe (Kaufmann 1979: 539). Eine Alternative zur endgültigen Interaktionsvermeidung stellt die Schaffung von Konkurrenz für die betreffende Organisationsleistung dar. Mit der Einbettung der problematischen Interaktion in einen Markt besitzen die individuellen Akteure durch die Wahl des Anbieters die oben beschriebenen Möglichkeiten zur Lösung des Vertrauensproblems. Die Privatisierung von Staatsbetrieben bei gleichzeitiger Abschaffung des Staatsmonopols wie im Falle der Post kann als Beispiel für diesen Lösungstypus gelten.

Obwohl Vertrauensprobleme in Beziehungen zwischen Individu-
en und Organisationen häufig besonders schwerwiegend sein können, treten derartige Probleme auch in Beziehungen zwischen Organisationen auf. Dieser, im folgenden Kapitel betrachtete, Interak-
tionstypus kann als Sonderfall einer Organisation-Publikums-Bezie-
hung verstanden werden: Die Interaktionspartner der Organisation
stellen natürlich weiterhin Individuen dar. Da diese jedoch wiederum als Agent einen korporativen Akteur verkörpern, treten die
individuellen Merkmale des Akteurs in den Hintergrund. Statt dessen agieren zwei korporative Akteure mit ihren jeweiligen strukturellen und institutionellen Eigenschaften miteinander. Dies führt zu
einigen Besonderheiten, die eine genauere Betrachtung erforderlich
machen.

6.3 Beziehungen zwischen Organisationen

Im Mittelpunkt dieses Kapitels stehen Interaktionen zwischen zwei
korporativen Akteuren. Derartige Beziehungen beinhalten immer
zwei Dimensionen: zum einen die Interaktion individueller Akteure,
die als Agenten ihre spezifischen Rollen in der Organisation innehaben und in dieser Funktion miteinander interagieren. Zum anderen
entsteht zugleich mit dieser individuellen Interaktion eine Beziehung zwischen den beiden korporativen Akteuren, die durch die
Agenten vertreten werden. Dies äußert sich z.B. in Verträgen, die im
Namen der Organisationen abgeschlossen werden oder in der Notwendigkeit, während der Vertragsverhandlungen Rücksprache mit
Vorgesetzten in der eigenen Organisation halten zu müssen. In
derartigen Beziehungen tritt das Problem der Ressourcenungleichheit häufig in den Hintergrund, da Organisationen sich untereinander hinsichtlich ihrer verfügbaren Mittel weniger unterscheiden

als im Vergleich zu einem individuellen Akteur.[22] Dagegen stellt sich für den individuellen Akteur weiterhin das Problem, dass er nur über selektive und unter Umständen spärliche Informationen über die Organisation des Verhandlungspartners und vor allem dessen Tauschgut besitzt. Auch die Baufirma, die Stahlteile für eine Hallenkonstruktion verzinken lassen möchte, kann die Termintreue der Verzinkerei ohne weitere Informationen nur schwer einschätzen und befindet sich somit in der selben Situation wie der individuelle Schlosser aus dem vorhergehenden Kapitel.

Wie die Betrachtung von Zulieferer-Abnehmer-Beziehungen zeigen, werden Informations- und Vertrauensprobleme in der Beziehung zwischen Organisationen jedoch häufig noch verstärkt. Dies ist vor allem dann der Fall, wenn der Zulieferer - beispielsweise ein Hersteller von Autositzen - sich auf einen bestimmten Abnehmer - hier einen konkreten PKW-Hersteller - einstellen muss, um seine Produkte verkaufen zu können. Da die Autositze meist nur in einen PKW bestimmten Typs eingesetzt werden können und die Umstellung der Produktion auf einen anderen Typ nur unter dem Einsatz von Zeit und Geld möglich sein wird, muss der Zulieferer sogenannte spezifische Investitionen eingehen. Damit entsteht ein *zweiseitiges* Vertrauensproblem (z.B. Williamson 1990: 61): Während der PKW-Hersteller bei Vertragsabschluss die Qualität der Sitze und die Liefertreue nur schwer einschätzen kann, muss der Zulieferer auf die Zusage weiterer Bestellung durch den PKW-Hersteller vertrauen. Auch hier kann die Lösung des Problems unter anderem wieder in der geeigneten Gestaltung von Verpflichtungen und Verträgen liegen, wie z.B. eine langfristige Bindung an den Zulieferer, die mit einer Vertragsstrafe für die Überschreitung von Lieferfristen gekoppelt ist (vgl. Raub & Weesie 1992, 1996, Tirole 1995: 46-66).

---

22 Die verfügbaren Mittel umfassen hierbei nicht nur Ressourcen wie Kapital oder andere Produktionsfaktoren, sondern auch Informationen oder rechtliche und politische Handlungsmöglichkeiten.

Im Gegensatz zu individuellen Akteuren besitzen Organisationen hier jedoch eine weitere Alternative, die im Rahmen der Transaktionskostentheorie vor allem von WILLIAMSON (1990) herausgestellt wurde: Um die mit einer geeignete Regulierung ihrer Marktbeziehung verbundenen Kosten zu vermeiden, kann die betreffende Transaktion eines Gutes auch in die Organisation hinein verlagert werden (vgl. auch Kap. 4.3). Eine derartige *vertikale Integration* würde sich beispielsweise in dem Entschluss des PKW-Herstellers niederschlagen, den Zulieferer aufzukaufen und die Produktion der Autositze in eigener Regie und auf eigene Rechnung durchzuführen. Korporative Akteure besitzen somit die Möglichkeit, für sie problematische Beziehungen durch die Eingliederung des Interaktionspartners oder der von ihm angebotenen Leistung in die eigene Organisation zu vermeiden.[23] Nach WILLIAMSON (1990) werden Organisationen die mit beiden Alternativen verbundenen Kosten abwägen und diejenige Lösung wählen, die mit den geringsten Transaktionskosten verbunden ist.[24]

Betrachtet man empirisch die Umweltbeziehungen korporativer Akteure, so besitzen diese - genauso wie Individuen - in der Regel nicht nur einen, sondern *mehrere Interaktionspartner, die wiederum untereinander in Kontakt stehen können.* Ein derartiges Geflecht von Beziehungen wird ein Netzwerk genannt (z.B. Granovetter 1985) und setzt sich aus mehreren individuellen Akteuren zusammen. Als *Organisationsnetzwerke* können sie dann bezeichnet wer-

---

23 Vgl. zum Problem der vertikalen Integration auch Pfeffer (1992: 45-47).

24 Die Kosten der vertikalen Integration sind insbesondere in der Erhöhung des internen Koordinations- und Verwaltungsaufwandes zu sehen. Da insbesondere die externen Kosten der Marktbeziehungen durch äußere, sozialem Wandel unterworfenen gesamtwirtschaftlichen und globalen Rahmenbedingungen beeinflusst werden, gestaltet sich vor allem die langfristige Abwägung dieser Kosten in der Praxis schwierig. Die Instabilität der Umwelt führt je nach Marktlage und gewählter Unternehmensstrategie zu unterschiedlichen Situationen hinsichtlich des "optimalen" Ausmaßes der horizontalen Integration. Dies kann eine Ursache für die empirisch immer wieder zu beobachtende wechselnde Unternehmens- und Beteiligungsstrategien insbesondere großer Konzerne sein.

den, *wenn die in dem Netzwerk verbundenen individuellen Akteure als Agenten ihrer Organisationen handeln.*

Der Begriff des Organisations- oder Unternehmensnetzwerkes wird in der Organisationsforschung sowohl im Hinblick auf das theoretische Interesse als auch das empirisch zu beschreibende Phänomen in unterschiedlichster Art und Weise gebraucht (für einen Überblick vgl. z.B. Powell & Smith-Doerr 1994, Sydow et al. 1995: 19-33). Aufbauend auf der dyadischen Beziehung zweier Akteure beschreiben Netzwerke in ihrer allgemeinsten Form die Struktur und Eigenschaften der existierender Dyaden in einer abgrenzten Population von Akteuren. Beschränkt man sich auf diese allgemeine Deskription von Beziehungsstrukturen, so erscheinen (Unternehmens-) Netzwerke nicht als dritte Organisationsform zwischen Markt und Organisationen (wie z.B. Sydow et al. 1995: 17), sondern beschreiben vielmehr ein Kontinuum, das durch den neoklassischen Spotmarkt auf der einen und die formale Organisation auf der anderen Extremposition beschränkt wird (Albert 1967: 392, vgl. auch Kap. 4.3). Während formale Organisationen als hierarchische und institutionalisierte Netzwerke von Akteuren betrachtet werden können, stellen Spotmärkte instabile und gegebenenfalls potenzielle Netzwerke dar: Auch durch den flüchtigen und einmaligen Kontakt mehrerer Käufer und Verkäufer in einer Population entsteht eine Struktur dyadischer Beziehungen, die jedoch zeitlich instabil ist. Zwischen diesen beiden Extrempositionen existiert eine Vielzahl von Ausprägungen dyadischer Strukturen, die oftmals als Netzwerke in engerem Sinne bezeichnet werden. Dahinter steht die Vorstellung, dass jenseits des rein ökonomischen Austausches oder organisationeller Funktionen Beziehungen weitere Eigenschaften und Aufgaben besitzen, die auf die markt- oder organisationsspezifischen Dimensionen einen relevanten Einfluss besitzen (z.B. Granovetter 1985). Dies wird beispielsweise deutlich, wenn die Dauerhaftigkeit vieler Marktbeziehungen in Betracht gezogen wird. In der Realität existieren kaum reine Spotmärkte, sondern Käufer und Verkäufer begegnen einander immer wieder und tauschen auch Informationen über andere Akteure auf dem Markt aus. Da sich gerade die Beziehungen zwischen Organisationen durch eine relativ hohe Dauerhaftigkeit auszeichnen,[25] stellt die Analyse von Netzwerkstrukturen auch und gerade im Zusammenhang mit Markttransaktionen eine wichtige Aufgabe der empirischen Organisationsforschung dar.

Organisationsnetzwerke können ungeplant entstehen, indem beispielsweise ein Zulieferunternehmen mehrere Abnehmer besitzt, die untereinander wieder diverse Produkte voneinander beziehen. So kann z.B. ein Maschinenbaubetrieb sowohl den Hersteller von Auto-

---

25 Vgl. hierzu z.B. die empirischen Befunde in Batenburg (1995).

sitzen als auch den PKW-Hersteller beliefern. Geplante Netzwerke stellen dagegen die Organisation von korporativen Akteuren in Verbänden, Arbeitsgruppen oder Interessengemeinschaften dar.[26] Im Rahmen der Analyse von Netzwerken wird in der Regel nach der Struktur und der Funktion dieser sozialen Gebilde gefragt. Hinsichtlich der *Struktur von Organisationsnetzwerken* sind vor allem die folgenden Dimensionen relevant:

- Welche Größe besitzt das Netzwerk eines Akteurs, d.h. welche Anzahl von Interaktionspartnern existieren?
- Welche Dichte besitzt das Netzwerk, d.h. wie viele Interaktionsbeziehungen besitzen die Akteure im Netzwerk relativ zur der maximal möglichen Anzahl?
- Sind die dyadischen Netzwerkbeziehungen eines Akteurs im Hinblick auf die Erstellung der Organisationsleistung eher vertikaler Natur - wie Zulieferer-Abnehmer-Beziehungen - oder verlaufen sie mehr in horizontaler Richtung - wie z.B. der Zusammenschluss in einem Branchenverband, die Durchführung gemeinsamer Forschung und Entwicklung oder die Unternehmensverflechtung über die personelle Identität ihrer Vorstände (Ziegler 1984a).

Die Beschreibung der Struktur von Netzwerken und der zugrunde liegenden Beziehungen ist vor allem Bedeutung im Hinblick auf die Frage wichtig, welche Bedeutung die Struktur im Rahmen der Umweltbeziehungen einer Organisation besitzt. Für Netzwerkanalysen ist hierbei charakteristisch, dass die Beziehungsstruktur nicht auf die Funktion der einzelnen Beziehungsdyaden verkürzt wird: Die Existenz mehrerer Zulieferer eines Unternehmens besagt beispielsweise noch nicht, dass für die Beschaffung dieser Ressourcen Organisationsnetzwerke eine Rolle spielen. Dies wäre z.B. erst dann der Fall,

---

26 Vgl. hierzu auch den Begriff des strategischen Netzwerkes bei Sydow et al. (1995: 15-21).

wenn die Zulieferer sich untereinander hinsichtlich der Preis- und Lieferkonditionen absprächen. Im Hinblick auf den Austausch von Ressourcen stellt sich somit die Frage, inwieweit Umfang und Art des Tausches von der spezifischen Netzwerkstruktur der beteiligten Unternehmen beeinflusst werden. Abgesehen von Fällen, in denen der Ressourcentausch durch das Netzwerk erst ermöglicht wird,[27] werden derartige Effekte vor allem durch den Austausch von Informationen wie z.b. Reputationen im Hinblick auf die Qualität der Ware erzeugt. Beispielsweise tauschen sich in japanischen Keiretsu-Netzwerken Zulieferer eines Unternehmens untereinander im Hinblick auf Qualität und Eigenschaft der ihrer Vorprodukte aus und entsenden gegenseitig Mitarbeiter, um die Zulieferertransaktionen kontrollieren und planen zu können (Hadley 1970: 257f, Dolles & Jung 1990: 30ff). Durch die überaus enge Verknüpfung auf personeller, struktureller und finanzieller Ebene können Netzwerkpartner in wesentlich höherem Maße als in "normalen" Markttransaktionen auf Informationen über Güter, Transaktionen und Transaktionspartner zurückgreifen.

Ein anderes Beispiel stellt der Zusammenschluss von Unternehmen in Wirtschaftsverbänden dar: Obwohl die Unternehmen auf dem Markt miteinander konkurrieren, nutzen sie die gemeinsame Organisation z.B. zum Austausch von Informationen über rechtliche Fragen oder politische Entwicklungen. Die strukturelle Einbettung in Netzwerke stellt damit auch eine weitere Möglichkeit dar, Kooperationsprobleme zwischen Akteuren zu verringern. Über andere Netzwerkmitglieder können die Akteure Informationen über die Vertrauenswürdigkeit eines Interaktionspartners oder Eigenschaften seiner angebotenen Organisationsleistung erhalten, die ebenfalls mit dem Anbieter interagieren. Zudem bedeutet die Verfügbarkeit von Information oft größere Handlungschancen bei der Durchsetzung

---

27 Ein Beispiel hierfür stellt der Materialientausch zwischen Organisationen in den ehemaligen sozialistischen Planwirtschaften dar. Um die Versorgung mit notwendigen Ressourcen in Abwesenheit eines offiziellen Marktes sicherstellen zu können, tauschten in Netzwerken verbundene Kombinate Güter untereinander.

eigener Interessen außerhalb des Netzwerkes. In der Studie von
PAPPI und MELBECK (1984) über "Das Machtpotential von Organisationen in der Gemeindepolitik", konnte gezeigt werden, dass
durch die wechselseitige Verknüpfung verschiedener Organisationen deren Einfluss auf die Gemeindepolitik hinsichtlich der Durchsetzung von Einflüssen und Interessen zunahm.

Die Bedeutung der Interaktionsstruktur, in die Organisationen
wie individuelle Akteure eingebettet sind, steht im Mittelpunkt einer
Reihe von theoretischen Ansätzen.[28] Beispielsweise heben Arbeiten,
die sich unter dem Stichwort "structural analysis" zusammenfassen
lassen (vgl. z.B. Berkowitz 1982, Burt 1982, Marsden & Lin 1982,
Granovetter 1985), besonders die Funktion sozialer Netzwerke
hervor. Deren Gemeinsamkeit besteht in der Auffassung, dass zur
Erklärung des Verhaltens von Akteuren die interpersonellen und
organisationellen Beziehungsstrukturen eine entscheidende Rolle
spielen (Mizruchi & Schwartz 1992: 7). Hierbei muss das interne
und externe Verhalten von Organisationen nicht unbedingt effizient
im Hinblick auf einen Markt für die Organisationsleistung sein
(Granovetter 1985, Leifer & White 1992). Ähnlich argumentieren
auch organisationsökologische Ansätze, die auf die Aufdeckung von
Umweltstrukturen abzielen, die zum erfolgreichen Überleben einer
Organisation beitragen (Hannan & Freeman 1993, Carrol 1984,
Brüderl et al. 1996: 59-66). Hierzu gehören auch die Organisationsstrukturen, in die ein korporativer Akteur eingebunden ist. Wie
BURT zeigt, beeinflusst die Netzwerkstruktur und das Ausmaß der
hierüber erschließbaren Information die Überlebenswahrscheinlichkeit von Organisationen in einem Markt (Burt 1982: 195-227). Wie
diese theoretischen Ansätze deutlich machen, stellen Organisationsnetzwerke sowohl Handlungschancen als auch Restriktionen bereit,
die zur Erklärung des Verhaltens von korporativen Akteuren herangezogen werden müssen (vgl. hierzu auch Kap. 3.3). Hierbei sollte

---

28 Übersichten finden sich z.B. in Mizruchi & Schwartz (1992) sowie Hannan &
   Freeman (1993: 28-44).

jedoch immer berücksichtigt werden, dass empirisch die Netzwerk-
kontakte selbst durch individuelle Agenten mit eigenen Interessen
aufrechterhalten werden.[29] Ob von der individuellen Konstitution
eines Organisationsnetzwerkes abstrahiert werden kann, hängt somit
zum einen von der Fragestellung, zum anderen von den Interessen
und Eigenschaften der individuellen Akteure ab.

Die Bedeutung von Beziehungen zwischen Organisationen und
ihre theoretische Analyse konnte im Rahmen dieses Kapitels nur
unvollständig erörtert werden. Sowohl die Vielzahl der theoretischen Analysen als auch empirische Untersuchungen zeigen jedoch,
dass diese Fragestellung in der Organisationsforschung zunehmend
an Bedeutung gewinnt. Dies liegt nicht zuletzt an dem steigenden
Anteil derartiger Beziehungen in modernen Gesellschaften (Coleman 1992: 297f). Diese Entwicklung zeigt, dass Organisationen Teil
gesellschaftlicher Rahmenbedingungen sind, die sozialem Wandel
unterliegen. Organisationen werden damit zu einer wesentlichen
Ursache sozialen Wandels, wie die Erörterungen im folgenden
Kapitel zeigen werden.

---

29 Dies ist z.B. besonders deutlich dann zu beobachten, wenn ein Verkäufer bei
   einem Arbeitgeberwechsel seinen ehemaligen Kundenstamm "mitnimmt" und sich
   hierdurch die Organisationsnetzwerke verändern.

7 Organisation und Gesellschaft

In diesem Kapitel wechselt noch einmal die Perspektive. Standen bisher einzelne Typen von Interaktionen in und von Organisationen im Vordergrund unseres Interesses, so rückt nunmehr der Zusammenhang von "Organisation und Gesellschaft" in den Mittelpunkt der Betrachtung. Nach unserer theoretischen Grundeinstellung gibt es für uns "Gesellschaft" als einen real erfahrbaren und empirisch eindeutig abgrenzbaren Objektbereich nicht. "Gesellschaft" wie "Organisation" erschließen sich bei der Analyse eines spezifischen Forschungsproblems (vgl. Kap. 3.1) erst durch den Rückgriff auf individuelle oder korporative Akteure, die in soziale Beziehungen eingebunden sind und die in ihrem Handeln beeinflusst werden von sozialen Institutionen.[1] Deswegen ist zunächst der Zusammenhang zwischen Organisationen und gesellschaftlichen Rahmenbedingungen (Kap. 7.1) zu erörtern, ehe wir uns dem Thema "Organisationen und sozialer Wandel" (Kap. 7.2) zuwenden können.

7.1 Organisationen und gesellschaftliche Rahmenbedingungen

Organisationen im Sinne unserer eingangs vorgestellten Definition (vgl. Kap. 3.1) sind keine isolierten, in sich abgeschlossenen sozialen Gebilde ohne Außenbeziehungen, sondern eingebunden in ein bestimmtes Wirtschafts- und Gesellschaftssystem. Sie stehen mit einer Vielzahl von Personen, Personengruppen, Organisationen und anderen sozialen Gebilden in mehr oder minder intensiven Austauschverhältnissen, die Gegenstand der vorangegangenen Kapitel 4

---

1 Mit Bezug auf Organisationen siehe hierzu Kap. 3.1. Für eine ausführlichere Darstellung vgl. Büschges et al. (1996).

bis 6 waren. Als *Umwelt* einer Organisation lassen sich hierbei die *Summe aller individuellen wie korporativen Akteure, deren Interaktionsbeziehungen zur Organisation sowie die relevanten institutionellen und strukturellen Rahmenbedingungen dieser Interaktionen verstehen.* Dabei ist es gleichgültig, ob in diesen Beziehungen die Organisation durch ihre Repräsentanten und Agenten auf die Umwelt einwirkt, ob die Umwelt auf die Organisation einwirkt oder ob eine Wechselwirkung vorliegt.

Aus der Umwelt beziehen Organisationen ihre personellen, materiellen, finanziellen und ideellen oder symbolischen Ressourcen (vgl. z.B. Kieser & Kubicek 1992, Pfeffer & Salancick 1978). An die Umwelt geben Organisationen ihre Organisationsleistungen ab, sofern sie diese ihren Zielen entsprechend nicht nur für das Organisationspersonal erbringen. Häufig handelt es sich bei den Umweltbeziehungen von Organisationen um Marktbeziehungen, und zwar vorwiegend im Rahmen von Beschaffungs- und Absatzmärkten wie z.B. Waren-, Arbeits- oder Kapitalmärkte. Wie wir jedoch in Kapitel 6.3 am Beispiel der Organisationsnetzwerke sahen, können Transaktionen sowohl bezüglich des Organisationsinputs als auch des Outputs über anderen Koordinationsformen als Märkte realisiert werden. Öffentliche Verwaltungen bieten ihren Output z.B. nicht auf einem Markt an, sondern stellen der Gemeinschaft kollektive Güter wie z.B. Planungs- und Koordinierungstätigkeiten in einer Gemeinde zur Verfügung.[2] *Umweltbeziehungen* können somit nicht nur wirtschaftlicher, sondern z.B. auch rechtlicher, kultureller oder politischer Art sein und können definiert werden als *die Summe aller Einflüsse, die von der Organisationsumwelt auf die Organisation einwirken und umgekehrt.* Beziehungen von Organisationen zu ihrer Umwelt besitzen verschiedene Dimensionen, die für die Analyse herangezogen werden können. Beispielsweise lassen sich die folgenden vier Typen von Umweltbeziehungen unterscheiden:

---

2 Wie wir am Beispiel des Wohnstiftes sahen, müssen die Organisationsleistungen nicht zwangsläufig an die Umwelt abgegeben, sondern können auch intern konsumiert werden.

- *Umweltbeziehungen der Organisationsmitglieder* und ihrer verschiedenen Gruppierungen, insbesondere die nicht aus der Organisationsposition resultierenden "privaten" Interaktionsbeziehungen.
- Beziehungen, die der Organisation als korporativem Akteur zuzurechnen sind. Diese *organisationsspezifischen Beziehungen* betreffen insbesondere die für das Organisationsziel notwendigen Austauschbeziehungen.
- Umweltbeziehungen, die sich durch die Wirksamkeit *institutioneller Rahmenbedingungen* ergeben. Diese umfassen insbesondere die rechtlichen Regelungen durch staatliche Institutionen sowie anderweitig formalisierte Verhaltensnormen.
- Umweltbeziehungen, die sich aus den in der jeweiligen Organisationsumwelt geltenden *kulturellen Rahmenbedingungen* ergeben. Diese umfassen neben den vorherrschenden Wertvorstellungen den Bestand an systematisiertem Wissen, der verfügbaren Technologie und den jeweiligen Glaubenssystemen.

Die verschiedenen Typen von Umweltbeziehungen müssen von der Organisationsleitung berücksichtigt und im Hinblick auf das Organisationsziel abgestimmt werden. Da die verschiedenen Organisationsmitglieder sowohl unterschiedliche Informationen als auch Interessen im Hinblick auf die existierenden wie notwendigen Umweltbeziehungen besitzen, ist dies eine Quelle potenzieller Konflikte in und außerhalb der Organisation (vgl. Kap. 5 und 6). Dies wird am Beispiel der mitgliedsspezifischen und organisationsspezifischen Umweltbeziehungen besonders deutlich. So ist in Bezug auf die *Umweltbeziehungen der Organisationsmitglieder* aus der Sicht der Organisationsleitung insbesondere von Bedeutung,

- welche Folgen die Einbindung der Organisationsmitglieder in andere Interaktionsbeziehungen und die Zugehörigkeit zu anderen sozialen Gebilden einschließlich anderer Organisationen für die Gestaltung der Organisationsprogramme und für die Erstellung der Organisationsleistungen haben oder haben können;
- welche Einwirkungen von den jeweils spezifischen Lebensschicksalen und Lernbiografien des Organisationspersonals auf die Eigendefinitionen der Organisationsrollen und die Handlungskompetenzen ausgehen;
- welches Gewicht die Wert- und Berufsorientierungen des Organisationspersonals für die Definition der Organisationsrollen haben.

Im Hinblick auf die *organisationsspezifischen Austauschbeziehungen* geht es aus der Sicht der Organisationsleitung insbesondere um

- die Sicherung der personellen, finanziellen, materiellen und idealen Ressourcen;
- die Anerkennung und Durchsetzung der Organisationsziele und ihre Anpassung an veränderte Bedingungen;
- die Selbstdarstellung und Rechtfertigung des Organisationshandelns;
- die Werbung für und den Absatz von Organisationsleistungen;
- die Anpassung an oder die Einflussnahme auf die Umwelt im Hinblick auf die Organisationsprogramme, die Organisationsvorschriften, die Organisationstechnologien und die Organisationsleitung sowie die Organisationsstruktur.

Obwohl Organisationsrollen (Kap. 5) und Regulierungsmechanismen wie Lohnanreizsysteme oder implizite Karrierevereinbarungen (Kap. 6.1) die aus den evtl. widersprechenden Beziehungen resultierenden Konfliktpotenziale entschärfen sollen, kann dies aufgrund der sich oftmals schnell ändernden Organisationsumwelt offensichtlich nicht immer vollständig gelingen (vgl. Kap. 6.3).

Aus der Sicht der nicht zur Organisationsleitung gehörenden Organisationsmitglieder sowie aus der Sicht der Empfänger oder der Adressaten der Organisationsleistungen (der Klienten, der Kunden, des Publikums) ergeben sich sicherlich andere Schwerpunkte. So dürfte z.B. für das Organisationspersonal von Bedeutung sein, ob und inwieweit die organisationsspezifischen Austauschbeziehungen sowie die Werte und das Wissen in Arbeitsorganisationen des Staates und der Wirtschaft Möglichkeiten zu eröffnen vermögen, welche die individuellen Dispositionschancen erhöhen und die Gratifikationen vermehren.

Aus der Sicht der Empfänger oder Adressaten der Organisationsleistungen dürfte von Bedeutung sein, dass ihnen in der Mehrzahl der Organisationen kein unmittelbarer Einfluss zugestanden wird. Dies hat zur Folge, dass diejenigen, die ein Interesse an den Organisationsleistungen um der Leistungen selbst willen haben, an den für die Gestaltung der Organisationsprogramme sowie für die Kontrolle des Organisationshandelns relevanten Entscheidungen und Regelungen entweder überhaupt nicht oder nur höchst indirekt beteiligt sind. Die Berücksichtigung ihrer Interessen hängt entscheidend davon ab, ob an den jeweiligen Planungs-, Entscheidungs- und Kontrollprozessen beteiligte Personen sich erfolgreich hierfür einsetzen.

Bei der EDV-Dienstleistungsgenossenschaft versuchte man diesem Gesichtspunkt im Hinblick auf die Adressaten der Organisationsleistungen durch die Rechtsform der Genossenschaft Rechnung zu tragen, beim Großkrankenhaus, beim Autohaus sowie beim Seniorenstift durch verschiedene Selbstverwaltungs- und Mitbetimmungsgremien. Ob Institutionen dieser Art eine Lösung darstellen, ist keineswegs sicher, denn oft sind in den entsprechenden Gremien nicht die Kunden, Klienten oder Patienten vertreten, sondern Angehörige anderer Organisationen wie z.B. Arbeitnehmer- und Arbeitgeberverbände oder öffentliche Körperschaften. Daher bleibt oftmals nur die Möglichkeit der mittelbaren Einwirkung über das Kaufverhalten der Kunden wie z.B. im Falle des Autohauses oder der Apotheke. Diese Akteure haben eine gewisse Chance, Einfluss zu nehmen, weil sie bei ungenügender Organisationsleistung einen anderen Anbieter in Anspruch nehmen können. Wegen der durch die Markenprodukte geschaffenen Teilmärkte ist aber auch dieser Einfluss nicht allzu groß und dazu noch von der jeweiligen Marktsituation abhängig und verschwindet in Monopolsituationen (vgl. Kap. 6.2) vollständig.

Wir haben mit der Frage der Einwirkungsmöglichkeiten eines spezifischen Sektors der Organisationsumwelt - der Kunden - das in Kap. 6.2 diskutierte Problem erneut aufgegriffen, um die Probleme der Interdependenz zwischen Organisation und Umwelt deutlich zu machen. Da Organisationen, zumal Arbeitsorganisationen und insbesondere solche des Staates und der Wirtschaft, dahin tendieren, die Effizienz ihrer Programme und die Wirksamkeit "ihres" Handelns in erster Linie aus der Sicht der Organisation, ihrer Leitung oder ihrer Träger zu beurteilen, nicht aber aus der Sicht der Kunden, Klienten oder des Publikums, können unintendierte und ineffiziente Ergebnisse entstehen. In diesem Zusammenhang wird die Frage relevant, inwiefern sich Organisationen "extern", d.h. durch ihre Umweltbeziehungen in bestimmten Grenzen kontrollieren lassen. Wie PFEFFER und SALANCIK (1978) in ihrer mittlerweile klassischen Arbeit zeigten, sind Organisationen oftmals in extremen Maß von einigen wenigen Inputfaktoren abhängig. Gelingt es der Organisation nicht, diese Abhängigkeit durch vertikale Integration, Substitution der Inputgüter oder andere Maßnahmen zu reduzieren, kann durch die Kontrolle der Ressourcen auch Einfluss auf die Organisation selbst genommen werden. Daher bemühen sich Unternehmen, ihre Umweltabhängigkeit durch diverse Strategien wie z.b. personelle Vernetzung von Aufsichtsräten, vertikale Integration, Joint Ventures oder Beeinflussung politischer Institutionen zu reduzieren (vgl. Pfeffer 1992: 40-51).

Institutionelle Rahmenbedingungen stellen in diesem Zusammenhang oftmals Beziehungen dar, die den Zugang zu Ressourcen für bestimmte korporative Akteure regeln und damit die Organisationen auch kontrollieren sollen. Dagegen stellen andere Bereiche der Organisationsumwelt wie kulturelle Faktoren Rahmenbedingungen dar, die zwar die Handlungsmöglichkeiten von korporativen Akteuren stark beschränken können, jedoch zu einer zielgerichteten Kontrolle von individuellen und korporativen Akteuren wenig geeignet sind. So zeigte FUKUJAMA (1995), daß kulturell bedingte Unterschiede in der Fähigkeit, Vertrauensbeziehungen in ökonomischen Transaktionen aufzubauen und zu unterhalten, zu unterschiedlichen Unternehmensstrukturen in den einzelnen Kultur- und Gesellschaftstypen führen können. Jedoch entzieht sich die durch Sozialisation und kulturelle Eigenarten vermittelte Fähigkeit der Vertrauensbildung der direkten Einflussnahme durch staatliche, korporative oder individuelle Akteure. Dies schließt aber nicht aus, dass sich auch kulturelle Rahmenbedingungen wie jede andere Umweltbeziehung verändern können. Da Organisationen in hohem Maße von ihrer Umwelt abhängig sind, kommt den Prozessen sozialen Wandels in und durch Organisationen eine besondere Bedeutung zu.

7.2 Organisationen und sozialer Wandel

In dem vorangegangenen Abschnitt wurde gezeigt, in welchem Maße Organisationen von gesellschaftlichen Rahmenbedingungen abhängig sind. Der mit diesen Rahmenbedingungen verknüpfte soziale Wandel führt für die Organisationen als korporative Akteure zu der Notwendigkeit, auf diese Veränderungen reagieren zu müssen. Dies kann zum einen durch interne Anpassung als auch durch die Einflussnahme auf die externen Rahmenbedingungen geschehen. Damit werden Organisationen zu Agenturen sozialen Wandels,[3] der in diesem Zusammenhang insbesondere als funktionelle und strukturelle Differenzierung im Zuge fortschreitender gesamtgesellschaftlicher Arbeitsteilung verstanden werden kann. Charakteristisch insbesondere für moderne Gesellschaften, führt sozialer Wandel zu langfristigen und grundlegenden Veränderungen wesentlicher Komponenten der sozialen Struktur von Gesellschaften: von Kultur und Religion, von Politik und Recht, von Erziehung und Bildung, von Wirtschaft und Beruf, von Arbeit und Freizeit, von Wissenschaft und Technik, von Werten und Bedürfnissen.

Die Logik der Analyse sozialen Wandels wird besonders anhand des idealtypischen Modells von BOUDON (1980: 113 - 168) deutlich, der hierzu drei Komponenten unterscheidet (vgl. Abb. 7.1). Den Kern der Betrachtung stellt das *Interaktionssystem* dar, das die Akteure, deren Handlungskalküle sowie deren Beziehung zueinander charakterisiert. Organisationen können hier wiederum als kooperative Akteure oder als Interaktionssystem individueller Akteure begriffen werden. Das Interaktionssystem ist in eine *Umwelt* eingebettet, die z.B. die relevanten gesellschaftlichen, historischen oder ökonomischen Gegebenheiten umfasst. Teil dieser Rahmenbedingungen können unter anderem auch wieder Organisationen sein, die z.B. durch Innovationen Veränderungen in der Interaktionsumwelt hervorrufen können (vgl. Kap. 7.2.1). Schließlich ergeben sich aufgrund der Handlungen der Akteure im Interaktionssystem verschiedene *Ausgänge*, wie z.B. die Anpassung von Organisationsstrukturen an veränderte Umweltbedingungen (vgl. Kap. 7.2.2). Organisationen und ihre Eigenschaften können bei der Analyse sozialen Wandels somit als externe Rahmenbedingung, als Akteur bzw. Handlungssystem oder als Resultat des Wandels betrachtet

---

3 Ausführlich erörtert diese Entwicklung und ihre Problematik Coleman (1992: 271 - 448).

werden. BOUDON unterscheidet nun je nach Art der Rückwirkung zwischen den Komponenten drei verschiedene Prozesstypen sozialen Wandels (vgl. Abb. 7.1):

- einen *reproduktiven Prozess* ohne Rückwirkungen, der eine Situation ohne sozialen Wandel beschreibt (①),
- einen *kumulativen Prozess*, in dessen Rahmen sich zwar das Interaktionssystem und seine Ausgänge wandeln, die Umwelt jedoch unverändert bleibt (②), und
- einen *Transformationsprozess*, bei dem sowohl das Interaktionssystem als auch die Umwelt Veränderungen unterworfen sind (③).

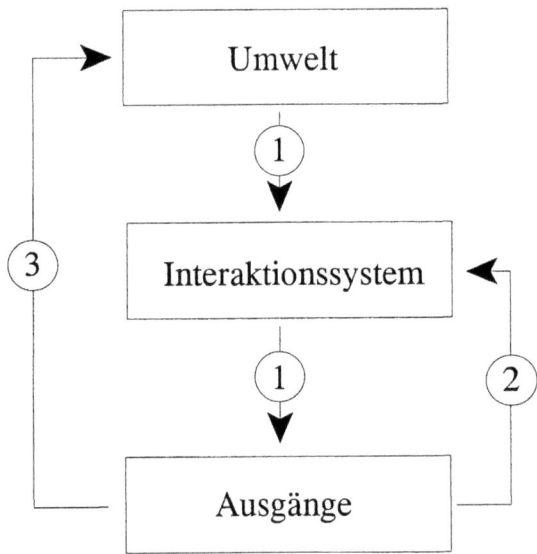

Abbildung 7.1: BOUDONs Prozesstypen sozialen Wandels

Vor diesem Hintergrund werden im Folgenden zwei Situationen betrachtet, in denen Organisationen mit sozialem Wandel konfrontiert werden. Zuerst wird der Fall betrachtet, dass korporative Akteure sozialen Wandel auslösen, wie dies z.b. durch technischen Innovationen geschehen kann (Kap. 7.2.1). Da vor allem in Märkte involvierte Organisationen ständig einem Innovationsdruck unterliegen, werden sie häufig zu Agenturen sozialen Wandels, die die Entwicklung der Gesellschaft entscheidend mit beeinflussen. Anschließend wird die Notwendigkeit betrachtet, aufgrund des Wandels der Organisationsumwelt in der Organisation Anpassungen vornehmen zu müssen (Kap. 7.2.2).

7.2.1 Sozialer Wandel durch Organisationen

Der Wandel der Organisationsumwelt kann vielfältige Ursachen besitzen, die sich z.b. aus veränderten politischen, rechtlichen, ökonomischen oder kulturellen Bedingungen ergeben können. In wesentlich höherem Maße als ein individueller Akteur kann jedoch auch die Organisation selbst aufgrund ihrer umfangreichen Ressourcen zum Wandel ihrer Umwelt beitragen. Mit dem Ausmaß der Ressourcen, deren Einzigartigkeit und Bedeutung für andere Akteure sowie der Möglichkeit, neue Ressourcen zu erschließen, nimmt die Möglichkeit einer Organisation zu, ihre Umwelt zu gestalten oder zu beeinflussen. Sozialer Wandel kann in diesem Rahmen erstens zielgerichtet durch einen oder mehrere korporative Akteure herbeigeführt werden, wie beispielsweise die Veränderung der politischen und sozialen Bedingungen durch die Arbeiterparteien und sozialen Bewegungen im 19. und frühen 20. Jahrhundert (vgl. z.B. Lampert 1988). Zweitens können Prozesse sozialen Wandels jedoch auch als unintendierte Effekte in Gang gesetzt werden: Die durch Stellenabbau und Rationalisierung hervorgerufenen Phänomene der Arbeitslosigkeit und sozialen Ungleichheit sind unter anderem unintendiertes Ergebnis des Handelns korporativer Akteure. Für

die zielgerichtete wie unintendierte Veränderung der Organisationsumwelt können vor allem vier mögliche Quellen unterschieden
werden:

- Die *Bildung einer Organisation*, die zu einer Veränderung der
  Umwelt z.b. durch die Zusammenlegung von Ressourcen oder
  die Schaffung neuer Handlungsalternativen führt. Die Entstehung
  von Gewerkschaften führte beispielsweise zu einer Bündelung
  von Ressourcen einzelner Arbeitnehmer sowie zu neuen Handlungsalternativen des kollektiven Protestes, die Änderungen des
  politisches Systems nach sich zogen.
- Veränderungen auf der Seite des *Organisationsinputs*, indem z.b.
  neue Produkte oder neue Verfahren in einem veränderten Bedarf
  an Produktionsfaktoren resultieren. Beispielsweise führte der
  Einsatz neuer Technologien zum einen durch einen geringeren
  und qualitativ veränderten Bedarf an Arbeitskräften zu neuen
  Qualifikations- und Arbeitsmarktstrukturen, zum zweiten wurden
  zusätzliche Möglichkeiten der Beschaffung von Produktionsfaktoren wie z.b. Just-in-Time-Belieferungen implementiert.
- Veränderung auf der Seite des *Organisationsouputs*, indem z.B.
  neu entwickelte Produkte angeboten werden. Die Entwicklung
  des Mikroprozessors durch das Unternehmen Intel führte beispielsweise durch darauf basierende, vollkommen neue Produkte
  wie Personalcomputer zu einer umfassenden Veränderung der
  Arbeitswelt.
- Veränderung der *institutionellen Rahmenbedingungen* durch die
  Organisation. Werden z.B. auf Initiative der Bundesanstalt für
  Arbeit (vgl. Kap. 5.2.2) die gesetzlichen Rahmenbedingungen für
  Arbeitsförderungsmaßnahmen neu geregelt, kann dies nicht nur
  den betreffenden Organisationsoutput der Bundesanstalt verändern, sondern unter Umständen auch gesellschaftliche Konse-
  quenzen wie eine veränderte Arbeitslosenquote nach sich ziehen.

Obwohl anhand dieser Beispiele die Vielfältigkeit der Ursachen
sozialen Wandels deutlich wird, kommt technischen Innovationen

eine besondere Bedeutung zu. Ob in einer Gesellschaft mögliche
Innovationen sich durchsetzen, auf welchen Gebieten sie angewandt
werden und welche Konsequenzen sie haben, hängt in modernen
Gesellschaften mit davon ab, ob sich Organisationen solcher inno-
vatorischer Möglichkeiten bedienen und für welche Zwecke sie sie
einsetzen. So setzen sich neue Technologien in breiter Front erst
durch, wenn Organisationen sich ihrer bemächtigen und sie für ihre
Zwecke nutzen. Dies gilt z.B. für die Eisenbahn und die Dampf-
maschine, das Fließband, den Elektromotor, oder die Halbleiter- und
Mikroprozessorentechnik. Welche technisch möglichen Lösungen in
welcher Form in größerem Ausmaß eingesetzt werden und welche
Wandlungsprozesse sie hervorrufen, resultiert entscheidend daraus,
was Organisationen aus der verfügbaren Technik und orientiert an
ihren spezifischen Zielen machen.

Das bereits erwähnte Beispiel des Mikroprozessors stellt ein
besonders anschauliches Beispiel für die Dynamik und die weitrei-
chenden Folgen technischer Innovationen dar. Entwickelt von einem
Unternehmen, wurde durch den Mikroprozessor eine Innovations-
spirale neuer Produkte und neuer Datenverarbeitungsmöglichkeiten
in Gang gesetzt, die sowohl für die Arbeitswelt wie für den privaten
Bereich weitreichende Konsequenzen nach sich zog. Moderne
Datenverarbeitungs- und Computertechnologie ist inzwischen nicht
nur Bestandteil der meisten Arbeitsplätze, sondern führt auch zu
vollkommen neuen Qualifikationsanforderungen durch den Arbeitgeber und Qualifikationsstrategien durch den Arbeitnehmer.[4] Durch
die hohe Innovationsgeschwindigkeit in diesem Bereich veralten
sowohl entsprechende Produkte als auch das Wissen um ihre Anwendung in immer kürzerer Zeit. Gleichzeitig entstehen durch ver-
besserte Möglichkeiten der Datenübertragung neue Formen des
Arbeitseinsatzes, die sich bislang jedoch weniger in einer örtlichen

---

4 So verschwinden teilweise ganze Berufsgruppen - wie der Drucksetzer - und
   werden durch dezentrale Lösungen ersetzt: Die Autoren schreiben das Buch auf
   einem PC und liefern eine reprofähige Kopiervorlage aus dem Laserdrucker an
   den Verlag.

Dimension - wie z.B. Heimarbeit (vgl. z.B. Löhr 1987), sondern
eher in inhaltlichen Neuerungen - wie z.B. das Internet oder zentrale
Datenbanken - niederschlagen.

Die Entwicklung der Mikroprozessortechnik stellt somit erstens
ein typisches Beispiel eines Transformationsprozesses im obigen
Sinne dar. Die Innovation einer Organisation in der Interaktionsumwelt führt zu neuen Handlungsalternativen und -zwängen vieler
individueller wie korporativer Akteure in dem Interaktionssystem
"Wirtschaft", wobei die sich einstellenden Ausgänge auf die Umwelt durch neue Beschäftigungs- und Qualifikationsstrukturen einwirken. Zum zweiten wird hierbei deutlich, dass jede technisch-
organisatorische Neuerung - und erst recht eine Basisinnovation wie
sie die Mikroelektronik und die EDV darstellen - zu unbeabsichtigten Konsequenzen führt, die sich nach Art, Richtung, Umfang und
Auswirkungen kaum hinreichend zuverlässig abschätzen lassen
(Büschges 1985).[5] Dieser Effekt wird durch den Umstand verstärkt,
dass Organisationen als Träger der Innovation in der Regel an deren
Wirkung nur insofern Interesse besitzen, als es die Realisierungs-
möglichkeiten ihrer Organisationsleistung betrifft. Technischer
Fortschritt, wirtschaftliches Wachstum, marktwirtschaftliche Ord-

---

5 Hinreichend treffsichere Prognosen in diesem Bereich werden um so schwieriger
   und unzuverlässiger, je größer die Flexibilität der eingesetzten Technik ist und je
   weitreichender und langfristiger ihre Wirkungen und die Anpassungsprozesse
   sind. Es handelt sich hier um einen Sachverhalt grundsätzlicher Natur: Durch
   Vermehrung unseres Wissens und durch ein hinreichendes Maß an Informationen
   lässt sich in diesem Falle zwar die subjektive Wahrscheinlichkeit von Prognosen
   erhöhen und damit vielleicht ein Mehr an subjektiver Sicherheit gewinnen. Aber
   auch in diesem Falle bleiben unbeabsichtigte und externe Effekte von Innovationen nicht voll kontrollierbar. Der Grund hierfür liegt in der gegebenen Begrenztheit allen menschlichen Planens und Entscheidens sowie in der Intentionalität
   individuellen Handelns. Deswegen ist es auch bei technisch-organisatorischen
   Innovationen unerlässlich, unbeabsichtigte Folgen absichtsgeleiteten Handelns mit
   ins Kalkül zu ziehen und offene, jederzeit Revisionen ermöglichende Planungs-
   und Entscheidungsstrukturen- und Verfahrensweisen zu bevorzugen. Dies empfiehlt sich auch für den Fall, dass dies, wie meist, politisch schwieriger und insgesamt weniger elegant ist.

nung, arbeitsrechtliche und soziale Sicherung führen jedoch nicht zwangsläufig und längst nicht in jedem Falle zu einer durchgreifenden und anhaltenden Verbesserung der Arbeits- und Lebenssituation aller Bürger eines Landes. Sozialer Wandel ist nicht unbedingt gleichbedeutend mit sozialem Fortschritt. Die seit einigen Jahren zu verzeichnenden Wachstumsschwächen und Krisensymptome westlicher Industriegesellschaften und das seit Jahren nicht nur für die Wirtschaft der Bundesrepublik charakteristische gesamtwirtschaftliche Ungleichgewicht, gepaart mit hoher struktureller Arbeitslosigkeit, sind deutliche Anzeichen für gesellschaftliche Problemlagen und für bislang nicht gelöste Steuerungsprobleme auf gesamtwirtschaftlicher Ebene. Hieran zeigt sich, dass die privatwirtschaftlich angemessene und der Wirtschaftsordnung konforme Unternehmensstrategie, durch Rationalisierung und technologische Innovation die Rentabilität zu erhalten oder wieder herzustellen, nicht automatisch zu einer Lösung führt, sondern z.T. eine Verschärfung der zuvor genannten Probleme zur Folge hat. Einzelwirtschaftlich rationales Handeln im ökonomischen Sinne kann gesamtwirtschaftlich höchst irrationale Konsequenzen haben: Paradoxe Effekte, die sich auf der Ebene von Organisationen nicht beheben lassen. Da technisch-organisatorische Innovationen jedoch nicht nur ein ökonomisches, sondern mindestens eben sosehr ein soziales Problem darstellen, erhält die Frage nach der Kontrolle von Organisationen (vgl. Kap. 7.1) damit eine besondere Bedeutung.

7.2.2 Sozialer Wandel in Organisationen

Der vielfältige soziale Wandel, häufig mit verursacht durch Organisationen, zwingt diese jedoch auch zur internen Anpassung an die neuen Erfordernisse. Hierbei stehen prinzipiell sämtliche Eigenschaften einer Organisation zur Disposition, wobei deren Änderung jedoch mit Kosten verbunden sind. Da meist verschiedene Möglichkeiten der Anpassung und Änderung bestehen, wird die Organisa-

tionsleitung tendenziell um die aus ihrer Sicht kostengünstigste
Möglichkeit bemüht sein. Als Objekt von Anpassungsstrategien
lassen sich vor allem folgende Möglichkeiten beobachten:

- Grundlegende Wandlung der Organisationsleistungen, d. h. der
  produzierten Güter und Dienstleistungen. Beispiele hierfür wären
  die zunehmende Umstellung vieler Rüstungskonzerne auf einen
  hohen Anteil ziviler Produkte nach Beendigung des kalten Krie-
  ges.
- Wandlung der Organisationsprogramme und der eingesetzten
  Technologie, insbesondere ihrer technischen und organisatorischen Gestaltung unter Beibehaltung oder lediglich minimaler
  Veränderung der Leistungspalette. Hierunter fallen vor allem
  Rationalisierungsmaßnahmen wie die zunehmende Automatisierung der Produktion.
- Wandlung der Organisationsstrukturen, insbesondere der
  Organisationsvorschriften und der Personalstruktur. Dies kann
  sich z.B. in einer Umstellung der Produktion auf teilautonome
  Arbeitsgruppen oder der Ausgliederung von Unternehmensteilen
  in rechtlich selbständige Einheiten niederschlagen.

Welche Anpassungen eine Organisationsleitung vornimmt, ist in
der Regel weder durch die Veränderungen in der Umwelt noch
durch die verfügbaren Organisationsmodelle und Technologien
eindeutig determiniert. In der Regel bleibt ein mehr oder minder
großer Dispositionsspielraum, dessen Breite und Art insbesondere
beeinflusst wird von der vorhandenen Organisationsstruktur, dem
Organisationspersonal und seinen Interessen, der eingesetzten Organisationstechnologie, den Wertorientierungen der Organisationsleitung sowie den Zielen der Organisationsträger. Meist ist zwischen
mehreren Modellen zu wählen, die in gleicher Weise geeignet sind,
eine Anpassung zu realisieren. Jedoch werden sich die verschiedenen Modelle hinsichtlich der Kosten und der hiervon betroffenen
Personen unterscheiden. Deswegen kommt es häufig hinsichtlich

der zu treffenden Entscheidung und der Beurteilung ihrer Zweckmäßigkeit und Wirksamkeit zu mehr oder minder ausgeprägten Konflikten. Die für Organisationen charakteristische arbeitsteilige Struktur hat nämlich zur Folge, dass jede Veränderung für die davon direkt oder indirekt betroffenen Organisationsmitglieder eine Veränderung in ihrer individuellen Situation in der Organisation, ihrer Handlungsspielräume und Handlungschancen, d. h. ihrer Organisationsrollen bedeutet. Auch werden solche Veränderungen in der Regel dazu führen, dass die eingespielten, aus Eigendefinition, Organisationsdefinition und Umweltdefinition resultierenden Organisationsrollen und die damit gegebenen, zum Teil als Besitzstand betrachteten Handlungsmöglichkeiten und Einflusspotentiale der verschiedenen Personen und Personengruppen verändert werden oder verändert werden können.

Ein Beispiel für eine derartige Konfliktsituation stellt die Anpassung von Unternehmen wie die Feuerverzinkerei an eine schwankende Nachfrage bei gestiegenen Lohnkosten dar. Aufgrund der Produkt- und Kundenstruktur können Feuerverzinkereien den Umfang des stark schwankenden Arbeitsanfalles meist nur kurzfristig vorhersagen. Daher kommt es immer wieder zu Phasen der Über- bzw. Unterauslastung des Stammpersonals. Dies wurde in Zeiten großer Gewinnspannen und relativ guter Auftragslage mit dem Einsatz teurer Überstunden aufgefangen. Mit zunehmenden Druck auf dem Absatzmarkt aufgrund globaler Markt- und Wirtschaftsentwicklungen und steigendem Anteil der Löhne an den Kosten des Unternehmens entsteht die Notwendigkeit einer Anpassung im Unternehmen, die sich vor allem in einer Nachfrage nach Flexibilität des Arbeitseinsatzes niederschlägt. Die Unternehmensleitung besitzt somit ein Interesse, die wöchentliche Arbeitszeit je nach Auftragslage zu variieren, wobei die positiven oder negativen Abweichungen von der tariflich festgelegten Wochenarbeitszeit auf ein Arbeitszeitkonto des Arbeitnehmers verbucht werden. Da diese Anpassung des Organisationsprogramms durch den Wegfall der Überstunden meist zu niedrigeren Realeinkommen der Arbeitnehmer führt, sind bei der Umsetzung dieser Modelle immer wieder Konflikte zu beobachten. Deren Lösung hängt davon ab, in welchem Umfang die Arbeitnehmer belastet werden, welche Alternativen beispielsweise durch Preiserhöhungen des Produktes oder langfristige Auftragsplanungen existieren, und ob die Notwendigkeit der Maßnahme der Belegschaft vermittelt werden kann. Die realisierten produktionsflexiblen Arbeitszeitsysteme weisen als Ergebnis eines langwierigen Verhandlungsprozesses daher häufig eine hohe Komplexität auf, deren Umsetzung nur durch moderne, EDV-gestützte Systeme der Arbeitszeiterfassung und -Abrechnung zu realisieren ist.

Befindet sich die Umwelt, mit der eine Organisation in Austauschbeziehungen steht, in einem ständigen Wandel in wirtschaftlicher, rechtlicher, technischer, kultureller und politischer Hinsicht,
kommen der Informationsbeschaffung und -verarbeitung sowie der
Entwicklung sachgerechter Entscheidungsmuster und Kontroll-
strukturen zum Zwecke der Planung, Steuerung und Kontrolle des
Organisationshandelns und einer flexiblen und innovationsfähigen
Organisationsleitung besondere Bedeutung zu. Die zunehmende
Verwendung von EDV und von Mikroprozessoren haben in Verbindung mit dem Aufbau integrierter "Management-Informations-
systeme" in großen und komplexen Arbeitsorganisationen die Steue-
rungsmöglichkeiten der Organisationsleitung beträchtlich ausge-
weitet und vermehrt. Produktions-, Dienstleistungs-, Verwaltungs-,
Beschaffungs-, Absatz- und Finanzierungstechniken, die auf der
Mikroelektronik beruhen, bieten den Organisationsleitungen die
Möglichkeit, hinfort auch jene Tätigkeiten nach Art, Umfang, Häufigkeit, Dauer, Angemessenheit, Effizienz sowie Normentsprechung
ihrer Kontrolle zu unterwerfen, die sich wegen der Art der zu erledigenden Aufgaben und des erforderlichen Ausmaßes an Flexibilität
bislang einer solchen Form sozialer Kontrolle entzogen. Die Kontrolle solcher Tätigkeiten ist nunmehr möglich, ohne dass dadurch,
wie bislang, die betrieblich notwendigen Handlungsspielräume und
Dispositionschancen der Betroffenen im vorhinein eingeschränkt
werden. Nachträglich lässt sich dann kontrollieren, wie die zugebilligten Handlungsspielräume und Dispositionschancen genutzt wurden und welche Beiträge zur Erstellung der Organisationsleistungen
daraus resultieren. Infolgedessen besteht in vielen Positionen die
Möglichkeit, Handlungsspielräume und Dispositionschancen zu
erweitern und zugleich die soziale Kontrolle der Organisationsleitung über diese Organisationspositionen zu intensivieren. Gleichzeitig kann damit im Zuge der Definition von Organisationsrollen
dem Positionsinhaber ein größeres Gewicht und eine größere
Durchsetzungschance eingeräumt werden (vgl. Kap. 5.1.1).

Die Informationsverarbeitungskapazität mikroelektronisch fundierter und organisierter Kommunikations-, Entscheidungs- und Kontrollsysteme kann jedoch leicht dazu führen, dass die Gestaltungs- und Steuerungspotenz einer Kombination von Mikroelektronik und Informationstechnologie überschätzt wird und dass sie einer Vorstellung von der Plan- und Steuerbarkeit allen menschlichen Handelns Vorschub leistet. Diese Gefahr besteht insbesondere dann, wenn unser derzeitiges Unvermögen, hinreichend treffsicher längerfristig zu planen, zu steuern oder, zumindest zu prognostizieren, primär auf unzureichende Speicherung, Kombination und Nutzung bereits verfügbaren Wissens zurückgeführt wird. Dass dies nur zum Teil und nicht generell der Fall ist, dürften die Überlegungen über die unbeabsichtigten Folgen absichtsgeleiteten Handelns wohl hinreichend deutlich gemacht haben. Man wird deswegen beim Einsatz der Mikroelektronik in Organisationen gut daran tun, auf allzu naive Prognosenmodelle zur Folgeabschätzung zu verzichten. Die intellektuelle Redlichkeit gebietet es, sich zu bescheiden und sich damit zu begnügen, Szenarien möglicher Wirkungen sowie der damit verbundenen Risiken und Chancen zu entwerfen. Eindeutige, eine sichere und langfristig gültige Planungsgrundlage liefernde Aussagen sind unseres Erachtens aus der Natur der Sache heraus nicht möglich und nicht lediglich Folgen eines noch fehlenden, längerfristig aber gewinnbaren Gesetzeswissens (vgl. hierzu Büschges 1989: 840 - 844).[6]

So verweist auch hier der Fortschritt unseres Wissens darauf, dass unser mögliches Wissen prinzipiell begrenzt ist. Das Vermögen einer totalen und zugleich langfristig wirksamen Kontrolle und Steuerung sozialer Prozesse wird weder heute noch morgen auf uns zukommen. Dies bedeutet nun allerdings keineswegs eine Auf-

---

6 Dies bedeutet jedoch nicht, dass allgemeine Gesetze in den Sozialwissenschaften nicht existieren können. Allerdings wird deren Abstraktionsniveau in Verbindung mit hoher Komplexität sozialer Systeme den Traum einer vollkommenen Prognostizierbarkeit gesellschaftlicher Prozesse nie Realität werden lassen (vgl. hierzu insbesondere auch Asimov 1991[1952]a,b).

forderung zur Resignation. Im Gegenteil: Gerade im Zeitalter der Mikroelektronik kommt es darauf an, sich der Begrenztheit unseres jeweiligen Wissensstandes bewusst zu werden und sich zugleich um eine Erweiterung unseres Wissenshorizontes zu bemühen. Es kommt darauf an, sich für eine "Stückwerkplanung" (Staudt 1979) über kurze Zeiträume hinweg und für begrenzte Bereiche einzuset- zen, und zwar auch dann, wenn die technischen Mittel wegen der bearbeitbaren Datenfülle die Machbarkeit langfristiger und weit- räumiger Planungen suggerieren. Eine solche Planungstechnik lässt Raum für Planungskorrekturen und Interventionen, wenn unbeab- sichtigte Effekte und unerwünschte Folgen eintreten.

8 Anhang: Die Beispielorganisationen

Dieses Kapitel enthält eine kurze Beschreibung jener sechs Organisationen, die wir im Rahmen dieser Einführung hauptsächlich zur Veranschaulichung verwenden. Es handelt sich um eine *Apotheke* mittlerer Größe in privatem Besitz (Kap. 8.1), ein Verkauf und Werkstätten umfassendes Autohaus (Kap. 8.2), eine berufsständische *EDV-Dienstleistungs-Genossenschaft* (Kap. 8.3), ein *Großkrankenhaus* der Maximalversorgung (Kap. 8.4), ein *Wohnstift* für Senioren (Kap. 8.5) und eine *Verzinkerei* (Kap. 8.6). Wie die Beschreibungen zeigen, unterscheiden sie sich unter anderem in Größe, Zweckbestimmung, Verfassung und Organisationsstruktur beträchtlich. Ausgehend von real existierenden Organisationen wurden einige ihrer Eigenschaften für die folgenden Beschreibungen leicht abgewandelt, um zum einen eine klare Darstellung der diskutierten theoretischen Konzepte, zum anderen die notwendige Anonymisierung zu ermöglichen.

8.1 Apotheke

Die freiberuflich und erwerbswirtschaftlich zugleich orientierte Apotheke mittlerer Größe in privatem Besitz repräsentiert jenen Apothekentyp, der sich zu seiner heutigen Form mit der Niederlassungsfreiheit vor fast 40 Jahren, der darauf beruhenden Zunahme der Apothekengründungen[1] sowie der in den letzten Jahrzehnten erfolgten "Ausgrenzung von immer mehr Indikationsgebieten aus dem Leistungskatalog der GKV" (Prescher 1995: 8) entwickelt hat.

---

1 Die Anzahl der Apotheken in der früheren Bundesrepublik stieg von 8 832 im Jahre 1960 auf 17 781 im Jahre 1988 (Prescher 1995:4).

Sie liegt im Stadtzentrum einer größeren Stadt und versorgt etwa
400 Personen pro Tag, zumeist Stammkunden.

Als *öffentliche* Apotheke obliegt ihr nach geltendem Recht in
erster Linie die "im öffentlichen Interesse gebotene Sicherstellung
einer ordnungsgemäßen Arzneimittelversorgung der Bevölkerung"
(Gesetz über das Apothekenwesen §1, Abs. 1), und zwar durch die
geordnete, einem Kontrahierungszwang unterliegende Versorgung
mit Arzneimitteln zu vorgeschriebenen Preisen. Dabei hat sie "als
zentrale Abgabestelle für Arzneimittel - neben der Qualitätssicherung der gelagerten und abgegebenen Arzneimittel - auch dafür
Sorge (zu) tragen, daß das ... verordnete Arzneimittel zusammen mit
den zur bestimmungsgemäßen Anwendung erforderlichen Informationen an den Patienten ausgehändigt wird" (Prescher 1995: 8).
Deswegen setzt die Erledigung einer Verordnung häufig eine Zusammenarbeit zwischen dem Apotheker und dem pharmazeutisch-
technischen Assistenten voraus. Das Warenangebot ergänzen - mit
erwerbswirtschaftlicher Zielsetzung - in nicht unerheblichem Umfange Arzneimittel, die nicht der Apothekenpflicht unterliegen,
Heil- und Hilfsmittel, Kosmetika sowie andere einschlägige Waren,
wie sie auch von Drogerien und Kaufhäusern geführt werden.

Diesen Zwecken entspricht die *arbeitsteilige Gliederung*, die in
Abhängigkeit von Vorbildung und Berufspraxis - unter Berücksichtigung der Bestimmungen der Apotheken-Betriebsordnung - leitende, kontrollierende, beratende und ausführende, zum Teil miteinander verknüpfte Funktionen unterscheidet. Dem Apotheker, dem
von der zuständigen Landesbehörde die personengebundene
Betriebserlaubnis erteilt wurde, obliegt aufgrund des Apothekengesetzes die *persönliche Leitung* der Apotheke in eigener Verantwortung, die er nur zeitweise an einen angestellten Apotheker delegieren kann. Die Haupttätigkeit aller in der Apotheke beschäftigten
Mitarbeiter besteht im sogenannten Handverkauf, der Abgabe von
Medikamenten auf Rezept oder dem Verkauf der übrigen Waren,
hinzu kommen Beratung und Information sowie, bei den pharmazeutisch-technischen Assistenten, "die Anfertigung von Rezepturen

und die Prüfung der Identität von Arzneistoffen und Drogen" (Prescher 1995: 91). Hierzu werden in unserem Beispielbetrieb neben dem Inhaber als Apothekenleiter drei weitere Apotheker in Teilzeit, eine pharmazeutisch-technische Assistentin in Vollzeit und drei in Teilzeit sowie mehrere, vorwiegend ausführende Aufgaben wahrnehmende Apothekenhelfer beschäftigt. Da alle Mitarbeiter direkt der Aufsicht des Apothekers unterstellt sind, handelt es sich um einen typischen Fall einer einfachen, zentralen Hierarchie mit einem einzigen verantwortlichen Unternehmer. Die *Verfassung* dieses Unternehmens bestimmen in diesem Fall die Vorschriften des Apothekengesetzes und der Apothekenbetriebsordnung in Verbindung mit weiteren institutionellen, die Arbeitsaufgaben, ihre Verteilung und die verschiedenen Zuständigkeiten betreffenden Regelungen.

8.2 Autohaus

Unternehmens- und Betriebs*zweck* des erwerbswirtschaftlich ausgerichteten Autohauses[2], das seine Existenz der Erfindung des Automobils und seiner rasanten Verbreitung als Verkehrsmittel und Statussymbol verdankt, ist zum einen der Verkauf von neuen Pkw und Lkw einer bestimmten Marke sowie von gebrauchten Fahrzeugen und Ersatzteilen, zum anderen die Reparatur und Betreuung von Kraftfahrzeugen. Diesen Zwecken entspricht die *arbeitsteilige Gliederung* der insgesamt etwa 240 Mitarbeiter. Sie unterscheidet - neben der Geschäftsleitung - die Abteilung Finanzen und Verwaltung, das Personalressort, den Bereich Verkauf sowie den Teile- und Kundendienst, die sich wiederum in weitere Bereiche aufgliedern[3] (vgl. nachstehendes Organigramm in Abb. 8.1). Die *Gesamtleitung*

---

2 Die das Autohaus betreffenden Informationen beruhen auf dem Handbuch für betriebliche Gruppenarbeit (Hopmann 1978).

3 So gehören z. B. zur Abteilung Kundenbetreuung die Funktionsgruppen: Werkstatt, Lackierer, Reparaturannahme sowie die Betreuung der Auszubildenden.

des Autohauses liegt beim Geschäftsführer, der seinerseits von der Gesellschafterversammlung bestellt und von dieser sowie dem Wirtschaftsausschuss und dem Betriebsrat kontrolliert wird. Die *Verfassung* bestimmt das von der Gesellschafterversammlung beschlossene Gesellschaftsstatut in Verbindung mit weiteren institutionellen, die Arbeitsaufgaben, ihre Verteilung und die verschiedenen Zuständigkeiten betreffenden Regelungen.

Das Autohaus, das sich dem "Partnerschaftsgedanken" verpflichtet fühlt,[4] verfolgt nach einer Vereinbarung seiner Führungsgruppe zwei Ziele "gleichzeitig und gleichrangig": zum einen wirtschaftlichen Erfolg "durch Verkauf möglichst vieler Kraftfahrzeuge, Ersatzteile und Reparaturen mit guten Bruttoerträgen und möglichst geringen Kosten; optimale Betreuung der Kunden, damit das Geschäft und die Arbeitsplätze auch in Zukunft gesichert sind; Erhaltung der baulichen und technischen Einrichtungen auf einem hohen Niveau"; zum anderen eine "möglichst hohe Beteiligung aller Mitarbeiter am erwirtschafteten Erfolg; humane Arbeitsbedingungen; möglichst große Selbständigkeit der Mitarbeiter; Beteiligung der Mitarbeiter an betrieblichen und unternehmerischen Entscheidungen" (Hoppmann 1978).

---

4   Das in diesem Unternehmen praktizierte partnerschaftliche Mitbestimmungs- und Mitwirkungsmodell ist im Rahmen eines Projektes entstanden, das durch das Regierungsprogramm "Humanisierung des Arbeitslebens" (BMFT 1978) gefördert wurde.

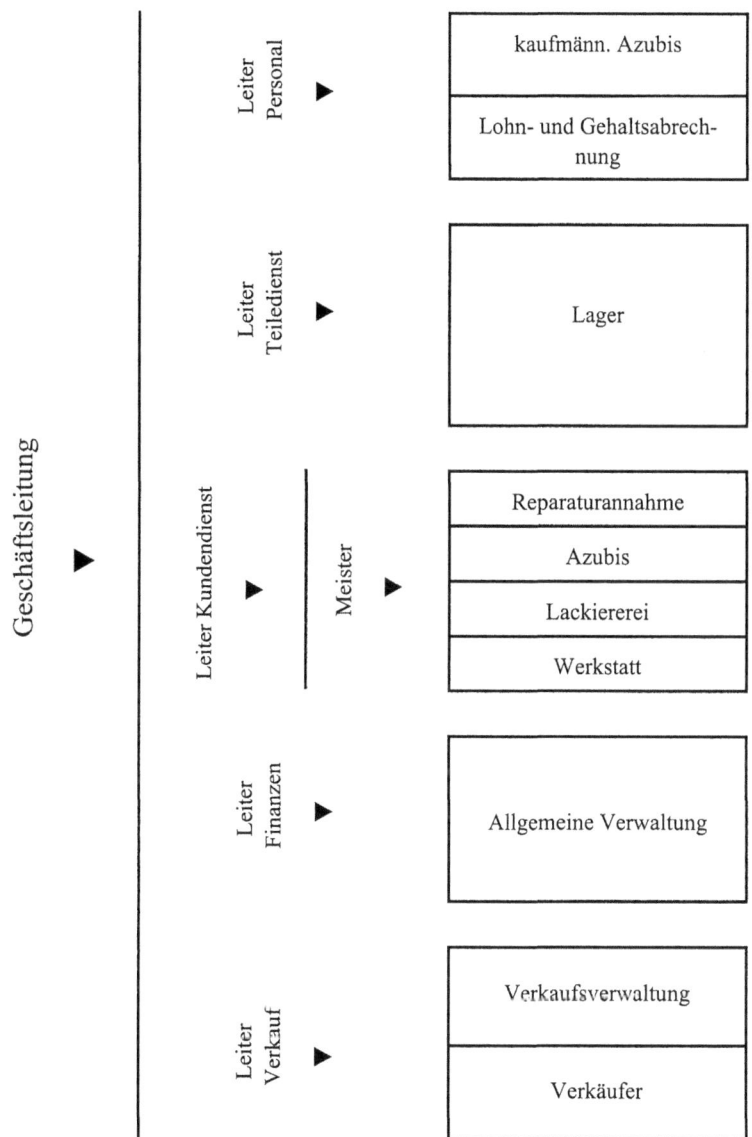

Abbildung 8.1: Organigramm des Autohauses

8.3 EDV-Dienstleistungs-Genossenschaft

Die als Genossenschaft organisierte, überregionale berufsständische EDV-Dienstleistungs-Organisation[5] mit 26 Informationszentren in Deutschland wurde vor dreißig Jahren als freiberufliche Berufsförderungsgenossenschaft angesichts einer besonderen Problemlage in den steuerberatenden Berufen gegründet. Betriebs*zweck* war es, "Erfüllungsgehilfe des Steuerberaters bei seinen Steuerberatungsaufgaben " zu sein (Sebiger 1995: 63). Die Genossenschaft erfuhr im Zuge der Entwicklung des Steuerwesen sowie der mikroelektronischen Datenverarbeitung ein äußerst dynamisches Wachstum. Sie vereint heute 35000 freiberuflich tätige Mitglieder und beschäftigt fast 3000, in erheblichem Umfang hochqualifizierte Mitarbeiter.

Ihr satzungsgemäßer Zweck "ist die elektronische Datenverarbeitung für die Mitglieder und die Erbringung aller sonstigen EDV-Dienstleistungen zur Unterstützung der Steuerberatertätigkeit" (Sebiger 1987: 290) und damit sehr weit gefasst. Er bietet Raum für sehr verschiedene Operationalisierungen, wie das heutige Spektrum der Leistungen zeigt. Stand am Anfang die Finanzbuchhaltung, so reichen die Dienstleistungen heute von der Buchführung und der Lohn- und Gehaltsabrechnung über den Jahresabschluss und die Steuerberechnung bis hin zu Kanzleiorganisation, Wirtschaftsberatung, Datenbank- und Recherche-Diensten, Kanzlei- und Systemberatung, Mitglieder- und Produktinformationen und einer eigenen Schriftenreihe. Die *arbeitsteilige Gliederung* in planende, entwickelnde, beratende, leitende, kontrollierende und ausführende Aufgaben, die verschiedenen Akteursgruppen übertragen sind, spiegelt das breite Spektrum und die Vielfalt des Dienstleistungsangebots wider.

---

5 Die hier und im weiteren Text enthaltenen Informationen betreffend die EDV-Dienstleistungs-Genossenschaft beruhen insbesondere auf Sebiger (1987), DA-TEV (1995 und 1996), Vollmer (1991) und dem Bericht "DATEV 96" in den Nürnberger Nachrichten vom 18.9.1996: 25 - 30.

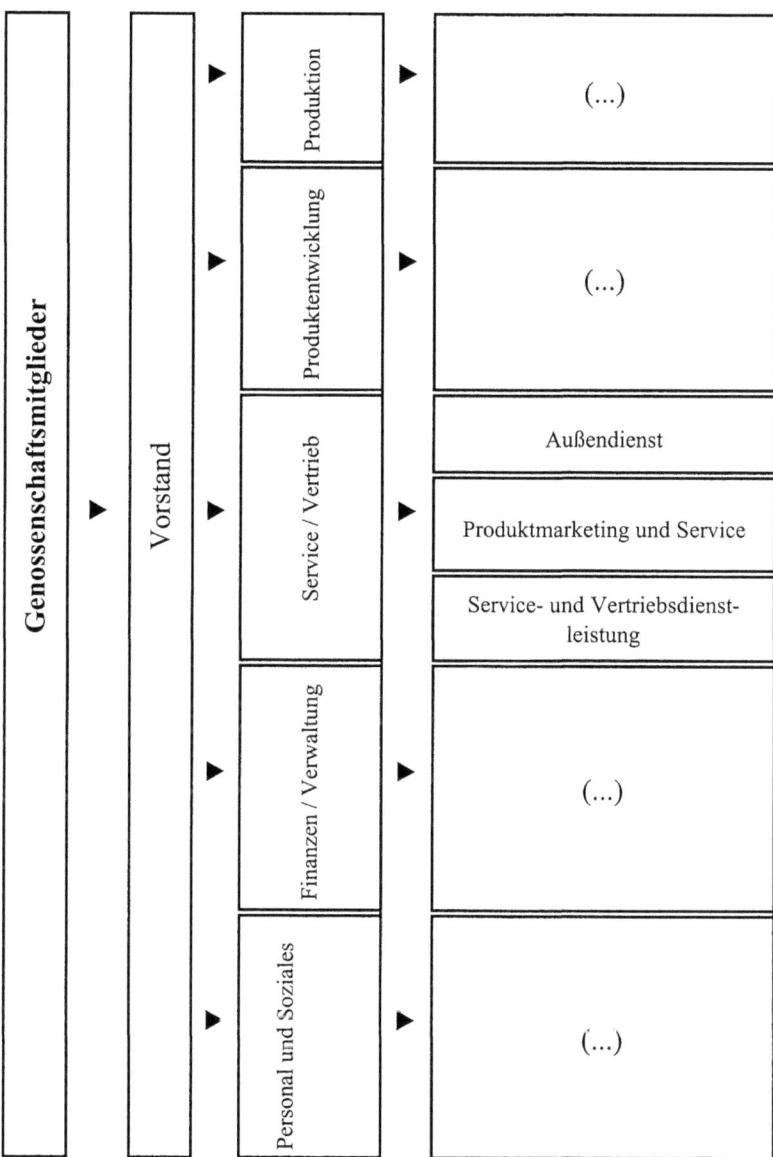

Abbildung 8.2: Ausschnitt aus dem Organigramm der EDV-Dienstleistungsgesellschaft

Abbildung 8.2, die einen Ausschnitt aus dem Organigramm der Organisation darstellt, zeigt diese für Unternehmen dieser Größe häufig zu beobachtende Aufteilung anhand funktionaler Einheiten. Die eigenverantwortliche *Gesamtleitung* der Genossenschaft obliegt einem mehrköpfigen, für verschiedene Aufgabenbereiche zuständigen Vorstand, der vom Aufsichtsrat bestellt und kontrolliert wird, der Vertreterversammlung informationspflichtig ist und der Mitwirkung von Belegschaftsvertretern nach den rechtlichen Bestimmungen Rechnung zu tragen hat. Die Aufteilung des Unternehmens in fünf Aufgabenbereiche folgt den durch die Arbeitsteilung bestimmten Funktionsbereichen Personal und Soziales, Verwaltung, Vertrieb, Produktentwicklung sowie Produktion. Letztere umfasst vor allem die Bereitstellung von Daten und Information an die Genossenschaftsmitglieder, wie z.B. Abrechnungen etc. Die *Verfassung* bestimmt das von der Vertreterversammlung beschlossene Gesellschaftsstatut in Verbindung mit weiteren, die Arbeitsaufgaben, ihre Verteilung und die verschiedenen Zuständigkeiten betreffenden Regelungen.

8.4 Großkrankenhaus

Das Großkrankenhaus in Trägerschaft einer deutschen Großstadt wurde im 19. Jahrhundert zur tragenden Institution des Gesundheitssystems und nahm in den Jahrzehnten nach dem 2. Weltkrieg ständig an Bedeutung zu. Es hat im Rahmen des Gesundheitssystems die Aufgabe, durch diagnostische, therapeutische und pflegerische Leistungen die Gesundheit akut kranker Bürger wiederherzustellen sowie die gesundheitliche Beeinträchtigung chronisch kranker Bürger zu lindern, wobei eine hohe Versorgungsqualität bei geringem Zuschussbedarf und angemessener Bettenkapazität im Interesse des kommunalen Trägers liegt. Darüber hinaus ist es zur beruflichen Aus-, Fort- und Weiterbildung des medizinischen und pflegerischen Personals verpflichtet.

Die *arbeitsteilige Gliederung* nach diagnostischen, therapeutischen, pflegenden und verwaltenden Tätigkeiten sowie in planende, leitende, kontrollierende und ausführende Aufgaben, die in Abhängigkeit von Vorbildung, Praxiserfahrung und Qualifikationsprofilen sowie mit Rücksicht auf die einschlägigen rechtlichen Regelungen verschiedenen Berufen übertragen sind, beruht in erster Linie auf dieser Zwecksetzung. Im Hinblick auf den Organisationszweck wurden die Kompetenzen verteilt und die Verfahrensweisen festgelegt, z. B. die Vorgehensweise bei der Einlieferung eines Patienten mit einem bestimmten Krankheitsbild. Dabei hat das Personal arbeitsteilig zu agieren: Krankenschwestern, Chirurgen, Anästhesisten, Pfleger, Gynäkologen, Internisten wurden jeweils bestimmte, sich nur minimal überschneidende Arbeitsbereiche zugeteilt, die je nach Bedarf koordiniert werden müssen. Die mit den einzelnen Funktionen einhergehenden Kompetenzen führen zu einer Hierarchie im Krankenhaus, die vom Klinikdirektorium zu den Klinikchefs, den Oberärzten und Stationsärzten sowie zur Pflegeleitung, Stationsschwester/-pfleger und den Schwestern/Pflegern verläuft. Sie wird ergänzt durch die verschiedenen Mitbestimmungs-, Mitwirkungs- und Beratungs-Institutionen.

Die *Gesamtleitung* des Krankenhauses obliegt einem Direktorium bestehend aus Medizinischem Direktor, Plegedirektor und Verwaltungsdirektor, das aber "weder über Personal- und Finanzhoheit verfügt, noch in der Lage ist, eigenständig eine strategische Krankenhausführung umzusetzen" (Robisch 1992: 12): Ihm ist der Gesundheitsreferent der Stadtverwaltung sowie der Krankenhauspfleger des Stadtrates vorgeordnet. Das Direktorium ist für bestimmte Entscheidungen auf die Mitwirkung des Referats für Allgemeine Verwaltung, des Finanzreferats und des Baureferats der Trägerkommune angewiesen. Darüberhinaus nehmen der Oberbürgermeister, der Gesundheits- und der Personalausschuss des Stadtrats sowie der Stadrat selbst Einfluss auf die Leitung des Krankenhauses und stehen auch der Personalvertretung Mitwirkungs- und Mitbestimmunsrechte zu. Nach der *Verfassung* wird das Krankenhaus als öffentlicher Regiebetrieb der Kommune geführt, wodurch seine organisatorische und rechtliche Selbständigkeit erheblich eingeschränkt wird und wesentliche Entscheidungen außerhalb des Krankenhauses vorbereitet und getroffen werden.

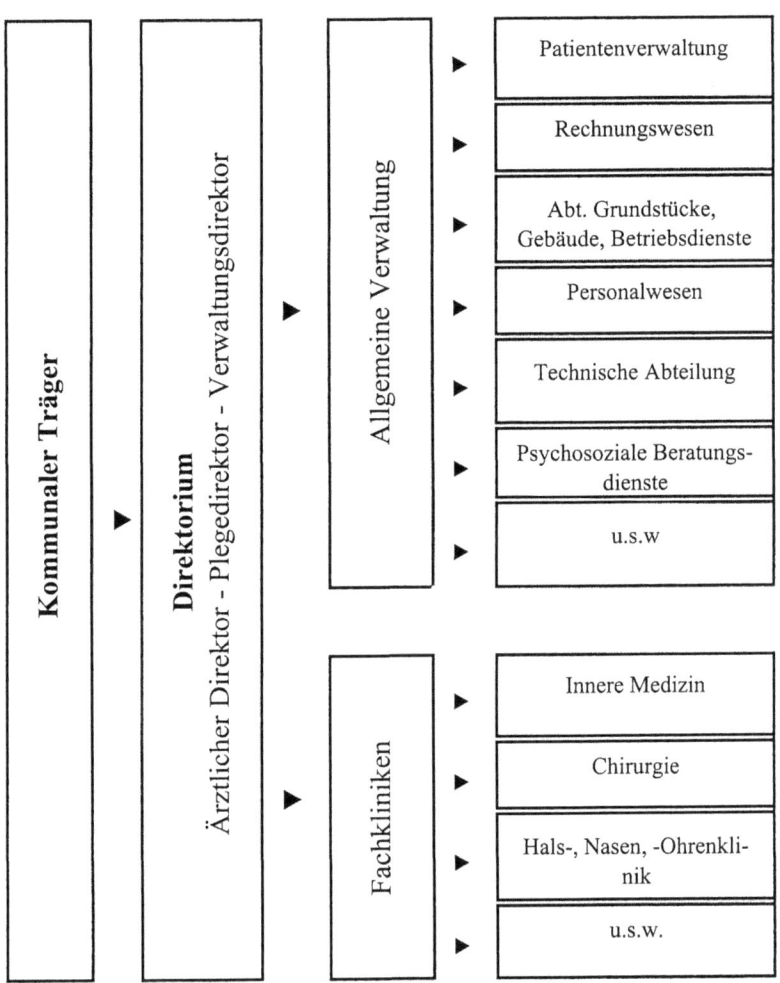

Abbildung 8.3: Ausschnitt aus dem Organigramm einer Großklinik

8.5 Wohnstift

Die Konzeption des Wohnstiftes für Senioren in gemeinnütziger Trägerschaft wurde vor vierzig Jahren geboren, um auch im Alter Ungebundenheit, Geborgenheit und Geselligkeit gewährleisten und hinreichende Pflegeleistungen sicherstellen zu können. Heute entsprechen dieser Konzeption in Deutschland über 20 Wohnstifte.[6] Das Wohnstift dient dem Zweck, eine Appartement-Wohnanlagen nebst dazugehöriger Gemeinschaftseinrichtungen für ältere Menschen zu betreiben, "die im Ruhestand sicher, ungebunden, individuell und aktiv leben wollen"[7] und die in der Regel selbst oder mit Hilfe von Familienangehörigen ihren Unterhalt finanzieren. Zugesagt wird lebenslange Beherbergung, Versorgung und Pflege auch bei Verschlechterung des Gesundheitszustandes, woraus die Bereitstellung eines umfangreichen, den Wünschen der Stiftsbewohner Rechnung tragenden Angebotes an Dienstleistungen verschiedener Art folgt.

Die Leistungen umfassen Beherbergung, Verpflegung, soziale, pflegerische, therapeutische und medizinische Versorgung, kulturelle Betreuung und seelsorgerische Beratung. Diesem Leistungsspektrum entspricht die *arbeitsteilige Gliederung* in Stiftsbewohner auf der einen Seite, Stiftspersonal auf der anderen, umfassend das Küchen- und Servicepersonal, die Hausdame und die Etagendamen, den Stiftsarzt und die Stiftsschwestern, das Wäscherei- und Reinigungspersonal, die Handwerker, das Sozial- und Kulturreferat, die Administration und den Stiftspfarrer.

Die *Gesamtleitung* des Wohnstiftes liegt beim Stiftsdirektor, der seinerseits vom Verwaltungsrat des Trägervereins und einem von den Stiftsbewohnern gewählten Stiftsrat kontrolliert wird. Die *Verfassung* bestimmt das von der Gesellschafterversammlung beschlos-

---

6 Die hier und im weiteren Text enthaltenen Informationen betreffend das Wohnstift beruhen auf eigenen Studien (Büschges 1979).

7 Presse-Information des Wohnstift Augustinum Dortmund anlässlich des Richtfestes am 10. Juni 1977.

sene Gesellschaftsstatut in Verbindung mit weiteren institutionellen, die Arbeitsaufgaben, ihre Verteilung und die verschiedenen Zuständigkeiten betreffenden Regelungen.

8.6 Verzinkerei

Da Feuerverzinkereien im Regelfall nicht Teil der Alltagswelt des Lesers sein werden, soll im Folgenden dieser Unternehmenstypus etwas ausführlicher dargestellt werden. Bei der *Verzinkerei* handelt es sich typischerweise um einen mittelständischen, metallverarbeitenden Betrieb. Das angewendete Produktionsverfahren wird als Feuerverzinken bezeichnet. Ziel dieses Verfahrens ist es, Stahlteile und -konstruktionen vor Korrosion zu schützen. Das zugrundeliegende technische Prinzip ist relativ einfach: Indem Stahl in eine etwa 450°C heiße Zinkschmelze getaucht wird, bildet sich auf der Oberfläche des Metallteils eine Legierung aus Stahl und Zink. Der so entstehende Zinküberzug schützt die Konstruktion langfristig vor Korrosion, da die Oxydation von Zink im Gegensatz zu der des Stahls eine schützende Oberfläche ergibt. Verzinkt werden vorwiegend Stahlkonstruktionen und Stahlbauteile der Bauindustrie. Die Kundenstruktur umfasst sowohl große Baufirmen als auch kleine Schlossereibetriebe, die Stahlkonstruktionen verschiedenster Größe - wie z.B. Stahlträger, Metalltreppen, Dachrinnen, Laternenmasten - vor der Verwendung verzinken lassen. Der Produktionsprozess kann durch vier Schritte charakterisiert werden (vgl. hierzu auch Abraham 1996: 140-147).

In einem ersten Schritt muss das zu verzinkende Material in Empfang genommen, auf Verzinkungstauglichkeit sowie Korrosionsgrad untersucht und schließlich zur Preisbestimmung gewogen werden. Dieser Prozess der Warenannahme beinhaltet neben der Erfassung der nötigen Auftragsdaten auch die Beratung des Kunden, um sicherzustellen, dass das angelieferte Gut mit Erfolg zu bearbeiten ist. So können nicht alle Stahlsorten und nicht jede Konstruktion mit dem gleichen Erfolg behandelt werden. Von der Warenannahme wird das Verzinkungsgut dann in der Regel einem internen Transportsystem zugeführt. Dabei kann es sich z.b. um Deckenkräne handeln, die mittels sogenannter Transporttraversen das Material innerhalb der Produktionshalle befördern. Hierzu müssen die zu behandelnden Stahlteile mit Drähten, Ketten oder Haken an den Traversen befestigt werden, dies erfolgt unter Einsatz von diversen Hebehilfen - wie z.b. Gabelstaplern - mittels manueller Arbeit. Nach dieser sogenannten Aufrüstung führt man die Verzinkungsgüter dem Vorbehandlungs- oder Säurebereich zu. Dort werden die Stahloberflächen von störenden Stoffen wie z.b. Öl, Rost oder Farbe befreit, um eine möglichst effiziente Reaktion in der Zinkschmelze zu erreichen. Dies geschieht in der Regel mit Hilfe einer Reihe von säurehaltigen Tauchbädern - den sogenannten Beizen -, in denen die Verzinkungsgüter je nach Verschmutzungsgrad eine gewisse Zeit verbleiben. Die so gesäuberten Stahlteile werden, weiter an der Traverse hängend, getrocknet und schließlich dem Zinkbad zugeführt.[8] Die am Kessel eingesetzten Arbeitnehmer haben dabei die Aufgabe, durch die Kontrolle der Eintauchgeschwindigkeit und der Tauchdauer sowie die Beseitigung auftretender Verbrennungsrückstände auf der Oberfläche des Zinkbads die Qualität der Verzinkung zu optimieren. Während des Tauchvorgangs in die heiße Zinkschmelze können hier Emissionen sowie spritzendes Zink auftreten, die für die Arbeitnehmer eine Gefahr bilden. Um diese zu vermeiden, sind die Zinkkessel meist mit unterschiedlichen Schutzvorrichtungen ausgestattet, am häufigsten mit einer sogenannten Einhausung, die den Kessel während des Ein-

---

[8] Der Kessel ist in unserem Beispielbetrieb ca. 14m lang und gehört damit zu den Größten in der Branche. Die Größe des Zinkkessels bestimmt maßgeblich die Produktionskapazität und damit die Kostenstruktur des Betriebs: je länger der Kessel, desto größere Güter können verzinkt werden. Dies verschafft den Betrieben zwar einerseits einen Wettbewerbsvorteil, bringt jedoch andererseits höhere Fixkosten mit sich. Für einen größeren Kessel muss mehr Personal eingesetzt werden, zudem wird mehr Kapital durch die größere Produktionsanlage sowie die benötigte Menge an Zink und Beizflüssigkeit gebunden.

tauchvorgangs vollkommen von der Umgebung abschließt. Im Anschluss an die Verzinkung muss nach einer kurzen Phase der Abkühlung das Verzinkungsgut von den Traversen abgenommen und gegebenenfalls nachbearbeitet werden. Dies ist nötig, um während des Abtropfens erkaltete Zinkspitzen, die eine Verletzungsgefahr bilden, zu beseitigen. Hierzu erfolgt eine manuelle Oberflächenbehandlung, die insbesondere aus Feilen und Schleifen des Verzinkungsgutes besteht. Anschließend wird die Ware an den Kunden ausgeliefert oder zwischengelagert.

Diesem - hier nur grob skizzierten Ablauf entspricht der Aufbau der Arbeitsorganisation in unserem Betrieb. Die niedrigstqualifizierten Arbeiten verrichten die Arbeitnehmer in der *Abrüstung*: Die durch sie ausgeführte manuelle Oberflächenbehandlung erfordert weder Vorkenntnisse noch die detaillierte Kenntnis der vorgelagerten Betriebsabläufe. In der *Aufrüstung*, also beim Anbringen des Verzinkungsgutes an die Transporttraversen, sind jedoch bereits produktionsspezifische Kenntnisse notwendig, da eine nicht sachgerechte Fixierung zu Problemen während des Tauchvorgangs am Zinkkessel führen kann. Ein Arbeitnehmer muss hier nicht nur auf ausreichende Befestigung achten, sondern auch die Anbringung an der Konstruktion des Verzinkungsgutes ausrichten. Nicht fachgerechte Fixierungen können z.B. das Abfließen des überflüssigen Zinkes beim Ausfahren aus dem Tauchbad behindern und so zu übermäßigem Zinkverbrauch führen. Daher erfordert dieser Arbeitschritt neben einer gründlichen Einweisung auch längere Erfahrung. Die für die Tauchvorgänge im *Säure- und Zinkkesselbereich* eingesetzten Arbeitnehmer führen schließlich die anspruchsvollsten Arbeiten im Rahmen des Produktionsprozesses aus. Zum einen können sie durch die Entscheidung über die Tauchdauer sowohl die Qualität der Verzinkung als auch die Kosten direkt beeinflussen. Daher müssen die dem Verzinkungsprozess zugrundeliegenden Zusammenhänge prinzipiell verstanden und gewisse Erfahrungswerte erworben worden sein. Zum zweiten sind diese Arbeiten mit einer spezifischen Gefahrenlage verbunden, die durch den Umgang mit ätzenden Flüssigkeiten oder flüssigem Metall hervorgerufen wird. Um Unfälle zu vermeiden, müssen Tätigkeiten im Säure- und Kesselbereich sehr gewissenhaft und unter Verwendung besonderer Schutzvorrichtungen durchgeführt werden.

Ein wesentliches gemeinsames Merkmal der bisher charakterisierten Arbeitsaufgaben ist, dass es sich um typische Anlerntätigkeiten handelt. Für die Tätigkeiten in der Feuerverzinkung gibt es weder einen direkt zugeordneten, noch einen übergreifenden Ausbildungsberuf, der für diese Arbeiten qualifizieren würde.[9] Das benötigte Humankapital muss dementsprechend durch betriebsinterne Ausbildung und Anlernphasen gebildet werden. Diese Anleitung, wie auch die tägliche Überwachung und Einteilung der Arbeitnehmer in der Produktion, erfolgt in der Regel nach dem klassischen, in der metallverarbeitenden Industrie vorherrschenden Meisterprinzip.[10] Dies bedeutet, dass eine Führungskraft den täglichen (oder schichtbezogenen) Produktionsablauf zu organisieren und zu überwachen hat. Zudem hat er eine "Schnittstellenfunktion" inne, indem er die leitenden Tätigkeiten des Managements mit der ausführenden Arbeit im Produktionsprozess verknüpft (Fischer 1993: 32f). Für die Ausübung dieser Tätigkeit wird eine Vielzahl von Qualifikationen relevant: Neben der technischen Beherrschung des Produktionsprozesses werden insbesondere Organisations- und Personalführungsfähigkeiten verlangt.

Eine besondere Bedeutung besitzt die Beratung und Betreuung des Kunden im Vorfeld des eigentlichen Produktionsprozesses. Durch geeignete Information z.B hinsichtlich fachgerechter, die

---

9 Dies erklärt den mit 62% hohen Anteil an Arbeitskräften ohne formale Qualifikation in den Betrieben dieser Branche, vgl. hierzu Büschges & Abraham (1995: 23), Abraham (1996: 143).

10 Im Gegensatz zu anderen Branchen der metallverarbeitenden Industrie muss dies jedoch nicht in Form eines Meisterbriefs dokumentiert sein. Die *Position des Meisters* wird oft auch mit Arbeitnehmern besetzt, die ähnliche Qualifikationen aus anderen Berufen oder Bereichen mitbringen (insbesondere Führungserfahrung) und die ebenfalls im Betrieb angelernt werden.

Verzinkung begünstigende Konstruktionen, kann die Qualität der Verzinkung wesentlich beeinflusst werden. Zudem können Kundenwünsche besser erkannt und umgesetzt werden. Um diesem Umstand Rechnung zu tragen, setzt der Betrieb insgesamt sechs Arbeitnehmer in der Warenannahme als *Kundenberater* ein, die die angelieferte Ware - zum Teil in Anwesenheit des Kunden - begutachten. Diese Tätigkeit setzt sowohl ein gutes technisches Verständnis des Verzinkungsprozesses als auch Kommunikationsfähigkeit voraus.

Der über dem Produktionsbereich liegenden Ebene des Managements obliegt die betriebswirtschaftliche Führung der betreffenden Unternehmenseinheit oder der einzelnen Firma und insbesondere die Personalverantwortung für den Produktionsbereich. Der *Betriebsleiter* besitzt hierbei sowohl die Personalverantwortung für den Produktionsbereich als auch die Kompetenz für die technischen Fragen des Betriebsablaufes. Für die Kundenbetreuung, die Akquisition und die buchhalterische Organisation der Aufträge ist dagegen ein *Vertriebsleiter* zuständig. Der über diesen beiden positionierte *Werksleiter* besitzt als Geschäftführer vor Ort die unternehmerische Verantwortung für den als eigenständige GmbH organisierten Betrieb. Im untersteht daher auch direkt die Personalabteilung und Buchhaltung, die etwa acht Mitarbeiter umfasst. Da der Betrieb jedoch einem mehrere derartige Betriebe umfassenden Firmenverbund angehört, untersteht der Werksleiter einer aus mehreren Personen bestehenden *Geschäftsleitung* des Firmenverbundes. Letztere trägt das unternehmerische Risiko für die einzelnen Betriebe des Firmenverbundes und koordiniert dessen Aktivitäten. Ingesamt können somit acht mögliche Positionen im hierarchischen Aufbau unserer Feuerverzinkerei unterschieden werden (vgl. Abb. 8.4).

Unser Beispielbetrieb besitzt eine Größe von etwa 100 Arbeitnehmern. Der Betrieb selbst besitzt einen aus fünf Personen bestehenden Betriebsrat und einen gewerkschaftlichen Organisationsgrad von etwa 50%. Ca. 60% der Belegschaft besteht aus ausländischen Mitarbeitern, wobei die türkisch- und griechischstämmigen Arbeitnehmer den größten Anteil besitzen. Die Belegschaft in der Produktion, von denen etwa 70% keine qualifizierte Ausbildung besitzt, arbeitet in zwei Schichten, für die jeweils ein Meister zuständig ist.

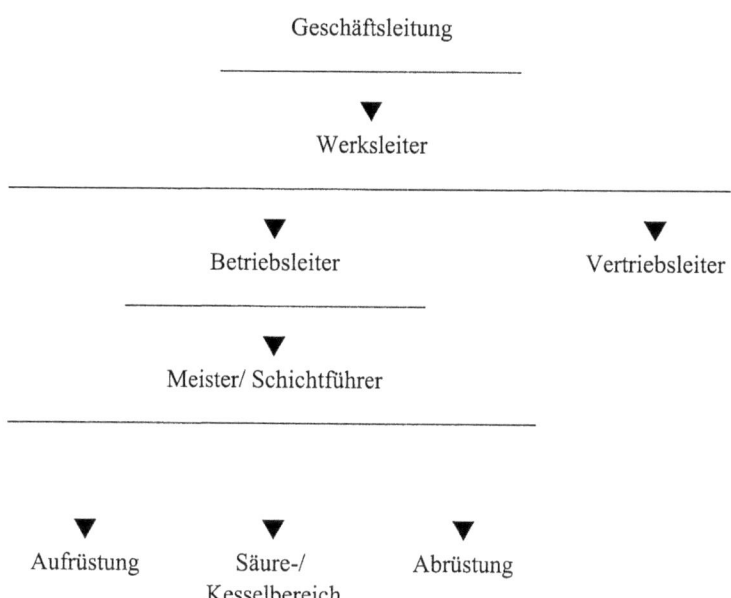

Abbildung 8.4: Aufbau des feuerverzinkenden Betriebs

Literaturverzeichnis

Abraham, Martin (1996): Betriebliche Sozialleistungen und die Regulierung individueller Arbeitsverhältnisse. Endogene Kooperation durch private Institutionen, Frankfurt/Main: Lang.

Abraham, Martin & Bernhard Prosch (1991): Arbeitsbeziehungen und selektive Anreize am Beispiel der Carl-Zeiss-Stiftung, in: R.Wittenberg (Hrsg.), Person - Situation - Institution - Kultur. Günter Büschges zum 65. Geburtstag, Berlin: Duncker & Humblot, S. 195-211.

Adamy, Wilhelm & Johannes Steffen (1985): Handbuch der Arbeitsbeziehungen, Opladen: Westdeutscher Verlag.

Ahrne, Göran (1994): Social Organizations Interaction Inside, Outside and between Organizations, London u.a.: Sage.

Akerlof, George A. (1970): The Market for "Lemons": Quality Uncertainty and the Market Mechanism, in: Quarterly Journal of Economics 84, S. 488-500.

Albert, Hans (1967): Marktsoziologie und Entscheidungslogik, Neuwied/Berlin: Luchterhand.

Alchian, Armen A. & Harold Demsetz (1972): Production, Information Costs, and Economic Organization, in: American Economic Review 62, S. 777-795.

Aoki, Masahiko (1988): Information, Incentives, and Bargaining in the Japanese Economy, Cambridge u.a.: UP.

Asimov, Isaac (1991a[1952]): Foundation: New York: Bantam

Asimov, Isaac (1991b[1952]): Foundation and Empire: New York: Bantam

Axelrod, Robert (1987): Die Evolution der Kooperation, München: Oldenbourg.

Bahrdt, Hans P. (1987): Schlüsselbegriffe der Soziologie: Eine Einführung mit Lehrbeispielen, 2. Aufl., München: Beck.

Barnard, Chester I. (1970): Die Führung großer Organisationen, Essen: Girardet.

Batenburg, Ronald S. (1995): The External Management of Automation 1995. Codebook of MAT95. Iscore Papers No. 59, Utrecht: University of Utrecht/ ICS.

Becker, Howard S. (1960): Notes on the Concept of Commitment, in: American Journal of Sociology 66, S. 32-40.

Becker, Gary S. (1962): Investment in Human Capital: A Theoretical Analysis, in: Journal of Political Economy 70 (Supplement), S. 9-49.

Becker, Gary S. (1975): Human Capital. A Theoretical and Empirical Analysis with Special Reference to Education, 2. Aufl., Chicago: UP.

Bellmann, Lutz (1986): Senioritätsentlohnung, betriebliche Hierarchie und Arbeitsleistung. Eine theoretische und empirische Untersuchung zur Lohnstruktur, Frankfurt a.M./New York: Campus.

Bendix, Reinhard (1985): Autorität, in: Görres-Gesellschaft (Hrsg.): Staatslexikon: Recht, Wirtschaft - Band 1. 7. Aufl., Freiburg: Herder, S. 494-500.

Berkowitz, Stephen D. (1982): An Introduction to Structural Analysis: The Network Approach to Social Research, Toronto: Butterworths.

Bills, David B. (1987): Cost, Commitment, and Rewards: Factors Influencing the Design and Implementation of Internal Labor Markets, in: Administrative Science Quarterly 32, S. 202-221.

Bisping, Paul & Lothar Müller-Kohlenberg (1979): Berufliche Beratung. Handbuch zur Berufsvorbereitung, Nürnberg: Bundesanstalt für Arbeit.

Blau, Peter M. & Williams R. Scott (1963 [Reprint 1964]): Formal Organizations. A Comparative Approach, London: Routledge & Kegan Paul.

Blien, Uwe (1986): Unternehmensverhalten und Arbeitsmarktstruktur. BeitrAB 103, Nürnberg: Bundesanstalt für Arbeit.

BMFT (Bundesministerium für Forschung und Technologie, 1978): Leistungsplan 'Humanisierung des Arbeitslebens'. Planperiode 1978-1982, Bonn.

Boudon, Raymond (1979): Widersprüche sozialen Handelns, Darmstadt /Neuwied: Luchterhand.

Boudon, Raymond (1980): Die Logik des gesellschaftlichen Handelns, Neuwied: Luchterhand.

Brandt, Lutz (1983): Zur Dauer von Arbeitsgerichtsverfahren - Unter besonderer Berücksichtigung von Kündigungssachen, in: R. Ellermann et al. (Hrsg.), Kündigungspraxis Kündigungsschutz und Probleme der Arbeitsgerichtsbarkeit. Opladen: Westdeutscher Verlag, S. 113-128.

Broese van Groenou, Marjolein J. (1991): Gescheiden netwerken. De relaties met vrienden en verwanten na echtscheiding, Utrecht: University of Utrecht/ ICS.

Brüderl, Josef (1991): Mobilitätsprozesse in Betrieben: Dynamische Modelle und empirische Befunde, Frankfurt a.M./New York: Campus.

Büschges, Günter (1975): Beruf, Berufswahl und Berufsberatung, in: E. Lange & G. Büschges (Hrsg.): Aspekte der Berufswahl in der modernen Gesellschaft. Frankfurt a.M.: Aspekte, S. 13-73.

Büschges, Günter (Hrsg.) (1976): Organisation und Herrschaft. Klassische und moderne Studientexte zur sozialwissenschaftlichen Organisationstheorie, Reinbek bei Hamburg: Rowohlt.

Büschges, Günter (1979): Wohnstift als Lebensraum. Soziologische Betrachtungen zum Leben in einem 'Wohnstift', in: Collegium Augustinum (Hrsg.): Zeiten des Menschen, München: Nashorn, S. 103-140.

Büschges, Günter (1985): Unbeabsichtigte Folgen technisch - organisatorischer Neuerungen, in: F. Franke (Hrsg.): Betriebliche Innovation. Stuttgart: Poeschel, S. 114-123.

Büschges, Günter (1989): Zukunftsforschung, in: G. Endruweit & G. Trommsdorff (Hrsg.), Wörterbuch der Soziologie, Stuttgart: Enke, S. 840-844.

Büschges, Günter (1992): Personalarbeit und soziale Umwelt, in: E. Gaugler & W. Weber (Hrsg.), Handwörterbuch der Personalwesens. Stuttgart: Poeschel, S. 1563-1573.

Büschges, Günter (1997): Selbstliebe, Glück und Solidarität. The pursuit of happiness bei den Schottischen Moralphilosophen, in: K. Barheier & A. Bellebaum (Hrsg.): Glücksvorstellungen - Ein Rückgriff in die Geschichte der Soziologie. Opladen: Westdeutscher Verlag, S. 19-35.

Büschges, Günter & Martin Abraham (1995): Personalprobleme in der feuerverzinkenden Industrie. Ergebnisse der schriftlichen Befragung (Forschungsbericht für den Industrieverband Feuerverzinken, Düsseldorf), Nürnberg: MS (Universität Erlangen -Nürnberg).

Büschges, Günter & Peter Lütke Bornefeld (1977): Praktische Organisationsforschung, Reinbek bei Hamburg: Rowohlt.

Büschges, Günter; Walter Funk & Martin Abraham (1996): Grundzüge der Soziologie, 2. Aufl., München: Oldenbourg.

Büschges, Günter; Norbert Reinwald & Martin Abraham (1995): Krankenstand in der feuerverzinkenden Industrie: Strukturen, Ursachen, Folgerungen (Forschungsbericht für den Industrieverband Feuerverzinken, Düsseldorf), Nürnberg: MS (Universität Erlangen-Nürnberg).

Bundesanstalt für Arbeit (1977): Die Bundesanstalt für Arbeit stellt sich vor. Referat Öffentlichkeitsarbeit, Nürnberg.

Bundesanstalt für Arbeit (Hrsg.) (1979): Handbuch zur Berufswahlvorbereitung, Nürnberg. Bundesanstalt für Arbeit.

Burt, Ronald S. (1982): Toward a Structural Theory of Action, New York: Academic Press.

Burt, Ronald S. (1992): Structural Holes. The Social Structure of Competition, Cambridge, Mass./London: Harvard UP.

Burt, Ronald S. & Marc Knez (1996): Trust and Third-Party Gossip, in: R.M. Kramer & T.R. Taylor (Eds.): Trust in Organizations. Thousand Oaks: Sage, S. 68-89.

Calvo, Guillermo A. & Stanislaw Wellisz (1979): Hierarchy, Ability, and Income Distribution, in: Journal of Political Economy 87, S. 991-1010.

Caroll, Glenn R. (1984): Organizational Ecology, in: Annual Review of Sociology 10, S. 71-93.

Cezanne, Wolfgang (1993): Allgemeine Volkswirtschaftslehre, München: Oldenbourg.

Chamberlain, Neil W. & James W. Kuhn (1986): Collective Bargaining, 2. Aufl., New York u.a.: McGraw-Hill Book Company.

Coleman, James S. (1986): Social Theory, Social Research, and a Theory of Action, in: American Journal of Sociology 91, S. 1309-1335.

Coleman, James S. (1986): Die asymmetrische Gesellschaft, Weinheim/Basel: Beltz.

Coleman, James S. (1988): Social Capital in the Creation of Human Capital, in: American Journal of Sociology 94 (Supplement), S. 95-120.

Coleman, James S. (1990): Foundations of Social Theory, Cambridge u.a.: Belknap Press.

Coleman, James S. (1991): Grundlagen der Sozialtheorie. Band 1: Handlungen und Handlungssysteme, München: Oldenbourg.

Coleman, James S. (1992): Grundlagen der Sozialtheorie, Band 2: Körperschaften und die moderne Gesellschaft, München: Oldenbourg.

Coleman, James S. (1994): A Rational Choice Perspective on Economic Sociology, in: N.J. Smelser & R. Swedberg (eds.): The Handbook of Economic Sociology. Princeton/New York: Russel Sage Foundation, S. 166-182.

Cyert, Richard M. & James G. March (1963): A Behavioral Theory of the Firm, Englewood Cliffs/New York: Prentice-Hall.

DATEV eG (Hrsg.) (1995): Die Organe der Genossenschaft und ihre Aufgaben. Beiträge aus der genossenschaftsrechtlichen Fortbildungsveranstaltung, Nürnberg: DATEV

DATEV eG (Hrsg.) (1996): Tabellen und Informationen für den steuerlichen Berater, Nürnberg: DATEV

Daheim, Hansjürgen (1967): Der Beruf in der modernen Gesellschaft, Köln/Berlin: Kiepenheuer & Witsch.

Dahrendorf, Ralf (1957): Soziale Klassen und Klassenkonflikt in der industriellen Gesellschaft, Stuttgart: Enke.

Davis, Morton D. (1972): Spieltheorie für Nichtmathematiker, München: Oldenbourg.

Davis, Keith (1972): Human Behavior at Work: Human Relations and Organizational Behavior, 2. Aufl., New York u.a.: McGraw-Hill Book Company.

DGB-Arbeitsausschuß 'Beratung im Bildungswesen', 1979: Beratung im Bildungswesen, in: Gewerkschaftliche Bildungspolitik, Heft Mai/Juni, S. 105-128.

Dieck, Margret (1978): Das Konzept eines Betriebsvergleichs von Einzelwirtschaften der stationären Altenhilfe, in: Zeitschrift für Gerontologie 11, S. 210-225.

DiMaggio, Paul J. & Walter W. Powell (Hrsg.) (1991): The New Institutionalism in Organizational Analysis Chicago: University of Chicago Press.

Dincher, Roland (1984): Fehlzeiten. Ergebnisse einer empirischen Untersuchung in einem Hüttenwerk, in: Zeitschrift für Arbeitwissenschaft 38, S. 18-24.

Doeringer, Peter B. & Michael J. Piore (1971): Internal Labor Markets, Lexington: Heath.

Dolles, Harald & Herbert F. Jung (1990): Subcontracting in Japan. Diskussionsbeitrag des Lehrstuhls für allgemeine Betriebswirtschaftslehre und Unternehmensführung, Nürnberg: MS (Universität Erlangen-Nürnberg).

Dombois, Rainer (1976): Massenentlassungen bei VW: Individualisierung in der Krise, in: Leviathan 4, S. 432-464.

Douma, Sytse & Hein Schreuder (1992): Economic Approaches to Organisation, New York u.a.: Prentice-Hall.

Edwards, Richard (1981): Herrschaft im modernen Produktions-
prozeß, Frankfurt a.m./New York: Campus.

Elster, Jon (1987): Subversion der Rationalität, Frankfurt a.M.:
Campus.

Esser, Hartmut (1991): Die Rationalität des Alltagshandelns. Eine
Rekonstruktion der Handlungstheorie von Alfred Schütz, in:
Zeitschrift für Soziologie 20, S. 430-445.

Esser, Hartmut (1996): Die Definition der Situation, in: Kölner
Zeitschrift für Soziologie und Sozialpsychologie 48, S. 1-34.

Etzioni, Amitai W. (1967): Soziologie der Organisation, München:
Juventa.

Fabel, Oliver (1990): Insurance and Incentives in Labor Contracts:
a Study in the Theory of Implicit Contracts, Frankfurt a.M.: Hain.

Fiorito, Jack & Wallace E. Hendricks (1987): Union Characteristics
and Bargaining Outcomes, in: Industrial and Labour Relations
Review 40, S. 569-584.

Fischer, Joachim (1993): Der Meister: ein Arbeitskrafttypus zwischen Erosion und Stabilisierung, Frankfurt a.M./New York:
Campus.

Frank, Robert H. (1985): Choosing the Right Pond. Human Behavi-
or and the Quest for Status, New York/Oxford: Oxford UP.

Franke, Joachim & Hans Winterstein (1996): Arbeitsbezogenes
Transparenzerleben, München: Mering Hampp.

Franz, Wolfgang (1991): Arbeitsmarktökonomik, Berlin: Springer.

Friedrichs, Günter & Adam Schaff (Hrsg.) (1982): Auf Gedeih und
Verderb, Mikroelektronik und Gesellschaft. Bericht an den Club
of Rome, Wien u.a.: Europa-Verlag.

Fukuyama, Francis (1995): Konfuzius und Marktwirtschaft, München: Kindler.

Funk, Walter (1991): Private Haushalte als sozialer Kontext indivi-
duellen Handelns, in: R. Wittenberg (Hrsg.): Person - Situation -
Institution - Kultur. Günter Büschges zum 65. Geburtstag. Berlin:
Duncker & Humblot, S. 213-234.

Funk, Walter (1993): Determinanten der Erwerbsbeteiligung von Frauen im internationalen Vergleich, Frankfurt a.M.: Lang.

Gabriel, Carola (1975): Beratung und Beratungsorganisation, in: E. Lange & G. Büschges (Hrsg.): Aspekte der Berufswahl in der modernen Gesellschaft. Frankfurt a.M.: Aspekte, S. 263-304.

Gabriel, Karl (1976): Organisation und sozialer Wandel, in: G. Büschges (Hrsg.): Organisation und Herrschaft. Reinbek bei Hamburg: Rowohlt, S. 301-324.

Gawellek, Ulrich (1987): Erkenntnisstand, Probleme und praktischer Nutzen der Arbeitszufriedenheitsforschung, Frankfurt a.M. u.a.: Lang.

Geiger, Theodor (1962): Was ist Soziologie?, in: T. Geiger, Arbeiten zur Soziologie, ausgewählt und eingeleitet von P. Trappe, Neuwied und Berlin: Luchterhand, S. .

Gellermann, Saul W. (1972): Motivation und Leistung, Düsseldorf/Wien: Econ.

Gioia, D.A. & P.P. Poole (1984): Scripts in Organizational Behavior, in: Academy of Management Review 9, S. 449-459.

Goffman, Erving (1972): Asyle, Frankfurt a.M.: Suhrkamp.

Granovetter, Mark S. (1973): The Strenght of Weak Ties, in: American Journal of Sociology 78, S. 1360-1380.

Granovetter, Mark S. (1985): Economic Action and Social Structure: The Problem of Embeddedness, in: American Journal of Sociology 91, S. 481-510.

Groser, Manfred (1992): Gemeinwohl und Ärzteinteressen - die Politik des Hartmannbundes, Gütersloh: Bertelsmann.

Hadley, Eleanor M. (1970): Antitrust in Japan, Princeton: UP.

Hanau, Peter & Klaus Adomeit (1987): Arbcitsrecht, 2. Aufl., Frankfurt a.M.: Metzner.

Hannan, Michael T. & John Freeman (1989): Organizational Ecology, Cambridge, Mass./London: Harvard UP.

Heap, Shaun P. Hargreaves & Yanis Varoufakis (1995): Game Theory. A Critical Introduction, London/New York: Routledge.

Hegner, Friedhart (1976): Strukturelemente organisierter Handlungssysteme, in: G. Büschges (Hrsg.): Organisation und Herrschaft. Reinbek bei Hamburg: Rowohlt, S. 226-251.

Hegner, Friedhart (1978): Das bürokratische Dilemma, Bd.II: Bürger und Verwaltung, Frankfurt a.m.: Campus.

Heinze, Rolf G. (1992): Verbandspolitik zwischen Partikularinteresse und Gemeinwohl: Der Deutsche Bauernverband, Gütersloh: Bertelsmann.

Hirschman, Albert O. (1974): Abwanderung und Widerspruch. Reaktionen auf Leistungsabfall bei Unternehmungen, Organisationen und Staaten, Tübingen: Mohr.

Holmstrom, Bengt (1982): Moral Hazard in Teams, in: Bell Journal of Economics 13, S. 324-340.

Homans, George C. (1960): Theorie der sozialen Gruppe, Köln/Opladen: Westdeutscher Verlag.

Homans, George C. (1961): Social Behavior: Its Elementary Forms, New York/Burlingame: Harcourt.

Hoppmann, Martin (1978): Handbuch für betriebliche Gruppenarbeit, Siegen: Hoppmann.

Hughes, Everett C. (1944/45): Dilemmas and Contradictions of Status, in: American Journal of Sociology 50, S. 353-359.

Hyman, Herbert H. (1980 [1942]): The Psychology of Status, New York: Arno Press.

Joskow, Paul L. (1987): Contract Duration and Relationship-Specific Investments: Empirical Evidence from Coal Markets, in: American Economic Review 77, S. 168-185.

Katz, Daniel & Robert L. Kahn (1966): The Social Psychology of Organizations, New York u.a.: Wiley.

Kaufmann, Franz-Xaver (1979): Bürgernahe Sozialpolitik, Frankfurt a.M.: Campus.

Keller, Berndt (1993): Einführung in die Arbeitspolitik, 2. Aufl., München: Oldenbourg.

Kieser, Alfred (Hrsg.). (2001): *Organisationstheorien*. 4. Aufl. Stuttgart: Kohlhammer.

Kieser, Alfred (2001a): Human Relations-Bewegung und Organisationspsychologie, in: A. Kieser (Hrsg.), Organisationstheorien, 4. Aufl., Stuttgart: Kohlhammer, S. 101-132.

Kieser, Alfred (2001b). Management und Taylorismus, in: A. Kieser (Hrsg.), Organisationstheorien, 4. Aufl., Stuttgart: Kohlhammer: 65-100.

Kieser, Alfred (2001c): Der situative Ansatz, in: A. Kieser (Hrsg.), Organisationstheorien, 4. Aufl., Stuttgart: Kohlhammer, S. 169-198.

Kieser, Alfred & Herbert Kubicek (1992): Organisation, 2. Aufl., Berlin/New York: de Gruyter.

Kieser, Alfred & Michael Woywode (2001): Evolutionstheoretische Ansätze, in: A. Kieser (Hrsg.), Organisationstheorien, 4. Aufl., Stuttgart: Kohlhammer, S. 253-286

Klaus, Joachim & Alfred Maußner (1986): Grundzüge der mikro- und makroökonomischen Theorie, München: Vahlen.

Klein, Benjamin (1985): Self-Enforcing Contracts, in: Zeitschrift für die gesamte Staatswissenschaft 141, S. 594-600.

König, René (1961): Die informellen Gruppen im Industriebetrieb, in: E. Schaufer & K. Agthe (Hrsg.): Organisation, TFB-Handbuchreihe: Bd. 1. Berlin/Baden-Baden: Deutscher Betriebswirte Verlag, S. 55-118.

Kreps, David M. (1990): A Course in Microeconomic Theory, Princeton: UP.

Kreps, David M. (1990a): Corporate Culture and Economic Theory, in: J.E. Alt & K.A. Shepsle (eds.), Perspectives on Positive Political Economy. Cambridge: UP, S. 90-143.

Krüger, Manfred & Manfred Röber (1981): Human Relations - Konzept der Praxis und organisationstheoretischer Ansatz, in: A. Kieser (Hrsg.), Organisationstheoretische Ansätze, München: Vahlen, S. 95-102.

Krüsselberg, Hans-Günter (1977): Die vermögenstheoretische Dimension in der Theorie der Sozialpolitik, in: C.v. Ferber & F.-X. Kaufmann (Hrsg.), Soziologie und Sozialpolitik. Opladen: Westdeutscher Verlag, S. 232-259.

Kudera, S. (1977): Organisationsstrukturen und Gesellschaftsstrukturen, in: Soziale Welt 28, S. 16-38.

Kühlmann, Torsten M. (1988): Technische und organisatorische Neuerungen im Erleben betroffener Arbeitnehmer, Stuttgart: Enke.

Lampert, H. (1988): Die Wirtschafts- und Sozialordnung der Bundesrepublik Deutschland, 2. Aufl., München: Olzog.

Lazear, Edward P. (1995): Personnel Economics, Cambridge, Mass/ London: MIT Press.

Leibenstein, Harvey (1982): The Prisoners' Dilemma in the Invisible Hand: An Analyses of Intrafirm Productivity, in: American Economic Review, Papers and Proceedings, 72, S. 92-97.

Leifer, Eric M. & Harrison C. White (1992): A Structural Approach to Markets, in: M.S. Mizruchi & M. Schwartz (eds.): Intercorporate Relations. Cambridge: UP, S. 85-108.

Lindenberg, Siegwart (1991): Die Methode der abnehmenden Abstraktion: Theoriegesteuerte Analyse und empirischer Gehalt, in: H. Esser & K.G. Troitzsch (Hrsg.); Modellierung sozialer Prozesse. Bonn: Informationszentrum Sozialwissenschaften, S. 29-78.

Linton, Ralph (1964 [1936]): The Study of Man. An Introduction (Student's Edition), o.O.: Appleton-Century-Crofts.

Lipset, Seymour M.; Martin Trow & James S. Coleman (1956): Union Deomcracy, Glencoe, Ill.: Free Press.

Löhr, Albert (1987): Elektronische Heimarbeit - Telearbeit: was nicht ist, kann ja noch werden?, in: A. Weymann (Hrsg.): Bildung und Beschäftigung. Soziale Welt, Sonderb: 5, S. 367-382.

Luhmann, Niklas (1964): Funktionen und Folgen formaler Organisation, Berlin: Duncker & Humblot.

Luhmann, Niklas (1969): Legitimation durch Verfahren, Darmstadt/Neuwied: Luchterhand.

Luhmann, Niklas (2000): Organisation und Entscheidung. Opladen: Westdeutscher Verlag.

Marsden, Peter V. & Nan Lin (eds.) (1982): Social Structure and Network Analysis, Beverly Hills: Sage.

Marx, Karl (1970): Ökonomisch-philosophische Manuskripte, Leipzig: Reclam.

Marx, Karl & Friedrich Engels (1974): Marx-Engels Werkausgabe, Berlin: Dietz.

Mayntz, Renate (1963): Soziologie der Organisation, Reinbek: Rowohlt.

Mayntz, Renate (1968): Max Webers Idealtypus der Bürokratie und die Organisationssoziologie, in: R. Mayntz (Hrsg.): Bürokratische Organisationen, Köln: Kiepenheuer & Witsch, S. 27-35.

Mayntz, Renate & Rolf Ziegler (1977): Soziologie der Organisation, in: R. König (Hrsg.): Handbuch der empirischen Sozialforschung, Bd. 9: Organisation und Militär. 2. Aufl., Stuttgart: Enke, S. 1-14.

Mayo, Elton (1951): Probleme industrieller Arbeitsbeziehungen, Frankfurt a.M.: Verlag der Frankfurter Hefte.

McMillan, John (1992): Games, Strategies and Managers, New York/Oxford: Oxford UP.

Mertens, Alfred (1978): Der Arbeitsschutz und seine Entwicklungen, Dortmund: Wirtschaftsverlag NW.

Merton, Robert K. (1968): Social Theory and Social Structure. 2. Auflage, New York: Free Press.

Meyer, John & Brian Rowan (1977): Institutionalized Organizations: Formal Structure as Myth and Ceremony, in: American Journal of Sociology 83:340-363.

Michels, Robert (1970): Zur Soziologie des Parteiwesens in der modernen Demokratie, 2. Aufl., Stuttgart: Kröner.

Milgrom, Paul & John Roberts (1992): Economic, Organization and Management, Englewood Cliffs: Prentice-Hall.

Miller, Gary J. (1992): Managerial Dilemmas, Cambridge: UP.

Mintzberg, Henry (1991): Mintzberg über Management: Führung und Organisation, Mythos und Realität, Wiesbaden: Gabler.

Mizruchi, Mark S. & Michael Schwartz (eds.) (1992): Intercorporate Relations. The Structural Analysis of Business, Cambridge: Cambridge University Press.

Mizruchi, Mark S. & Michael Schwartz (1992a): The Structural Analysis of Business: An Emerging Field, in: M.S. Mizruchi & M. Schwartz (eds.): Intercorporate Relations. Cambridge: UP, S. 3-22.

Müller-Jentsch, Walther (1986): Soziologie der industriellen Beziehungen, Frankfurt a.m./New York: Campus.

Nassehi, Armin (2002): Die Organisationen der Gesellschaft. Skizze einer Organisationssoziologie in gesellschaftstheoretischer Absicht, in: J. Allmendinger & T. Hinz (Hrsg.), Kölner Zeitschrift für Soziologie und Sozialpsychologie, Sonderheft 42, Wiesbaden: Westdeutscher Verlag, S. 473-478.

Nieder, Peter (1991): Management von Absentismus und Fluktuation durch Anwesenheits- und Bleibeanreize, in: G. Schanz (Hrsg.), Handbuch Anreizsysteme, Poeschel: Stuttgart, S. 1049-1064.

North, Douglass C. (1993): Institutions and Credible Commitment, in: Zeitschrift für die gesamte Staatswissenschaft 149, S. 11-35.

Oi, Walter Y. (1991): Low Wages and Small Firms, in: Research in Labor Economics 12, S. 1-39.

Olson, Mancur (1968): Die Logik des kollektiven Handelns. Kollektivgüter und die Theorie der Gruppen, Tübingen: Mohr.

Opp, Karl-Dieter (1978): Theorie sozialer Krisen, Hamburg: Hoffmann & Campe.

Pappi, Franz U. & Christian Melbeck (1984): Das Machtpotential von Organisationen in der Gemeindepolitik, in: Kölner Zeitschrift für Soziologie und Sozialpsychologie 36, S. 557-584.

Perrow, Charles (1970): Organizational Analysis. A Sociological View, London: Tavistock.

Pfeffer, Jeffrey & Gerald R. Salancik (1978): The External Control of Organizations, New York u.a.: Harper & Row.

Pfeffer, Jeffrey (1982): Organizations and Organization Theory, Boston u.a.: Pitman.

Pfeffer, Jeffrey (1992): A Resource Dependence Perspective on Intercorporate Relations, in: M.S. Mizruchi und M. Schwartz (eds.): Intercorporate Relations. Cambridge: UP, S. 25-55.

Pfeffer, Jeffrey (1997): New Directions for Organization Theory: Persistent Problems and the Future of the Field, Oxford University Press

Pfeiffer, Werner & Enno Weiß (1992): Lean Management. Grundlagen der Führung und Organisation lernender Unternehmen, 2. Aufl., Berlin: Schmidt.

Pfützner, Robert (1988): Taschenbuch Mensch und Arbeit, 2. Aufl., München: Verlag Mensch und Arbeit.

Pieper, Josef (1948): Grundformen sozialer Spielregeln, Frankfurt a.M.: Knecht.

Popper, Karl R. (1973): Objektive Erkenntnis. Eine evolutionärer Entwurf, Hamburg: Hoffmann & Campe.

Powell, Walter W. & Laurel Smith-Doerr (1994): Networks and Economic Life, in: N.J. Smelser & R. Swedberg (eds.): The Handbook of Economic Sociology. Princeton/New York: Russel Sage Foundation, S. 368-402.

Prescher, Martina (1995): Pharmazeutisches Personal in öffentlichen Apotheken. Diplomarbeit am Lehrstuhl für Soziologie der FAU, Nünberg: MS (Universität Erlangen-Nürnberg).

Raub, Werner & Gideon Keren (1993): Hostages as a Commitment Device: a Game-Theoretic Model and an Empirical Test of Some Scenarios, in: Journal of Economic Behavior and Organization 21, S. 43-67.

Raub, Werner; Thomas Voss & Bernhard Prosch (1996): Soziale Einbettung wirtschaftlicher Transaktionen. Einkauf informationstechnischer Leistungen und Produkte durch Klein- und Mittelbetriebe. Arbeits- und Ergebnisbericht an die DFG (Ra 735/1-1 und Vo 684/1-1), Nürnberg/Leipzig: MS (Universität Erlangen-Nürnberg/ Univ. Leipzig).

Raub, Werner & Jeroen Weesie (1990): Reputation and Efficiency in Social Interactions: An Example of Network Effects, in: American Journal of Sociology 96, S. 626-654.

Raub, Werner & Jeroen Weesie (1992 (Revision September 1993)): The Management of Matches. Decentralized Mechanisems for

Cooperative Relations with Applications to Organizations and Households., Utrecht: ISCORE Papers No. 1, University of Utrecht.

Rehn, Marie-Luise (1990): Die Eingliederung neuer Mitarbeiter. Eine Längsschnittstudie zur Anpassung an Normen und Werte der Arbeitsgruppe, Mering: Hampp.

Robbers, Thomas (1993): Investitionen in berufliches Humankapital und die Absicherung erwarteter Erträge, Bergisch Gladbach/Köln: Eul.

Robisch, Karin (1992): Das Krankenhaus im Spannungsfeld technischer Entwicklung: Die Einführung von Krankenhausinformationssystemen, Nürnberg: Dissertation an der Univ. Erlangen-Nürnberg.

Roethlisberger, F. & W. Dickson (1939): Management and the Worker, Cambridge, Mass.: Harvard UP.

Roseman, Edward (1981): Managing Employee Turnover, New York: Amacom.

Salop, Steven C. (1979): A Model of the Natural Rate of Unemployment, in: American Economic Review 69, S. 117-125.

Schasse, Ulrich (1991): Betriebszugehörigkeitsdauer und Mobilität. Eine empirische Untersuchung zur Stabilität von Beschäftigungsverhältnissen, Frankfurt a.M.: Campus.

Schatz, Roland (1991): Die Mängel liegen vor der eigenen Tür, in: Innovatio 7, S. 41-43.

Schelling, Thomas C. (1960): The Strategy of Conflict, London: Oxford University Press.

Schluchter, Wolfgang (1972): Aspekte bürokratischer Herrschaft, München: List.

Scholz, Christian (1993): Personalmanagement, 2. Aufl., München: Vahlen.

Schrüfer, Klaus (1988): Ökonomische Analyse individueller Arbeitsverhältnisse, Frankfurt a.M.: Campus.

Schüller, Alfred (Hrsg.) (1983): Property Rights und ökonomische Theorie, München: Vahlen.

Schultz, Theodore W. (1961): Investment in Human Capital, in: American Economic Review 51, S. 1-17.

Scott, W. Richard (1986): Grundlagen der Organisationstheorie, Frankfurt a.m./New York: Campus.

Scott, W. Richard (2001): Institutions and Organizations, 2. Aufl., Thousand Oaks et al: Sage.

Scott, W. R. (2003) Organizations: Rational, Natural, and Open Systems (International Edition), Prentice Hall

Sebiger, Heinz (1987): Die Gestalt der Genossenschaft im Dienste freiberuflicher Mitglieder, in: Institut für freie Berufe (Hrsg.): Forschung über Freie Berufe, Jahrbuch 1985/86. Nürnberg: Institut für freie Berufe, S. 274-300.

Semlinger, K. (1992): Lean Production und die Zulieferindustrie, in: WiSo-Führungskräfte-Akademie Nürnberg (Hrsg.): Lean -Management. Ideen für die Praxis. Erlangen: Mayer, S. 132-147.

Simon, Herbert A. (1951): A Formal Theory of the Employment Relationship, in: Econometria 19, S. 293-305.

Smith, Adam (1983[1776]): Der Wohlstand der Nationen (hrsgg. von H.C. Recktenwald), 2. Aufl., München: dtv.

Snijders, Chris (1996): Trust and Commitment, Utrecht: ICS dissertation series.

Sodeur, Wolfgang (1974): Empirische Verfahren der Klassifikation, Stuttgart: Teubner.

Söllner, Alfred (1987): Grundriß des Arbeitsrechts, 2. Aufl., München: Vahlen.

Soref, Michael & Maurice Zeitlin (1992): Finance Capital and the Internal Structure of the Capitalist Class in the United States, in: M.S. Mizruchi & M. Schwartz (eds.): Intercorporate Relations. Cambridge: UP, S. 56-84.

Statistisches Bundesamt (Hrsg.) (1987): Datenreport 1987. Zahlen und Fakten über die Bundesrepublik Deutschland, Bonn: Statistisches Bundesamt.

Statistisches Bundesamt (Hrsg.) (1994): Datenreport 1994. Zahlen und Fakten über die Bundesrepublik Deutschland, Bonn: Statistisches Bundesamt.

Statistisches Bundesamt (Hrsg.). (2002): Statistisches Jahrbuch 2002 Wiesbaden: Metzler & Poeschl.

Staudt, Erich (1979): Planung als Stückwerktechnologie, Göttingen: Vandenhoeck & Ruprecht.

Staudt, Erich (1983): Freiräume in der Gestaltung von Arbeitsorganisationen. Technische und organisatorische Potentiale des Wandels von Industriegesellschaften. Berichte aus der angewandten Innovationsforschung, Bd. 38, Duisburg: Institut für angewandte Innovationsforschung.

Stinchcombe, Arthur L. (1965): Social Structure and Organizations, in: J.G. March (Ed.), Handbook of Organizations. Chicago, S. 142-193.

Stinchcombe, Arthur L. (1974): Creating Efficient Industrial Administrations, New York/London: Academic Press.

Streeck, Wolfgang (1981): Gewerkschaftliche Organisationsprobleme in der sozialstaatlichen Demokratie, Königstein/Ts.: Athenaeum.

Sydow, Jörg; Arnold Windeler, Michael Krebs, Achim Loose & Bennet van Well (1992): Organisation von Netzwerken. Strukturtheoretische Analysen der Vermittlungspraxis in Versicherungsnetzwerken, Opladen: Westdeutscher Verlag.

Taylor, Michael (1987): The Possibility of Cooperation, Cambridge: UP.

Tegethoff, Hans Georg & Uwe Wilkesmann (1995): Lean Administration. Lernt die öffentliche Verwaltung bei der Schlankheitskur?, in: Soziale Welt 46, S. 27-50.

Thurow, Lester C. (1983): Dangerous Currents. The State of Economics, New York: Random House.

Tirole, Jean (1995): Industrieökonomik, München: Oldenbourg.

Tocqueville, Alexis de (1956): Über die Demokratie in Amerika, Frankfurt a.M. u.a.: Fischer.

Türk, Klaus (1989): Neuere Entwicklungen in der Organisationsforschung, Stuttgart: Enke.

Tversky, Amos & Daniel Kahnemann (1986): Rational Choice and the Framing of Decisions, in: Journal of Business 59, S. 251-278.

Ulich, Eberhard (1978): Humanisierung am Arbeitsplatz, in: A. Rich & E. Ulich (Hrsg.) Arbeit und Humanität. Königstein/Ts.: Athenaeum, S. 185-193.

Vanberg, Viktor (1982): Markt und Organisation. Individualistische Sozialtheorie und das Problem korporativen Handelns, Tübingen: Mohr.

Vanberg, Viktor (1987): Markt, Organisation und Reziprozität, in: Heinemann, K. (Hrsg.), Soziologie wirtschaftlichen Handelns, Kölner Zeitschrift für Soziologie und Sozialpsychologie, Sonderheft 28. Opladen: Westdeutscher Verlag, S. 263-279.

Vanberg, Viktor (1982): Markt und Organisation. Individualistische Sozialtheorie und das Problem korporativen Handelns. Tübingen: Mohr.

Vatthauer, Manfred (1985): Empirische Untersuchungen der Bestimmungsgründe des freiwilligen Arbeitplatzwechsels - Ein Literaturüberblick, in: O. Hübler (Hrsg.), Beiträge zur Mobilität und Diskriminierung auf dem Arbeitsmarkt, Arbeitskreis Sozialwissenschaftliche Arbeitsmarktforschung, Arbeitspapier 1985-5, Paderborn: Universität Paderborn, S. 63-116.

Vollmer, Raimund (1991): Das Milliarden-Mandat. Wie die Informationsgenossenschaft der Steuerberater die deutsche Wirtschaft prägte, Frankfurt a.M.: Campus.

Voss, Thomas (1985): Rationale Akteure und soziale Institutionen, München: Oldenbourg.

Voss, Thomas (1991): Die Evolution optimaler Organisationsstrukturen und der Transaktionskostenansatz, in: R. Wittenberg (Hrsg.): Person-Situation-Institution-Kultur. Günter Büschges zum 65. Geburtstag. Berlin: Duncker & Humblot, S. 293-314.

Voßbein, Reinhard (1989): Organisation, 2. Aufl., München: Oldenbourg.

Walgenbach, Peter (2001): Giddens' Theorie der Strukturierung, in: A. Kieser (Hrsg.), Organisationstheorien, 4. Aufl., Stuttgart: Kohlhammer, S. 355-376.

Weber, Max (1976 [1922]): Wirtschaft und Gesellschaft. Grundriß der verstehenden Soziologie, 2. Aufl., Tübingen: Mohr.

Weber, Hajo (1987): Unternehmerverbände zwischen Markt, Staat und Gewerkschaften. Zur intermediären Organisation von Wirtschaftsinteressen, Frankfurt a.m.: Campus.

Weesie, Jeroen & Werner Raub (1996): Private Ordering. A Comparative Institutional Analysis of Hostage Games, in: Journal of Mathematical Sociology 21, S. 201-240.

Wegener, Bernd (1988): Kritik des Prestiges, Opladen: Westdeutscher Verlag.

Weinert, Ansfried B. (1987): Menschenbilder und Führung, in: A. Kieser, G. Reber, R. Wunderer (Hrsg.): Handwörterbuch der Führung. Stuttgart: Poeschel, S. 1427-1442.

Whyte, William H. (1958): Herr und Opfer der Organisation, Düsseldorf: Econ.

Wiedenmayer, Gabriele (1992): Die Entwicklungsdynamik in der deutschen Brauindustrie, Frankfurt a.M.: Lang.

Wiendieck, Gerd & Günter Wiswede (Hrsg.) (1990): Führung im Wandel. Neue Perspektiven der Führungsforschung und Führungspraxis, Stuttgart: Enke.

Wilkesmann, Uwe (1992): Gruppen und Sozialintegration: Möglichkeiten und Grenzen einer politisch-ökonomischen Theorie der Produktionsbedingungen in Organisationen, in: K. Schubert (Hrsg.); Leistungen und Grenzen politisch ökonomischer Theorie. Darmstadt: Wissenschaftliche Buchgesellschaft, S. 44-56.

Wilkesmann, Uwe (1994): Zur Logik des Handelns in betrieblichen Arbeitsgruppen. Möglichkeiten und Grenzen einer Rational-Choice-Theorie der Anreizsysteme bei Gruppenarbeit, Opladen: Leske & Budrich.

Williamson, Oliver E. (1983): Markets and Hierarchies: Analysis and Antitrust Implications, New York: The Free Press.

Williamson, Oliver E. (1990): Die ökonomischen Institutionen des Kapitalismus. Unternehmen, Märkte, Kooperationen, Tübingen: Mohr.

Williamson, Oliver E.; Michael L. Wachter & Jeffrey E. Harris (1975): Understanding the Employment Relation: The Analysis of Idiosyncratic Exchange, in: Bell Journal of Economics 6, S. 250-278.

Winterstein, Hans (1996): Mitarbeiterinformation, München: Hampp.

Wippler, Reinhard (1985): Die Entstehung oligarchischer Strukturen in demokratisch verfaßten Organisationen, in: G. Büschges & W. Raub (Hrsg.), Soziale Bedingungen - Individuelles Handeln - Soziale Konsequenzen. Frankfurt: Lang, S. 23-48.

Wirth, Ekkehard (1992): Mitarbeiter im Auslandseinsatz, Wiesbaden: Gabler.

Wolf, Joachim (2003): Organisation, Management, Unternehmensführung: Theorie und Kritik. Wiesbaden: Gabler.

Ziegler, Rolf (1984): Das Netz der Personen- und Kapitalverflechtungen deutscher und österreichischer Wirtschaftsunternehmen, in: Kölner Zeitschrift für Soziologie und Sozialpsychologie 36, S. 585-614.

Ziegler, Rolf (1984a): Der Forschungsverbund 'Analyse sozialer Netzwerke', in: Kölner Zeitschrift für Soziologie und Sozialpsychologie 36, S. 615-618.

Znaniecki, Florian (1940): The Social Role of the Man of Knowledge, New York: Columbia UP.

Personenverzeichnis